U0517121

教育部人文社会科学研究青年基金项目《专利流氓型态与特征及其影响研究》(13YJC630222)

国家自然科学基金《基于专利布局战略与社会网络分析观点探讨影响专利价值的因素研究》(71403191)

非专利实施实体问题研究

张克群　袁建中　耿筠　著

中国社会科学出版社

图书在版编目（CIP）数据

非专利实施实体问题研究/张克群等著．—北京：中国社会科学出版社，2016.2
ISBN 978 - 7 - 5161 - 9195 - 8

Ⅰ. ①非…　Ⅱ. ①张…　Ⅲ. ①专利—保护—研究—中国
Ⅳ. ①D923.424

中国版本图书馆 CIP 数据核字（2016）第 260568 号

出 版 人	赵剑英	
责任编辑	刘晓红	
责任校对	周晓东	
责任印制	戴　宽	

出　　版	中国社会科学出版社	
社　　址	北京鼓楼西大街甲 158 号	
邮　　编	100720	
网　　址	http：//www.csspw.cn	
发 行 部	010 - 84083685	
门 市 部	010 - 84029450	
经　　销	新华书店及其他书店	

印刷装订	三河市君旺印务有限公司
版　　次	2016 年 2 月第 1 版
印　　次	2016 年 2 月第 1 次印刷

开　　本	710×1000　1/16
印　　张	18.25
插　　页	2
字　　数	301 千字
定　　价	66.00 元

凡购买中国社会科学出版社图书，如有质量问题请与本社营销中心联系调换
电话：010 - 84083683
版权所有　侵权必究

前　言

　　21 世纪是经济全球化和知识经济的时代，随着市场环境的快速变化、区域竞争的愈演愈烈，技术创新逐渐成为企业关键存活因素及商业利益的源泉，也正因如此，知识产权扮演着促进知识经济发展的重要角色，而在知识产权中，专利是最为重要的。专利作为企业知识产权的核心，是企业无形资产的重要组成部分之一，更是企业技术创新能力的载体和重要体现。专利权的核心在于专利排他权，不仅作为促进科学进步的诱因，更是专利权人用来保护自己的最佳武器。然而现今，申请专利已不再只局限在公司的实体商品设计上，专利权人从公司的生产技术到经营模式上都纷纷通过申请专利来塑造自身的竞争优势。也因为专利的功用已不再仅仅是单纯用来保护自身的技术，更是有利可图的。因为专利具有排他权，专利权人或公司就可依靠一个关键专利，生存在市场之中。当专利权被视为一种特殊的策略性"商品"时，一种全新的商业模式随之产生。同时专利权的这种利用方式将导致非专利实施实体（Non‐Practicing Entities，NPEs）的存在，非专利实施实体这种全新的商业模式旨在用最少的费用在最短时间内获取最大的收入。非专利实施实体是作为专利权人的个人独立发明者或实体，或仅从事知识产权管理活动的实体，在相关法律规定的范围内，通过进行技术创新或购买收购获取专利，或仅管理专利，本身不以该专利制造生产产品，待真正使用该专利且欠缺该专利权并在商业上成功的公司具备侵权行为时，以专利诉讼或授权来向目标对象索取巨额的权利金、和解金或赔偿款以获取利润。

　　非专利实施实体兴起于美国，伴随着知识经济的发展和美国专利制度的变革而迅速发展。波士顿大学法学院的一项研究成果显示，近年来在美国国内，来自非专利实施实体的专利诉讼花费达到 290 亿美元。并且与非专利实施实体相关的专利诉讼的规模已经达到了空前的程度，有

2150 家公司被迫参与了 6000 起对抗非专利实施实体的诉讼。在美国建立起了专利交易市场，有力推动了专利价值的实现，逐渐出现了从事专利技术交易和转让的主体，这类主体就是带有运营性质的非专利实施实体的前身。随着历史的发展，专利持有者或机构为了充分实现专利的最大利益，不实施专利而是利用享有的专利权积极地提出侵权诉讼而获得巨额的收益，这种带有投机性质的非专利实施实体被称为投机类型的非专利实施实体。随着投机类型非专利实施实体大量提起诉讼，企业间通过联盟或构建专利数据库来防御和实现抵抗竞争者的战略，这样的非专利实施实体被称为防御类型的非专利实施实体。但是，无论是哪种类型的非专利实施实体，其都必须拥有一定的专利权。

非专利实施实体可能专精于某些技术领域并取得了关键的专利。因此在众多的非专利实施实体当中，各家特色皆有不同，其手上所拥有之专利与使用方法也不尽相同，有些公司手上拥有了许多专利，而有些公司却仅拥有几笔专利。非专利实施实体攻击策略有潜水艇专利、以战逼和、攻敌必救、标准中埋地雷、养小鬼和攻其不备。而其攻击的重要工具是诉讼。有些公司能够有效地通过诉讼给予其他公司沉重的打击，不仅是诉讼所耗费的时间与成本，更因为非专利实施实体的胜诉，让被告公司在赔偿权利金上雪上加霜。

真正引起美国社会关注非专利实施实体的是 3 个典型侵权诉讼案例：（1）Eolas 控告 Microsoft 的 IE 浏览器侵权，最终获得 5 亿 2000 万美元的赔偿金；（2）NTP 控告 Research In Motion（RIM）侵权，RIM 最终支付 6 亿 2000 多万美元的权利金，以取得 NTP 专利的永久授权；（3）MercExchange 控告 eBay 侵害其线上拍卖系统专利，最终双方以 2900 万美元达成协议。据研究估计，在 2011 年美国市场上，各行业仅是应付由非专利实施实体发起的相关争议所花费的直接成本就高达 290 亿美元。

在国内，与非专利实施实体相关联的典型事件有：（1）SISVEL 在 2008 年德国柏林国际消费电子展会上以专利侵权为由突袭了海信、海尔、创维等中国家电企业，意图将中国产品驱赶出欧美市场。

（2）Helferich Patent Licensing（HPL）控告中兴通讯，声称它侵犯了其在美国的 5 项专利，同时要求涉案产品退出美国市场。

近年来，非专利实施实体的议题愈演愈烈，虽然目前的案件多发生在国外，中国也未出现典型的专利流氓公司；但中国政府、企业、学术界应该未雨绸缪，对非专利实施实体进行系统深入的分析研究，以有效控制可能发生在中国的非专利实施实体行为，尽量避免其给中国带来不可估量的损失。因此，本书全方位研究非专利实施实体问题，从非专利实施实体的定义、非专利实施实体的型态与特征、非专利实施实体的攻击策略、非专利实施实体的专利特征、非专利实施实体带来的影响等关键问题进行研究，体现了较强的系统性；而且，我们辅以大量的案例研究与实证分析，确保了我们研究结论的科学性与可靠性，为未来可能发生在中国的非专利实施实体行为，提供参考与政策建议。

全书分为九章，各章主要内容如下：

第一章　非专利实施实体概述。本章首先对非专利实施实体的定义进行研究。国外学者对其定义可谓众说纷纭，并无完整且统一的认识。本章将从非专利实施实体的营运过程与商业模式入手，选取主体、基本条件、营运活动、攻击武器、目标对象、策略布局、攻击模式、最终及唯一目的这 8 个角度，综合比较学者们对非专利实施实体的定义，从中归纳出普遍性的共识，纳入我们的定义之中；将各定义中遗漏掉的部分，如知识产权控股公司（IP Holding Company）主要负责管理公司所拥有的专利，并通过诉讼等方式强制执行其专利权，已具备了非专利实施实体的特性，也纳入定义中，力图形成完整的非专利实施实体定义。

第二章　非专利实施实体的类型。过去文献中对于非专利实施实体的分类，并无明确的分类基准，大都仅零散地描述其常出现的部分特征，欠缺区分的实益。本章将根据有无从事制造或行销、有无从事研发工作、法人实体还是个人、专利取得来源这 4 个标准，对非专利实施实体进行类型划分，并根据每种类型的非专利实施实体进行特征说明。根据所得出的有关各种类型非专利实施实体的特征说明，提出相应的建议和对策。

第三章　非专利实施实体的攻击策略。本章首先探讨攻击策略，并对构建与命名做出了详细的说明，然后以非专利实施实体案例的方式进行探讨。最后，针对不同的攻击策略提出了相应的应对建议，旨在给厂商提供参考，帮助厂商迅速地防御非专利实施实体的攻击。

第四章　非专利实施实体案例分析。本章对著名的四件案例进行分析，分别探讨禁制令（eBay Inc. v. MercExchange, L. L. C. 案）、故意侵权（In Re Seagate 案）、确认之诉（MedImmune Inc. v. Genentech Inc.

案)、非显而易见性（Teleflex Inc. v. KSR Intl Inc. 案）。案例分析说明美国法院判决对于非专利实施实体的影响。

第五章　企业面对非专利实施实体的应对策略。非专利实施实体的商业模式是首先广泛获取有价值的专利（专利累积期），然后再锁定目标公司（授权协商期），最后通过谈判或者诉讼（侵权诉讼期）获取授权金。在以上三个不同的阶段中，非专利实施实体采取的手段和目的有所不同，本章探讨企业在应对非专利实施实体的相关策略时需从以上三个阶段制定不同的应对策略。

第六章　非专利实施实体的专利特征之研究。本章主要是针对非专利实施实体所掌握的专利有何特色，借由各项专利指标来对其专利做出判断，可能利用有哪种特色的专利来对企业进行攻击，以了解这些被当作武器的有价专利有何种特别的魅力。

第七章　Acacia Research Corporation 专利特征之研究。本章针对非专利实施实体——Acacia Research Corporation 手中握有的专利进行分析，并找出 Acacia Research Corporation 所掌握的专利特性，借由专利指标对其拥有的专利做出归类，借以了解这些有价值的专利有何种特别的地方。

第八章　非专利实施实体的涉讼专利特征之研究：价值专利观点。本章主要分析在非专利实施实体持有的专利中，哪些专利是非专利实施实体眼中的价值专利，涉讼与未涉讼专利之间有何差别之处。以非专利实施实体所持有专利为研究对象，在探讨涉讼专利与非涉讼专利在特征上有哪些差异，以作为未来研究价值专利可能具备哪些特征的参考。

第九章　影响非专利实施实体诉讼结果因素之研究。本章主要探讨了在非专利实施实体专利诉讼中，胜诉专利与其他诉讼专利之间专利指标之差异。

本书成果主要获得以下项目资助：教育部人文社会科学研究青年基金项目《专利流氓型态与特征及其影响研究》（13YJC630222）、国家自然科学基金《基于专利布局战略与社会网络分析观点探讨影响专利价值的因素研究》（71403191）。

最后感谢台湾云林科技大学管理学院企业管理系的研究生（陈静怡、篮浚嘉、廖吟丰、曾志睿、陈建泽）与武汉大学经济与管理学院的研究生（夏伟伟、欧慧玲、汪程、李姗姗）参与本书的写作与校对。

由于作者学识有限，难免有谬误或疏漏之处，恳请批评指正。

目 录

第一章 非专利实施实体概述 ··· 1

第一节 非专利实施实体定义 ·· 1

第二节 非专利实施实体的商业模式 ······························· 15

第三节 非专利实施实体对企业与社会的影响 ················ 20

第四节 知识产权控股公司（IP Holding Company） ········· 29

第二章 非专利实施实体的类型 ··· 35

第一节 非专利实施实体现有分类方式 ··························· 35

第二节 新的非专利实施实体分类方式 ··························· 42

第三节 非专利实施实体类型特征案例分析 ···················· 51

第四节 非专利实施实体群组统计与分析 ························ 62

第三章 非专利实施实体的攻击策略 ··································· 82

第一节 专利攻击策略 ·· 82

第二节 非专利实施实体攻击策略案例探讨 ···················· 89

第三节 非专利实施实体之专利攻击策略使用统计 ·········· 93

第四节 不同类型非专利实施实体之专利攻击策略个案介绍 ··· 94

第五节 非专利实施实体之诉讼行为特征 ························ 99

第六节 结论与应对 ·· 101

第四章 非专利实施实体案例分析 ··································· 103

第一节 eBay Inc. v. MercExchange, L. L. C. 案 ·············· 103

第二节 In Re Seagate 案 ·· 110

第三节 MedImmune Inc. v. Genentech Inc. 案 ·············· 116

第四节　Teleflex Inc. v. KSR Intl Inc. 案 ……………… 123

第五章　企业面对非专利实施实体的应对策略 ……………… 130

第一节　专利累积期的应对策略 ……………………… 130
第二节　授权协商期的应对策略 ……………………… 136
第三节　侵权诉讼期的应对策略 ……………………… 140

第六章　非专利实施实体的专利特征之研究 ……………… 147

第一节　绪论 ……………………………………………… 147
第二节　专利评估指标 …………………………………… 148
第三节　研究架构与研究假说 …………………………… 151
第四节　研究方法 ………………………………………… 158
第五节　研究结果分析 …………………………………… 159
第六节　研究结论与建议 ………………………………… 169

第七章　Acacia Research Corporation 专利特征之研究 ……… 171

第一节　绪论 ……………………………………………… 171
第二节　Acacia Research Corporation 介绍 …………… 172
第三节　研究架构与研究假说 …………………………… 173
第四节　研究方法 ………………………………………… 178
第五节　实证结果分析 …………………………………… 181
第六节　研究结论 ………………………………………… 188

第八章　非专利实施实体的涉讼专利特征之研究：
**　　　　价值专利观点** ………………………………… 190

第一节　绪论 ……………………………………………… 190
第二节　文献回顾与研究假说 …………………………… 197
第三节　研究方法 ………………………………………… 227
第四节　实证结果与分析 ………………………………… 239
第五节　研究结论与建议 ………………………………… 252

第九章　影响非专利实施实体诉讼结果因素之研究 ···················· 258

　　第一节　绪论 ··· 258

　　第二节　研究架构与研究假说 ······································ 259

　　第三节　研究方法 ··· 260

　　第四节　研究结果分析 ··· 263

　　第五节　研究结论与建议 ··· 268

参考文献 ··· 270

第一章　非专利实施实体概述

第一节　非专利实施实体定义

随着专利诉讼案件的逐年增加，越来越多的学者开始对这一现象和群体进行研究。由于它对于企业所带来的影响极大，因此在过去的文献当中，已有不少学者对其作出研究探讨，至今，对于该名词的解释以及行为动机已有初步的认知。但对于非专利实施实体是什么以及它具备何种特征，学术界仍有不少争议。

在研究非专利实施实体的定义之前，让我们先来看看其中一种比较特殊类型的非专利实施实体，即"专利流氓"（Patent Trolls）。"专利流氓"一词源自 2001 年，Niro 公司的委托人购买一个专利后，向 Intel 公司提出专利诉讼，Intel 的律师 Peter Detkin 称此为"敲诈者"（Extortionist），为了减轻这个诽谤的字眼，Detkin 使用了"Troll"来取代"Extortionist"。Detkin 认为，专利流氓就是指某人依靠专利获取巨大的收入，但他们并没有从事生产型业务，也没有这方面的意图，并且在绝大多数情况下从未涉足过相关生产领域（Ferril，2004）。①

对于专利流氓，需要明确其与一般的专利许可人之间的差别之处：专利流氓通常是以突袭的方式对待受攻击方的，并且强迫侵权方接受意想不到且具有相当额度的许可费。很明显，专利流氓在其中扮演了并不光彩的角色，专利流氓对许多企业而言，造成很大的威胁和困扰，他们不把握有的专利投入到实际的生产上或者和他人签订相互授权合约，自

---

①　Ferril E. ，"Patent Investment Trusts：Let's Build a Pit to Catch the Patent Trolls"，*North Carolina Journal of Law and Technology*，2004，6（2）：367 - 394.

身不从事生产，却在增加厂商的成本负担（搜寻成本、人力耗费、诉讼费用），压缩企业的获利空间，有碍企业正常发展，同时浪费了国家的诉讼审理成本。因此有"专利怪客"、"专利钓饵"、"专利蟑螂"、"专利地痞"之称。与专利流氓（Patent Trolls）类似的还有专利海盗（Patent Pirate）、专利捎客（Patent Brokering）、专利伏兵（Patent Ambush）、专利滥用（Patent Misuse）、专利恐怖分子（Patent Terrorists）等（莫环，2010；Henkel and Reitzig，2008；Lemley，2012）。[1][2][3]

就目前研究而言，专利流氓还没有一个公认的定义，而且专利流氓也还没有呈现出显著的表现形式。Pohlmann 和 Opitz（2013）[4] 指出，对于专利流氓的定义不能仅仅局限于公司的市场地位以及非生产实体性，而应该根据各自维护知识产权（Intellectual Property Rights，IPR）行为方式的不同而区别划分。专利流氓所追求的是侵权之后的赔偿款或是授权使用费，但一般不会达成事前转让许可协议，而是等被攻击目标（一般为生产型实体企业）投入了沉没研发成本之后，发起侵权诉讼，胁迫侵权企业和解，获得高额赔偿款（Pénin，2012）。[5] Shrestha（2010）[6] 认为，专利流氓是几乎或从不实施专利，专注于获取授权费，使用微弱和模糊的专利去榨取超额的授权费，会对制造厂商提出轻浮（frivolous）的诉讼。

Rantanen（2006）[7] 指出，专利流氓为既不发展新技术，亦不直接参与市场，目的仅是为了借由取得专利权以获取利润，并对市场参与者造成重大威胁的实体。Landers（2006）[8] 认为，专利流氓会利用子公司

---

① 莫环：《专利钓饵的成因、影响及我国的应对》，硕士学位论文，复旦大学，2010 年。

② Henkel J. , Reitzig M. , "Patent Sharks and the Sustainability of Value Destruction Strategies", *Academy of Management Proceedings*, 2008（1）：1–6.

③ Lemley M. A. , "Are Universities Patent Trolls?", in Kieff F. S. , Paredes T. A. , *Perspectives on Commercializing Innovation*, Cambridge：Oxford University Press, 2012.

④ Pohlmann T. , Opitz M. , "Typology of the Patent Troll Business", *R&D Management*, 2013, 43（2）：103–120.

⑤ Pénin J. , "Strategic Uses of Patents in Markets for Technology：A Story of Fabless Firms, Brokers and Trolls", *Journal of Economic Behavior & Organization*, 2012, 84（2）：633–641.

⑥ Shrestha S. K. , "Trolls or Market–Makers? An Empirical Analysis of Nonpracticing Entities", *Columbia Law Review*, 2010, 110（1）：114–160.

⑦ Rantanen J. A. , "Slaying the Troll：Litigation as an Effective Strategy Against Patent Threats", *Santa Clara Computer High Technology Law Journal*, 2006, 23（1）：159–210.

⑧ Landers A. L. , "Liquid Patents", *Denver University Law Review*, 2006, 84（1）：199–266.

或者附属公司来收购专利，主张专利所衍生的责任也会让母公司隔离。Emma（2006）① 专利流氓申请专利，但不从事制造商品，反而只是以提起诉讼为产生收益的方式。

Beckerman - Rodau（2007）② 指出专利流氓指企业拥有专利但却不使用该专利制造任何产品。这两个定义方式，有相同的缺漏，皆只提出专利流氓为"拥有专利"、"利用专利来赚取大量金钱"，但并"不使用该专利进行制造产品"。然而，这样的定义过于广泛，将知识产权服务业中，从事单纯知识产权管理的公司、大学等非营利研发机构也纳入其中，这两种类型的组织以专利获利且不使用该专利制造生产，但有可能为非专利流氓。

Reitzig、Henkel 和 Heath（2007）③ 对其的定义为：主要是通过寻求许可或出售其专利技术给生产型公司或个人，当专利流氓提出收取相关费用要求时，侵权行为通常已经发生，并且该专利对生产型公司的产品生产起到很重要的作用，最后生产型公司在迫不得已的压力下与专利流氓达成和解协议。王会良和和金生（2007）④ 认为，专利流氓是以专利授权为主要业务的公司，它们主张专利的目的并不是要保护自己的市场或研究开发成果，而是专利授权的收入，它们没有实际的生产能力，更多的时候是隐藏专利权不被产品制造公司发现，当基于它们专利权的产品在市场上出现并占据相应市场时，这类公司就适时提起诉讼取得大量侵权赔偿。莫环（2010）⑤ 认为，专利流氓的定义是代称那些既不进行科学技术的研究开发，也不进行专利产品的制造销售或者专利方法的实施应用，仅以专利授权为主要业务的公司，同时这些公司持有专利权的目的是为了日后能凭借该专利向那些潜在的侵权人索取高额的专利许

---

① Emma P. G. , "Patent Claims Revisited: Examiners and Trolls", *IEEE Micro*, 2006, 26 (3): 94 - 95.

② Beckerman - Rodau A. , "The Supreme Court Engages in Judicial Activism in Interpreting the Patent Law in eBay , Inc. v. MercExchange, L. L. C. ", *Tulane Journal of Technology & Intellectual Property*, 2007, 10 (1): 165 - 210.

③ Reitzig M. , Henkel J. , Heath C. , "On Sharks, Trolls, and Their Patent Prey—Unrealistic Damage Awards and Firms' Strategies of 'Being Infringed'", *Research Policy*, 2007, 36 (1): 134 - 154.

④ 王会良、和金生:《专利钓饵：企业专利战略新趋势》,《电子知识产权》2007 年第 3 期。

⑤ 莫环:《专利钓饵的成因、影响及我国的应对》,硕士学位论文, 复旦大学, 2010 年。

可费或专利赔偿金。这一定义强调了专利流氓行为方式的特点，即在侵权行为已经发生的情况下，发起诉讼攻击，但这一定义没有给出专利流氓发动攻击所利用的专利是从何而来，对于专利流氓所借助的工具的来源界定也不是很清楚。

谢佑鑫（2007）[1] 认为，某些以追索权利金为目的而专门从事收购专利之公司，通常都是专利流氓。姚维保（2007）[2] 认为，专利流氓通常是指那些专门为了打官司而申请某项专利，但是自己并不打算使用这项专利的人或专业从事控诉其他公司问题专利的公司。专利流氓通过购买他人专利或申请专利，将专利权许可给能够制造出专利产品的个人或公司，或者起诉其他公司企业制造的产品包含其专利，以赚取利润。黄紫旻（2008）[3] 认为，专利流氓为专利权人的个人、独立发明人或公司，借由购买专利或进行技术创新、不制造生产产品、不提供专利服务，待侵权者即"目标公司"等独立发明制造技术并真正使用该专利却欠缺该专利权并在商业上成功的公司出现且已投入不可恢复的损害后，以诉讼作为要挟索取权利金以达和解、授权和获取权利金等创造利润及策略布局为目的之行为。

Fischer 和 Henkel（2012）[4] 认为，专利流氓是通过收购专利，锁定目标，进而对侵权人主张专利权，目的是取得损害赔偿金或和解金。黄心怡（2013）[5] 将专利流氓定义为在不将目标公司逐出特定市场的前提下，积极向目标公司提出诉讼，借以逼迫目标公司和解并要求专利授权金。余翔和张玉蓉（2008）[6] 认为，专利流氓本身既不从事利用其专利技术的生产和制造，也不提供利用其专利技术的服务，而是利用低价购得专利，或者以本公司研究开发的专利为武器，以诉讼为威胁，要求被指控的企业支付巨额赔偿金。这些定义指出专利流氓发动攻击所利用的

---

[1] 谢佑鑫：《论处理"专利蟑螂"争议问题之手段——美国禁制令与我国强制授权之比较》，台湾世新大学法学院，2007 年。

[2] 姚维保：《国际专利制度理论研究与发展跟踪》，《现代情报》2007 年第 12 期。

[3] 黄紫旻：《专利地痞与企业因应策略》，台湾政治大学智慧财产研究所，2008 年。

[4] Fischer T., Henkel J., "Patent Trolls on Markets for Technology – An Empirical Analysis of NPEs' Patent Acquisitions", *Research Policy*, 2012, 41（9）：1519 – 1533.

[5] 黄心怡：《论专利滥用与非专利实施体》，硕士学位论文，台湾东吴大学，2013 年。

[6] 余翔、张玉蓉：《金融专利新战略："专利钓饵"及其防范》，《研究与发展管理》2008 年第 3 期。

专利主要通过以下两种途径获得：购买专利或者自行研发专利。

综合以上国内外学者的研究，本书将专利流氓的定义归纳如下：

（1）主体：个人或实体（entity，company，enterprise），其中大多以实体为主。

（2）基本条件：拥有专利、购买专利、取得专利权、为专利权人。

（3）营运活动：不制造生产产品、无意图制造专利产品、不提供专利服务、无制造或研究基础、不发展新技术。

（4）攻击武器：专利。

（5）攻击目标对象：侵权者、真正使用该专利的公司且欠缺该专利权的公司、产品制造商、独立发展技术的公司且欠缺该专利权的公司、研发密集的制造商、未取得授权却制造侵害其专利权的产品的公司、在商业上成功的公司。

（6）策略布局：购买专利权或进行技术创新，且知道其他公司是依赖该项专利技术、设陷阱于可能侵权的研发密集的制造商，借由隐藏其专利技术，并等待研发密集的制造商复制其专利且不慎使用它来制造产品，此时，专利流氓便出其不意地跳出来向该厂商索取权利金。

（7）攻击模式：控告侵权、以诉讼作为威胁、和解授权、勒索。

（8）最终及唯一目的：向目标对象索取巨额的权利金、和解金或赔偿金以获取利润，且该金额通常远高于该专利的实际价值。

但是也有人认为，专利流氓的行径对于专利制度施行下的活动并不全然是负面的，因为在过去许多研究显示：有极高比例的专利未曾有过任何的商业运用（也就是一般俗称的"沉睡的专利"），使得真正有创造价值的专利仅占很小部分（Griliches，1990；Harhoff，Schererc and Vopeld，2003；Schankerman and Pakes，1986）。[1][2][3] 因此，他们认为专利流氓对于刺激（或者说是活络）这些所谓"沉睡的专利"，让其创造出新的私有价值，有不小的贡献，从而不应以如此负面的名称来称呼这

---

[1] Griliches Z., "Patent Statistics as Economic Indicators: A Survey", *Journal of Economic Literature*, 1990, 28 (4): 1661 – 1707.

[2] Harhoff D., Schererc F. M., Vopeld K., "Citations, Family Size, Opposition and the Value of Patent Rights", *Research Policy*, 2003, 32 (8): 1343 – 1363.

[3] Schankerman M., Pakes A., "Estimates of the Value of Patent Rights in European Countries During the Post – 1950 Period", *The Economic Journal*, 1986, 96 (384): 1052 – 1076.

样的公司，而改以较为中性的名称，也就是现在大家常称的"非专利实施实体"（Non – Practicing Entities，NPEs）。

Chien（2010）[①] 认为，非专利实施实体使用专利主要是为了获取专利授权费，而非积极发展或商品化，认为他们说话轻声细语但挥舞着大棒。Allison、Lemley 和 Walker（2011）[②] 与 Geradin、Layne – Farrar 和 Padilla（2012）[③] 认为，非专利实施实体不制造商品，通常以诉讼威胁作为获利来源。Ewing（2011）[④] 认为，非专利实施实体通过收购专利形成专利组合去控告他人。Ewing 和 Feldman（2012）[⑤] 认为，非专利实施实体通过以个人或公司形式购买专利以对抗既存成功的商品。Chien 和 Lemley（2012）[⑥] 认为，非专利实施实体利用禁制令威胁制造厂商，在诉讼中进行专利挟持。

李晓秋（2012）[⑦] 认为，非专利实施实体是指不进行生产制造或销售产品的公司或者个人，经由独立研发、专利（申请）转让或许可、其他专利权人的委托或授权获得技术或者专利的组合，以转让或许可专利、提起专利诉讼或者防御专利诉讼为主要手段，向受让（被许可）方或者侵权方收取专利转让（许可）费、侵权赔偿金或者抗辩侵权之指控。何瑾瑜（2012）[⑧] 认为，专利权的个人、独立发明人或公司，借由购买专利、不制造生产商品、不提供专利服务，待侵权者（即目标公司等独立发明制造技术且真正使用该专利，但欠缺该专利权之授权，却在商业上成功的公司为侵害专利权行为）出现且已投入不可恢复的

---

① Chien C. ，"From Arms Race to Marketplace：The New Complex Patent Ecosystem and Its Implications for the Patent System"，*Hastings Law Journal*，2010，62（2）：297 – 355.

② Allison J. R. ，Lemley M. A. ，Walker J. ，"Patent Quality and Settlement Among Repeat Patent Litigants"，*Georgetown Law Journal*，2011，99（3）：677 – 712.

③ Geradin D. ，Layne – Farrar A，Padilla A J. ，"Elves or Trolls？The Role of Nonpracticing Patent Owners in the Innovation Economy"，*Industrial and Corporate Change*，2012，21（1）：73 – 94.

④ Ewing T. ，"Practical Considerations in the Indirect Deployment of Intellectual Property Rights by Corporations and Investors"，*Hastings Science and Technology Law Journal*，2011，4（1）：109 – 159.

⑤ Ewing T. ，"Feldman R. The Giants Among Us"，*Stanford Technology Law Review*，2012，16（1）：1 – 61.

⑥ Chien C. V. ，Lemley M. A. ，"Patent Holdup，the ITC，and the Public Interest"，*Cornell Law Review*，2012，98（1）：1 – 45.

⑦ 李晓秋：《危机抑或机遇：专利经营实体是非置辩》，《中国科技论坛》2012 年第 11 期。

⑧ 何瑾瑜：《非专利实施公司权利滥用问题之比较研究》，硕士学位论文，台湾东吴大学，2012 年。

投资后，才跳出来要求不成比例的收权金，或以诉讼作为要挟，其目的在于高额和解费、授权金等创造利润及策略布局。余俊琿（2013）[①] 认为，非专利实施实体通过购买或囤积（Buy up）专利等方式拥有专利权，本身并不以实际实施所拥有之专利及从事研发或制造商品等行为为目的，然利用专利制度赋予之排他性权利，将拥有之专利权作为要挟索取利益之工具，对潜在之侵权被告实体积极主张权利，期能通过授权合约之签订或侵权诉讼之威胁达成和解，并以此为获利。

林柏裕（2013）[②] 认为，非专利实施实体以不事生产，无意将专利商品化，而以专利诉讼威胁制造厂商进行专利授权，进而索取超额权利金或和解金的个人或事业体。刘芳宇（2014）[③] 认为，非专利实施实体专门搜寻并锁定市场中可能侵犯其专利之企业，并向他们"主张"是否接受专利授权，若授权协议不成，非专利实施实体就会提起专利侵权诉讼，他们以此种方法取得专利授权金或是诉讼和解金，作为主要之收入来源。张克群、夏伟伟、袁建中、陈静怡和耿筠（2015）[④] 定义非专利实施实体为作为专利权人的个人、独立发明者或实体，或仅从事知识产权管理活动的实体，在相关法律规定的范围内，通过进行技术创新或购买收购获取专利，或仅管理专利，本身不以该专利制造生产产品，待真正使用该专利且欠缺该专利权并在商业上成功的公司具备侵权行为时，以专利诉讼或授权来向目标对象索取巨额的权利金、和解金或赔偿款以获取利润。

表 1 – 1	非专利实施实体与专利流氓定义
学者	定义
Rantanen（2006）[⑤]	专利流氓为既不发展新技术，亦不直接参与市场，目的仅是为了借由取得专利权以获取利润，并对市场参与者造成重大威胁的实体

---

① 余俊琿：《从美国联邦法院 Microsoft v. I4I 案论跨国企业专利保护与创新之衡平》，硕士学位论文，台湾东吴大学，2013 年。

② 林柏裕：《非专利实施实体之商业模式——以 Acacia 和 Intellectual Ventures 为例》，台湾大学商学研究所，2013 年。

③ 刘芳宇：《专利主张实体问题之研究——以美国经验为借镜》，台湾"中央"大学产业经济研究所，2014 年。

④ 张克群、夏伟伟、袁建中、陈静怡、耿筠：《非专利实施实体的定义、形态与特征研究》，《科技管理研究》2015 年第 15 期。

⑤ Rantanen J. A. , "Slaying the Troll: Litigation as an Effective Strategy Against Patent Threats", *Santa Clara Computer and High Technology Law Journal*, 2006, 23 (1): 159 –210.

续表

学者	定义
Landers（2006）[1]	专利流氓会利用子公司或者附属公司来收购专利，主张专利所衍生的责任也会让母公司隔离
Emma（2006）[2]	专利流氓申请专利，但不从事制造商品，反而只是以提起诉讼为产生收益的方式
Beckerman – Rodau（2007）[3]	专利流氓指企业拥有专利但却不使用该专利制造任何产品
Reitzig，Henkel 和 Heath（2007）[4]	专利流氓主要是通过寻求许可或出售其专利技术给生产型公司或个人，当专利流氓提出收取相关费用要求时，侵权行为通常已经发生，并且该专利对生产型公司的产品生产起到很重要的作用，最后生产型公司在迫不得已的压力下与专利流氓达成和解协议
姚维保（2007）[5]	专利流氓通常是指那些专门为了打官司而申请某项专利，但是自己并不打算使用这项专利的人或专业从事控诉其他公司问题专利的公司。专利流氓通过购买他人专利或申请专利，将专利权许可给能够制造出专利产品的个人或公司，或者起诉其他公司企业制造的产品包含其专利，以赚取利润
王会良和和金生（2007）[6]	专利流氓以专利授权为主要业务的公司，它们主张专利的目的并不是要保护自己的市场或研究开发成果，而是专利授权的收入，它们没有实际的生产能力，更多的时候是隐藏专利权不被产品制造公司发现，当基于它们专利权的产品在市场上出现并占据相应市场时，这类公司就适时提起诉讼以取得大量侵权赔偿

---

① Landers A. L. ，"Liquid Patents"，*Denver University Law Review*，2006，84（1）：199 – 266.

② Emma P. G. ，"Patent Claims Revisited：Examiners and Trolls"，*IEEE Micro*，2006，26（3）：94 – 95.

③ Beckerman – Rodau A. ，"The Supreme Court Engages in Judicial Activism in Interpreting the Patent Law in eBay，Inc. v. MercExchange，L. L. C. "，*Tulane Journal of Technology & Intellectual Property*，2007，10（1）：165 – 210.

④ Reitzig M. ，Henkel J. ，Heath C. ，"On Sharks，Trolls，and Their Patent Prey—Unrealistic Damage Awards and Firms' Strategies of 'Being Infringed'"，*Research Policy*，2007，36（1）：134 – 154.

⑤ 姚维保：《国际专利制度理论研究与发展跟踪》，《现代情报》2007 年第 12 期。

⑥ 王会良、和金生：《专利钓饵：企业专利战略新趋势》，《电子知识产权》2007 年第 3 期。

续表

学者	定义
谢佑鑫（2007）①	某些以追索权利金为目的而专门从事收购专利的公司，这些追索权利金的公司通常被称为专利流氓
黄紫旻（2008）②	专利流氓为专利权人的个人、独立发明人或公司，借由购买专利或进行技术创新、不制造生产产品、不提供专利服务，待侵权者即"目标公司"等独立发明制造技术并真正使用该专利却欠缺该专利权并在商业上成功的公司出现且已投入不可恢复的损害后，以诉讼作为要挟索取权利金以达和解、授权和获取权利金等创造利润及策略布局为目的的行为
余翔和张玉蓉（2008）③	专利流氓本身既不从事利用其专利技术的生产和制造，也不提供利用其专利技术的服务，而是利用低价购得专利，或者以本公司研究开发的专利为武器，以诉讼为威胁，要求被指控的企业支付巨额赔偿金
Shrestha（2010）④	专利流氓是几乎或从不实施专利，专注于获取授权费，使用微弱和模糊的专利去榨取超额的授权费，会对制造厂商提出轻浮（frivolous）的诉讼
莫环（2010）⑤	专利流氓的定义是代称那些既不进行科学技术的研究开发，也不进行专利产品的制造销售或者专利方法的实施应用，仅以专利授权为主要业务的公司，同时这些公司持有专利权的目的是为了日后能凭借该专利向那些潜在的侵权人索取高额的专利许可费或专利赔偿金
Fischer 和 Henkel（2012）⑥	专利流氓是通过收购专利，锁定目标，进而对侵权人主张专利权，目的是取得损害赔偿金或和解金
Pohlmann 和 Opitz（2013）⑦	专利流氓所追求的是侵权之后的赔偿款或是授权使用费，但一般不会达成事前转让许可协议，而是等被攻击目标（一般为生产型实体企业）投入了沉没研发成本之后，发起侵权诉讼，胁迫侵权企业和解，获得高额赔偿款

① 谢佑鑫：《论处理"专利蟑螂"争议问题之手段——美国禁制令与我国强制授权之比较》，台湾世新大学法学院，2007 年。

② 黄紫旻：《专利地痞与企业因应策略》，台湾政治大学智慧财产研究所，2008 年。

③ 余翔、张玉蓉：《金融专利新战略："专利钓饵"及其防范》，《研究与发展管理》2008 年第 3 期。

④ Shrestha S. K. , "Trolls or Market – Makers? An Empirical Analysis of Nonpracticing Entities", *Columbia Law Review*, 2010, 110 (1): 114 – 160.

⑤ 莫环：《专利钓饵的成因、影响及我国的应对》，硕士学位论文，复旦大学，2010 年。

⑥ Fischer T. , Henkel J. , "Patent Trolls on Markets for Technology – An Empirical Analysis of NPEs' Patent Acquisitions", *Research Policy*, 2012, 41 (9): 1519 – 1533.

⑦ Pohlmann T. , Opitz M. , "Typology of the Patent Troll Business", *R&D Management*, 2013, 43 (2): 103 – 120.

学者	定义
黄心怡（2013）[①]	专利流氓定义为在不将目标公司逐出特定市场的前提下，积极向目标公司提出诉讼，借以逼迫目标公司和解并要求专利授权金
Chien（2010）[②]	非专利实施实体使用专利主要是为了获取专利授权费，而非积极发展或商品化，认为他们说话轻声细语但挥舞着大棒（speak softly and wield a big stick）
Allison、Lemley 和 Walker（2011）[③]	非专利实施实体不制造商品，通常以诉讼威胁作为获利来源
Ewing（2011）[④]	非专利实施实体通过收购专利形成专利组合去控告他人
Geradin、Layne – Farrar 和 Padilla（2012）[⑤]	非专利实施实体不制造商品，通常以诉讼威胁作为获利来源
Chien 和 Lemley（2012）[⑥]	非专利实施实体利用禁制令威胁制造厂商，在诉讼中进行专利挟持
Ewing 和 Feldman（2012）[⑦]	非专利实施实体通过以个人或公司形式购买专利以对抗既存成功的商品
李晓秋（2012）[⑧]	非专利实施实体是指不进行生产制造或销售产品的公司或者个人，经由独立研发、专利（申请）转让或许可、其他专利权人的委托或授权获得技术或者专利的组合，以转让或许可专利、提起专利诉讼或者防御专利诉讼为主要手段，向受让（被许可）方或者侵权方收取专利转让（许可）费、侵权赔偿金或者抗辩侵权之指控

① 黄心怡：《论专利滥用与非专利实施体》，硕士学位论文，台湾东吴大学，2013 年。

② Chien C. ，"From Arms Race to Marketplace：The New Complex Patent Ecosystem and Its Implications for the Patent System"，*Hastings Law Journal*，2010，62（2）：297 – 355.

③ Allison J. R. ，Lemley M. A. ，Walker J. ，"Patent Quality and Settlement Among Repeat Patent Litigants"，*Georgetown Law Journal*，2011，99（3）：677 – 712.

④ Ewing T. ，"Practical Considerations in the Indirect Deployment of Intellectual Property Rights by Corporations and Investors"，*Hastings Science and Technology Law Journal*，2011，4（1）：109 – 159.

⑤ Geradin D，Layne – Farrar A. ，"Padilla A J. Elves or Trolls? The Role of Nonpracticing Patent Owners in the Innovation Economy"，*Industrial and Corporate Change*，2012，21（1）：73 – 94.

⑥ Chien C. V. ，Lemley M. A. ，"Patent Holdup, the ITC, and the Public Interest"，*Cornell Law Review*，2012，98（1）：1 – 45.

⑦ Ewing T. ，Feldman R. ，"The Giants Among Us"，*Stanford Technology Law Review*，2012，16（1）：1 – 61.

⑧ 李晓秋：《危机抑或机遇：专利经营实体是非置辩》，《中国科技论坛》2012 年第 11 期。

续表

学者	定义
何瑾瑜（2012）[①]	专利权的个人、独立发明人或公司，借由购买专利、不制造生产商品、不提供专利服务，待侵权者（即目标公司等独立发明制造技术且真正使用该专利，但欠缺该专利权之授权，却在商业上成功的公司为侵害专利权行为）出现且已投入不可恢复的投资后，才跳出来要求不成比例的收权金，或以诉讼作为要挟，其目的在于高额和解费、授权金等创造利润及策略布局
余俊珵（2013）[②]	非专利实施实体通过购买或囤积（Buy up）专利等方式拥有专利权，本身并不以实际实施所拥有之专利及从事研发或制造商品等行为为目的，然利用专利制度赋予之排他性权利，将拥有之专利权作为要挟索取利益之工具，对潜在之侵权被告实体积极主张权利，期能通过授权合约之签订或侵权诉讼之威胁达成和解，并以此为获利之专利实体
林柏裕（2013）[③]	认为非专利实施实体以不事生产，无意将专利商品化，而以专利诉讼威胁制造厂商进行专利授权，进而索取超额权利金或和解金的个人或事业体
刘芳宇（2014）[④]	非专利实施实体专门搜寻并锁定市场中可能侵犯其专利之企业，并向他们"主张"是否接受专利授权，若授权协议不成，非专利实施实体就会提起专利侵权诉讼，他们以此种方法取得专利授权金或是诉讼和解金，作为主要之收入来源
张克群、夏伟伟、袁建中、陈静怡和耿筠（2015）[⑤]	非专利实施实体为作为专利权人的个人、独立发明者或实体，或仅从事知识产权管理活动的实体，在相关法律规定的范围内，通过进行技术创新或购买收购获取专利，或仅管理专利，本身不以该专利制造生产产品，待真正使用该专利且欠缺该专利权并在商业上成功的公司具备侵权行为时，以专利诉讼或授权来向目标对象索取巨额的权利金、和解金或赔偿款以获取利润

---

① 何瑾瑜：《非专利实施公司权利滥用问题之比较研究》，硕士学位论文，台湾东吴大学，2012 年。

② 余俊珵：《从美国联邦法院 Microsoft v. I4I 案论跨国企业专利保护与创新之衡平》，硕士学位论文，台湾东吴大学，2013 年。

③ 林柏裕：《非专利实施实体之商业模式——以 Acacia 和 Intellectual Ventures 为例》，台湾大学商学研究所，2013 年。

④ 刘芳宇：《专利主张实体问题之研究——以美国经验为借镜》，台湾"中央"大学产业经济研究所，2014 年。

⑤ 张克群、夏伟伟、袁建中、陈静怡、耿筠：《非专利实施实体的定义、形态与特征研究》，《科技管理研究》2015 年第 15 期。

　　事实上，要给非专利实施实体下一个明确的定义也并不容易，因为这许许多多的非专利实施实体在获得专利权的方式、本身实体型态（如企业或者个人）以及获利的商业模式等方面都不尽相同。一般在界定上较无争议的定义应该具备下列两个特征："该实体拥有专利但却不使用该专利制造任何产品"；"其目的为向产品制造商获取权利金或赔偿金"（Klemens，2008；Lemley，2007；McDonough III，2006；Subramanian，2008）。①②③④ 虽然非专利实施实体具备了上述两项基本的特征，但是，是不是所有具备这两项特征的实体都属于非专利实施实体？或者，更进一步思考，难道不具备上述两项特征的实体就不会是非专利实施实体吗？

　　以有些科技研发型的企业（例如 Rambus⑤ 或者 Qualcomm⑥）为例，本身投入大量研发资源从事先进的科技研发，同时也运用这些研发成果进行产品制造销售或者提供服务，但是可能因为公司市场策略改变或者淡出市场，原本有制造该类产品或服务的行为，后来便宣告终止，于是

---

　　① Klemens B. , "The Rise of the Information Processing Patent", *Boston University Journal of Science and Technology Law*, 2008, 14（1）: 1 – 37.

　　② Lemley M. A. , "Should Patent Infringement Require Proof of Copying? " *Michigan Law Review*, 2007, 105（7）: 1525 – 1535.

　　③ McDonough III J. F. , "The Myth of the Patent Troll: An Alternative View of the Function of Patent Dealers in an Idea Economy", *Emory Law Journal*, 2006, 56（1）: 189 – 228.

　　④ Subramanian S. , "Different Rules for Different Owners: Does a Non – competing Patentee have a Right to Exclude?: A Study of Post – eBay Cases", *IIC International Review of Intellectual Property and Competition Law*, 2008, 39（4）: 419 – 450.

　　⑤ Rambus 创立于 1990 年 3 月，是一家专门从事高速芯片接口的发明及设计的技术授权公司，拥有 SyncLink 和 RamLink 等专利技术。在 1996 年时，Rambus 曾与 Intel 共同主导 RDRAM，原本意欲取代 SDRAM，却由于成本因素败在 VIA 与美光主导的 DDRAM 之下。Rambus 虽然在主流内存技术失利，却由于握有大量的记忆体专利，向其他内存相关厂商提出专利诉讼。从内存公司例如美光、奇梦达一直到显示适配器采用的记忆体专利，如 ATi、NVIDIA 等，都曾被 Rambus 控告其侵害 Rambus 的专利。而 Rambus 就借由这些权利金继续发展新的专利，形成申请专利、控告侵权、获得专利赔偿的循环的商业模式。

　　⑥ 高通公司（Qualcomm）创立于 1985 年，是一个位于美国加州圣地亚哥的无线电通信技术研发公司。高通公司在 CDMA 技术的基础上开发了一个数字蜂窝通信技术，第一个版本被规范为 IS – 95 标准。后来开发的新产品使用同样的主题，包括 IS – 2000 和 1x – EVDO。高通曾开发和销售 3G 手机和 CDMA 基站装置。同时，也掌握了关于智能型 3G 手机的关键基础专利。近年来，高通公司把它的基站业务和手机研发业务分别卖给 Ericsson 和 Kyocera，现在主要从事开发无线电技术和出售他们的 ASIC，而最大的获利来源则是通过专利授权方式获得权利金或授权金。

便运用这些针对原来产品或服务的相关专利，通过诉讼或授权谈判等方式，向市场上相关产品的厂商收取权利金或赔偿金，继续为公司创造价值。这种本身具有制造行为的公司是否仍符合上述两项特征，而可被归类为非专利实施实体吗？还是说，这类型的企业虽不具备这两项非专利实施实体的特征，仍应归属于非专利实施实体的范畴？在此，我们再度检视非专利实施实体的第一项基本特征："该实体拥有专利但却不使用该专利制造任何产品。"所谓非专利实施实体并不表示本身一定完全都不参与制造生产活动，而是所拥有的专利当中，有些专利技术不运用于本身的产品或服务，专门利用这些专利向产品制造商收取权利金或赔偿金。

又如，科技研究机构（例如大学或者研发型的财团法人，如美国加州大学）①，本身专注于科技研发并借以获得专利权，但并不从事专利商品化，也不使用该专利制造任何产品，而是通过技术移转或者专利授权的方式向产品制造商获得利益。也就是说，这些科技研究机构具备上述两项非专利实施实体基本特征，算不算是我们描述的非专利实施实体？再者，如个人发明人（如 Rothschild②、Lemelson③ 等）本身并无能力从事生产制造或营销，于是通过到处发起诉讼的方式迫使生产制造厂商支付巨额的授权金。他们也具备了非专利实施实体的两项基本特征，则是否也可以称为非专利实施实体呢？

虽然这是颇为争议的问题，若从专利制度设立的目的来看，是在一定的期间，一定的技术范围领域内，给予发明人排他的权利作为诱因，

---

① 1994 年间加州大学 Michael D. Doyle 教授开发出在窗口浏览器中 Plug - in 第三方软件技术并提出专利申请（Distributed hypermedia method for automatically invoking external application providing interaction and display of embedded objects within a hypermedia document），同时带领他的研究团队从加州大学创新衍生（spin - off）成立 Eolas 公司。其后该专利于 1998 年 11 月 17 日公告获得（US5，838，906），旋即 Doyle 教授联合加州大学于北伊利诺伊州联邦地方法院控告 Microsoft 专利侵害并要求 5.21 亿美元高额的赔偿金。

② Gertrude Neumark Rothschild 是美国哥伦比亚大学退休教授，以本身拥有 LED 技术相关专利，于 2005 年起分别在美国法院及国际贸易委员会（ITC）向全球多达 30 家 LED 上下游制造商（包括 LED 五大巨头 Nichia、Osram、Toyoda Gosei、Cree、Lumileds 在内）提起将近 30 起专利诉讼或调查，最后大多以和解收场，从中获得巨额的授权金。

③ Jerome H. Lemelson 是一名仅次于爱迪生的美国发明家，生于 1932 年，其拥有超过 500 件美国专利，且专利种类的范围由医学用或工业用技术到小机械装置或玩具。后期事业专门以专利诉讼与随之而来的授权协议居多。

以鼓励人们积极从事发明创造，最终达到促进产业发展的目的。因此，无论是科技研究机构，或者是个人发明人①，只要对于发明创造作出实质性的贡献，并且符合获得专利的要件，便应该给予专利的排他的权利，可以向生产制造厂商收取相对的报酬，同时这也是设立科技研究机构或者积极从事发明创作的个人发明人应有的运营模式。所以，若将科技研究机构或者是个人发明人也归类为非专利实施实体，从当初产生专利流氓这名称的动机上来看似有商榷的余地。

根据上述所列举的几种专利权人类型，包括科技研发型的企业、科技研究机构、个人发明人等，都有一个共通的特性，其所持专利都是经由本身的研发而产出。而今天大部分主流所探讨的非专利实施实体，则不是原始的专利权人，而是通过购买、并购或者被授权等方式取得专利权，在凭借本身对于专利实务操作的专业能力，通过诉讼或授权谈判等手段，向产品制造商获取高额的权利金或授权金。因此，有许多文献便将"本身不从事发明创造活动，而是通过购买、并购或者被授权等其他方式取得专利权"定义成另一项非专利实施实体的特征（McDonough III，2006；Rantanen，2006）。②③ 诸如像非常有名的非专利实施实体：Acacia Technologies、Intellectual Ventures 等，或者像是向专利权人取得集体授权而形成专利池（Patent Pool）方式向产品制造商收取权利金的企业，如 MPEG - LA、Sisvel 等，也可以算是符合这项定义特征的非专利实施实体。

通过上述的归纳与分析之后，关于非专利实施实体的定义，我们分为广义与狭义的两种方式定义，凡符合"该实体拥有专利但却不使用该专利制造任何产品"及"其目的为向产品制造商获取权利金或赔偿

---

① 个人发明人之所以在后来往往会被归类于 NPEs，最主要起因于过去曾经发生过数件因个人发明人对于申请专利或主张权利的过程上采取了较为争议的操作手法，因而获得巨额的报酬，并且对于产业产生许多困扰。例如 Lemelson 在申请专利的过程中，借由各种虽符合审查程序但干扰审查人员的作业，以达到拖延审查进度的目的，一旦当专利产品的市场规模达到相当的程度且退出障碍提高的时候，立刻让它公告获证，再一举向实施该专利产品的厂商收取高额的权利金，这就是后来大家俗称的"潜水艇专利"操作手法。当然，后来美国专利商标局因 TRIPs 规定修改了保护年限，使得这样的取巧情形较不常见了。

② McDonough III J. F.，"The Myth of the Patent Troll: An Alternative View of the Function of Patent Dealers in an Idea Economy"，*Emory Law Journal*，2006，56（1）：189 - 228.

③ Rantanen J. A. ，"Slaying the Troll: Litigation as an Effective Strategy Against Patent Threats"，*Santa Clara Computer and High Technology Law Journal*，2006，23（1）：159 - 210.

金"两项非专利实施实体基本特征的实体，则属于广义的非专利实施实体定义。如果再加上"本身不从事发明创造活动，而是通过购买、并购或者被授权等其他方式取得专利权"的特征条件则可称为狭义的非专利实施实体定义。

第二节　非专利实施实体的商业模式

对于非专利实施实体来说，目前最常见的商业模式之一就是广泛地收购专利并进而对目标公司提起侵权诉讼，以此获取巨额授权金或和解金。这种商业模式的中心思想在于以最低的成本和风险在最短时间内获取最大收益，如图 1-1 所示。

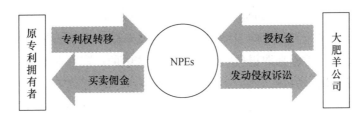

图 1-1　非专利实施实体的商业模式

一般而言，非专利实施实体的这种商业模式分为以下三个阶段：广泛获取有价值的专利；锁定目标公司；利用谈判或诉讼获取授权金或和解金。在这三个阶段中，只有在第一阶段需要投入成本，而另外两个阶段主要是获取收益。具体流程如下：

一　第一阶段：广泛获取有价值的专利

黄紫旻（2008）[①] 提出非专利实施实体主要乃针对高科技密集的产业（technologically crowded industries），购买的专利类型其特征有以下三个：第一，在侵权发生前容易被回避发明（can be invented around rather easily before infringement）；第二，专利的复杂度足以在法院供检视（sufficiently sophisticated to be upheld in court），中途因被控侵权而转换制造的成本非常高昂；第三，该专利最好是可运用于非常庞大的市场及

---

① 黄紫旻：《专利地痞与企业因应策略》，台湾政治大学智慧财产研究所，2008 年。

多家公司。此外，刘芳宇（2014）① 也认为非专利实施实体收购的专利一般具备以下三个特征：首先，该专利所处的技术领域必须具备较多的竞争者，这是非专利实施实体赖以获取授权金的来源；其次，这些专利涵盖的范围必须尽可能广泛，这样有利于非专利实施实体一次性锁定多家目标厂商，增加胜诉可能性；最后，能够以较低的成本获取这些专利，基于此非专利实施实体多是从急需资金且不善经营的独立发明人、中小型公司或者濒临破产的公司手中收购专利，因为相对来说获取这些专利的成本更低。

满足以上条件的专利多集中于软件、生物技术及医药等高科技密集型领域，这些领域也因此常成为非专利实施实体攻击的对象（Mello，2006）。② 例如，软件技术而涉讼的案件 eBay v. MercExchange, L. LC. 案，Microsoft Corp. v. I4I Ltd. P'ship 案，Techs., Inc. v. Microsoft Corp. 案及 Eolas Technologies Inc. v. Microsoft Corp. 案。因为软件技术专利符合上述非专利实施实体眼中具有经济价值专利的特征，故常被非专利实施体利用，来取得授权金。这些领域中的厂商在前期往往会投入大量的资金用于研发，然后将研发出的新技术应用于新产品并投入市场销售，这里的每一个阶段都需要投入大量资金，因此他们高度依赖于产品在市场上的销售情况。一旦非专利实施实体向这些领域的专利提起诉讼，很有可能造成市场占有率的下降，进而对他们造成极大的威胁。基于上述情况，这些领域的厂商在面临侵权诉讼时往往更容易与非专利实施实体达成和解。

除此之外，软件、商业方法等技术是在近几年才被核准为专利标的，因此这些领域一方面面临着大量专利被核准的情形，从而使非专利实施实体有机会以较低的成本广泛取得专利；另一方面，由于这些专利的新颖性往往使其具备较多的争议性，这使得法院在审查这些专利时耗时较长，拖慢了诉讼的进度，从而形成对非专利实施实体更有利的局势

---

① 刘芳宇：《专利主张实体问题之研究——以美国经验为借镜》，台湾"中央"大学产业经济研究所，2014 年。

② Mello J. P., "Technology Licensing and Patent Trolls", *Boston University Journal of Science & Technology Law*, 2006, 12（2）：388-396.

（刘芳宇，2014）。[①]

二　第二阶段：锁定目标公司

在广泛获得专利后，非专利实施实体会寻找目标公司，向他们发起侵权诉讼。为了能够获取最大利益，他们锁定的目标公司往往是那些所谓的大肥羊类型的公司或者是无法承受专利侵权损失的公司。具体来说，这些目标公司有以下三种类型：第一类是无法承担高额的诉讼费用以及诉讼造成的其他损失的公司。这些目标公司前期把大量的资金投入到了研发生产中，意图通过产品进入市场后收回成本，但在产品还未进入市场之前就受到非专利实施实体的侵权诉讼，他们往往没有足够的资源应对诉讼。更重要的是，他们担心诉讼会造成公司商誉的损失，这对于一个从事产品销售的企业来说，无疑是巨大的打击，因为这会造成消费者和投资者的不信任，对于企业未来的发展造成不可挽回的损失（杨孟凡，2014）。因此，目标公司的这一特性使它们在遭到侵权诉讼时，往往更愿意接受向非专利实施实体支付授权金的要求。第二类是无法承担因败诉而必须支付的损害赔偿金的公司。在美国，尽管以往由非专利实施实体提起的专利侵权诉讼中有 92% 因侵权证据不足而败诉，但是这并不意味着目标公司就没有败诉风险，而且一旦败诉，公司不仅要负担巨额诉讼费用，还要承担因侵权造成的惩罚性赔偿金，即使目标公司不是恶意侵权，法院也往往会采用愿买愿卖的规则进行责任划分，即目标公司实施该项专利获得的利益越高，法院判决其支付的授权金额也越高（Allison, Lemley and Walker, 2011）。[②] 因此，目标公司败诉后承担的损失将会非常高，在这种情况下，他们往往会向非专利实施实体妥协。第三类是无法承担永久禁制令对企业运营产生影响的公司。永久禁制令是法院给予专利侵权人永远不得再使用该专利继续进行生产制造的命令，这一命令对于那些前期已经把大量资源投入研发制造的企业来说无疑是一个巨大的打击。公司迫于永久禁制令的威胁往往会选择向非专利实施实体支付授权金。

---

① 刘芳宇：《专利主张实体问题之研究——以美国经验为借镜》，台湾"中央"大学产业经济研究所，2014 年。

② Allison J. R., Lemley M. A., Walker J. ，"Patent Quality and Settlement Among Repeat Patent Litigants", *Georgetown Law Journal*, 2011, 99 (3)：677–712.

三 第三阶段：利用谈判或诉讼获取授权金或和解金

非专利实施实体在广泛获取专利并锁定目标公司后，他们会向某一产业中的多家厂商发起攻击。这一过程通常包括两个步骤：

首先，非专利实施实体在选定目标公司后会以一种与对方协商的姿态向这些厂商发起授权要约，主张目标公司有专利侵权行为。在授权要约中，他们不会提供关于专利侵权的充分证据，且提出的权利金也不是很高，这是为了尽量避免双方进入诉讼程序。因为对于非专利实施实体来说，他们的目的是使目标公司愿意支付权力金进行和解而不是进行侵权诉讼。而且非专利实施实体并不乐于进入诉讼程序，因为这意味着他们需要投入资金和精力，会增加他们的运营成本。因此除非协商破裂，他们才会进入专利诉讼程序。当非专利实施实体向目标公司发出授权要约时，他们对于目标公司的谈判优势已经体现出来，这种优势体现在两个方面：其一是非专利实施实体在侵权诉讼之前的风险和损失基本已经确定。如果败诉，他们损失的也只是专利费和因诉讼造成的律师费、其他人力费用等，而一旦胜诉则可获得可观的损害赔偿金（何瑾瑜，2012；黄心怡，2013）。[1][2] 相比之下，目标公司则面临着较大的财务风险，尤其是永久禁制令对他们造成的损失不可估量。其二是非专利实施实体不会成为侵权诉讼的对象。因为他们不从事生产制造，不会遭到目标公司的反诉，也没有意向与目标厂商达成交互授权。因此，尽管从表面上看，非专利实施实体是为了双方利益与目标公司进行协商，但实际上由于双方谈判地位的不对等，目标公司只能被动接受非专利实施实体提出的授权金要求（何瑾瑜，2012；黄心怡，2013）。[3][4]

其次，也有一些企业规模大、营收能力强的公司会选择进入诉讼程序，因为对这些大公司来说，商誉非常重要且他们有足够的资源应对诉讼。非专利实施实体也常常锁定这些规模较大的公司进行诉讼，因为一旦胜诉，这些公司支付的授权金相比于其他公司也会越高。一旦进入诉

---

① 何瑾瑜：《非专利实施公司权利滥用问题之比较研究》，硕士学位论文，台湾东吴大学，2012 年。

② 黄心怡：《论专利滥用与非专利实施体》，硕士学位论文，台湾东吴大学，2013 年。

③ 何瑾瑜：《非专利实施公司权利滥用问题之比较研究》，硕士学位论文，台湾东吴大学，2012 年。

④ 黄心怡：《论专利滥用与非专利实施体》，硕士学位论文，台湾东吴大学，2013 年。

讼期，非专利实施实体会有两种选择方式降低自己的诉讼损失：其一，针对某一专利选择多家目标公司提起诉讼；其二，选择一个利润较高、规模较大的公司作为目标公司。因为前者能够增加胜诉可能性，而后者败诉所支付的权利金较高。他们也会积极寻求最有利于自己的诉讼方式。例如，将许多被告拉进同一诉讼（Cluster sever all defendants into single suit），这样可以降低他们进行诉讼的费用和时间；寻求对己有利的管辖法院（Pro‐plaintiff venue），亦即较支持专利侵权原告的法院，从而在专利侵权诉讼中获得更多的支持；寻求较高的合理权利金以支付侵权诉讼所需的支出（Seek high "reasonable" royalty to use in enforcement suits）；避免复杂的司法判决实务（May avoid multiple jurisdictions and motions practice），较慢的程序会拖慢诉讼的进程，增加他们的运营成本（黄紫旻，2008）。[①]

四 多元化发展的商业模式

目前美国联邦贸易委员会（Federal Trade Commission，FTC）针对非专利实施实体的诉讼活动带来的利润和造成的成本进行了研究。研究结果中显示，近几年来非专利实施实体发起的诉讼活动逐年增加，且其商业模式也在发生改变。

首先，非专利实施实体针对的产业有所扩展。之前的诉讼活动多局限于IT行业，但现在开始慢慢转向与商业方法运用相关的产业，如线上运营的零售商，这显示出他们的目标已经从单一的产业发展到多元化产业中。其次，他们的诉讼方式也发生了改变，之前非专利实施实体只是单纯地向目标公司发起专利侵权诉讼，而现在向"混合型非专利实施实体"转型。这种商业模式的特点在于：一些专利实施公司将自己拥有的部分专利转移给非专利实施实体，由它们向这些公司的竞争对手发起侵权诉讼，以此达到打压竞争对手的目的，具体流程如图1-2所示。在这种模式下，非专利实施实体被称为专利实施公司的"私人佣兵"，他们的收益来自专利实施公司支付的佣金，这对于双方来说是一种"双赢"的局面（刘芳宇，2014）。[②] 这种新兴的策略能够让拥有专

---

① 黄紫旻：《专利地痞与企业因应策略》，台湾政治大学智慧财产研究所，2008年。
② 刘芳宇：《专利主张实体问题之研究——以美国经验为借镜》，台湾"中央"大学产业经济研究所，2014年。

利所有权的公司利用专利缺乏透明度这一特点在战略上取得成功，从而拖累竞争对手，但对于是否阻碍了市场的竞争也同样值得深思。

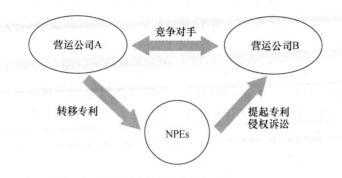

图 1 - 2　混合型非专利实施实体的商业模式

第三节　非专利实施实体对企业与社会的影响

一　非专利实施实体的正面影响

1. 建立更有效率的专利市场，降低交易成本

专利制度构建出一个集中各种发明创造、技术创新的专利市场，而目前这个市场上充斥着各种各样的专利，且很多专利闲置在市场中没有被专利权人实施，从而使得专利资源配置的无效率。此时，非专利实施实体通过向专利权人收购这些闲置专利并将其出售或授权给那些技术需求者，或者寻找目标专利并将其授权给目标企业从而促进了专利在专利市场中的流通，也降低了交易成本和交易风险。也就是说，非专利实施实体以中间人的角色在发明人与制造厂商间搭建沟通市场，并且将专利市场从搜寻市场转换成集中市场，活络了专利市场（林柏裕，2013；Fischer and Henkel，2012）。①②

---

① 林柏裕：《非专利实施实体之商业模式——以 Acacia 和 Intellectual Ventures 为例》，台湾大学商学研究所，2013 年。

② Fischer T. , Henkel J. , "Patent Trolls on Markets for Technology – An Empirical Analysis of NPEs' Patent Acquisitions", *Research Policy*, 2012, 41 (9): 1519 – 1533.

如果没有非专利实施实体的存在，这些技术需求者可能不得不付出高额的搜寻成本来寻找合适的专利，这样不但不利于专利在市场中的流通，而且由于信息的不对称会增加专利市场的交易成本。另外，作为专利市场的中介者，非专利实施实体往往积累了充足的经验和信息，他们有着很强的收集资讯的能力，并且对于专利市场的运作模式非常熟悉，这是其他主体所无法匹敌的。因此，他们也比市场上的其他参与者更能准确地评估专利交易中存在的风险，并能够准确地评估专利的价值，以帮助专利权人对专利进行有效的管理和应用，包括寻找合适的专利需求者对其进行授权，从而从整体上降低交易成本，提高专利市场的有效性（郭怡萱，2014）。[①]

2. 有效保护了独立发明人及中小型公司对专利的合法权益

进行一场专利侵权诉讼案往往需要漫长的诉讼时间和巨额的诉讼成本，这远远超出一些独立发明人和中小型公司的承受能力。由于这些独立发明人与中小型公司缺乏足够的资金和专业的诉讼能力，往往成为一些大公司的"猎物"。他们认识到小型发明者的局限性，通常会故意拖慢专利侵权的协调时间，拖长诉讼流程，以此来威胁小型发明者以较低价和解甚至自动撤回诉讼（刘芳宇，2014）。[②] 而非专利实施实体可以有效地帮助独立发明人及中小型公司维护他们的合法权益，因为他们掌握着更多的资金、资源和专业诉讼能力，在与大公司的谈判中占据优势地位，从而向被授权公司取得更多的授权金，让独立发明人与中小型公司取得较高的报酬，在维护他们合法权益的同时，也鼓励了他们继续从事发明创造。最后这些小型发明者只需支付少量中介费即可实现"双赢"。

另外，独立发明人和中小型公司对于市场状况不是很了解，对其创造的专利往往无法准确评估其预期收益，从而导致授权交易无法完成。此时，非专利实施实体就可以通过收购这些专利来对专利进行专业化管理并进行商品化运作，这样不仅可以收回他们的研发成本，还能让他们节省维护和管理这些专利的时间和精力。非专利实施实体也为独立发明

---

① 郭怡萱：《论诉讼费用移转变革对非专利实施实体之影响》，台湾政治大学科技管理与智慧财产研究所，2014 年。

② 刘芳宇：《专利主张实体问题之研究——以美国经验为借镜》，台湾"中央"大学产业经济研究所，2014 年。

人创造了一个次级市场，这些人没有足够的资源将其专利转化为最终产品，因此很难收回他们在研发过程中的投资支出，在面对侵权者时也难有实力对抗。而非专利实施实体满足了他们的需求，通过专利交易让这些独立发明人收回他们的投资成本，也让他们免予大公司的威胁，从而有资金和时间去投入其他的研发创造。

3. 促进知识创新和技术发展

非专利实施实体对创新提供了诱因（Pohlmann and Opitz，2013）[①]，例如非专利实施实体鼓励发明人从事创新和竞争，并且促进科技市场的交易效率，帮助发明人获得应有的报酬（林柏裕，2013；Geradin，Layne – Farrar and Padilla，2012）。[②③] 具体来说就是，大多数专利创造者缺乏足够的资源以他们的专利技术为基础来进行产品制造，但非专利实施实体在收购这些专利之后，可以使他们不必在制造和行销上多花时间和精力即可获得足额的收益，这使他们有足够的动力和时间去继续进行研发创造，从而促进知识创新。

此外，对于市场参与者来说，对那些窃取别人智慧结晶的人或企业进行必要处罚是维持市场交易正常运转的必要基础，这被称为诉讼威胁。如果没有诉讼威胁的存在，那些专利发明者会由于自己的合法权益得不到保障而不愿意公开自己的专利；专利需求者也会尽力选择一些低成本甚至不正当的方式获取自己需要的专利。非专利实施实体的存在提供了诉讼威胁的保障，如果有存在不正当获取的专利行为就会引发非专利实施实体提起诉讼，它就像是专利市场的监督者，给予发明创造者足够的安全感，使他们更加愿意进行发明创造，从而推动技术的发展。

4. 有助于技术投资的增加

依据目前专利市场的情况，尽管专利的数量越来越多，而实际上真正具有经济价值的专利却很少。很多企业的研发部门耗费了大量的资金和精力进行专利研发，但对其预期取得的经济收益却并不能给予足够的

---

① Pohlmann T. , Opitz M. , "Typology of the Patent Troll Business", *R&D Management*, 2013, 43（2）: 103 – 120.

② 林柏裕：《非专利实施实体之商业模式——以 Acacia 和 Intellectual Ventures 为例》，台湾大学商学研究所，2013 年。

③ Geradin D. , Layne – Farrar A. , Padilla A. J. , "Elves or Trolls? The Role of Nonpracticing Patent Owners in the Innovation Economy", *Industrial and Corporate Change*, 2012, 21（1）: 73 – 94.

保证，毕竟技术上的成功与市场上的成功并没有必然的联系。许多企业最终研发出的专利由于无法在市场上成功应用而不得不面临巨额损失。而目前许多的非专利实施实体通过向营运失败或者濒临破产的企业购买其失败的专利有效地降低了他们的投资损失，也使他们可以有余地转换自己的研发方向，从而更容易投入资源进行新的技术研究。

5. 合法保护专利权

许多批评者把非专利实施实体称作"专利流氓"，认为他们为了获利恶意攻击那些专利实施公司，无益于整个社会的创新发展。但是对于大多数独立发明人和中小型公司来说，非专利实施实体被视为他们的辩护人，他们帮助这些弱势群体承担风险并致力于维护他们的合法权益。最重要的是，从实质上讲，非专利实施实体活动是合法的商业模式，他们用自己有限的资源从事专利授权和侵权维护业务，在发现专利侵害时，合理利用永久禁制令保护专利和专利权人，是在合理且合法地应用专利法。

二　非专利实施实体的负面影响

1. 专利诉讼被滥用，阻碍了技术创新

专利诉讼本意是为了保护专利权人的合法权益不受侵害，但现在却被越来越多的非专利实施实体视为盈利的手段。这些非专利实施实体多持有范围不明确或品质不佳的专利，且由于这些专利的时效性问题，非专利实施实体所提起的诉讼往往不具备请求权基础，但被告公司碍于诉讼需耗费大量时间和资源，往往选择支付授权金与非专利实施实体达成和解。非专利实施实体正是瞄准了企业的这一弱点，所以经常滥用专利诉讼，以被告公司妥协为目的获取大量授权金。据美国财富杂志报道，在年度一百大公司的专利诉讼案件中，有近一半诉讼来自非专利实施实体。这一现象在中小型公司尤为严重，因为他们往往没有足够的资金和专业能力应对诉讼，也不清楚哪些技术需要取得授权或需要进行回避设计，只能向非专利实施实体妥协。

非专利实施实体持有专利的目的并非是将该专利技术投入生产，而是借这些专利获取授权金，这对于社会的技术创新并无促进作用。首先，将专利转化为最终产品往往间隔数年，且一种产品的生产制造往往需要多种专利，如果某一关键专利掌握在非专利实施实体手中，而他们又无意将这些专利投入市场，将会导致这些产品无法被制造，从而拖慢了科技创新的进度。其次，非专利实施实体所发起的众多诉讼增加了目标公司将新技术进行商业化生产的风险，因为他们需要把一部分原本投入到研发中的资源转移到应对专利侵权诉讼中，由此造成的额外成本会降低目标公司进一步实施研发的意愿，从而导致整个社会创新活动的减少。另外，由于大量诉讼活动所产生的诉讼费用也会减少企业投入技术创新的资源，并阻止新厂商进入市场，最终使市场上的创新者数量减少，导致创新水平下降（刘芳宇，2014）。[①] 据研究数据表明，2011 年单是由非专利实施实体发起的诉讼，就导致美国的被告人与被授权人损失直接成本达 290 亿美元，而这些损失中只有不到 1/4 流回科研机构和独立发明人手中（Bessen and Meurer，2014）。[②] 因此，由非专利实施实体发起的大量诉讼行为常常被认为是一种勒索，它会阻碍创新，增加制造商的生产成本，也降低了这些制造商创新的动力（Landers，2006；Reitzig，Henkel and Heath，2007）[③④] 对于一些独立发明人来说，非专利实施实体利用自己的专业能力及信息的不对称以低价收购这些发明者的专利，并未给予发明者足够的报酬以激励他们的创新意愿（林柏裕，2013；Shrestha，2010）。[⑤⑥]

2. 增加社会成本

虽然非专利实施实体提起的侵权诉讼大多是正当且合理的，但这些诉讼所导致的巨额诉讼费仍不可避免地会增加经济体系的创新成本以及投入研发的资源，也进一步提高了社会成本。有研究表明，2011 年在美国的专利诉讼导致被告公司平均损失 1.22 万美元，这些损失既包括诉讼费用、和解金、损失赔偿、营业损失等直接成本，也包括生产资源的浪费、未来收益的期望值减少、公众形象损失等间接成本。波士顿大

---

① 刘芳宇：《专利主张实体问题之研究——以美国经验为借镜》，台湾"中央"大学产业经济研究所，2014 年。

② Bessen J. E., Meurer M. J., "The Direct Costs from NPE Disputes", *Cornell Law Review*, 2014, 99 (2): 387–424.

③ Landers A. L., "Liquid Patents", *Denver University Law Review*, 2006, 84 (1): 199–266.

④ Reitzig M., Henkel J, Heath C., "On Sharks, Trolls, and Their Patent Prey—Unrealistic Damage Awards and Firms' Strategies of 'Being Infringed'", *Research Policy*, 2007, 36 (1): 134–154.

⑤ 林柏裕：《非专利实施实体之商业模式——以 Acacia 和 Intellectual Ventures 为例》，台湾大学商学研究所，2013 年。

⑥ Shrestha S. K., "Trolls or Market-Makers? An Empirical Analysis of Nonpracticing Entities", *Columbia Law Review*, 2010, 110 (1): 114–160.

学 2012 年的研究报告中显示，2011 年单是非专利实施实体提起的诉讼就让美国的被告和被授权人损失了 290 亿美元，而这一数据在 2005 年仅为 70 亿美元；白宫在 2013 年针对非专利实施实体的研究也表明由专利侵权所导致的对被告者产生的损失并没有完全转移到原告身上，研究统计表明在 2000 年至 2010 年间，14 家非专利实施实体共获益 76 亿美元，而他们提起的诉讼所导致的被告者损失却高达 876 亿美元。也就是说，这些损失中仅有不到 10% 转化成非专利实施实体的收益，剩下的 90% 的损失则对整个社会经济造成了异常严重的影响（郭怡萱，2014）。①

此外，被告公司在诉讼期间不得不投入大量人力、物力、财力来应对诉讼，公司内部的研发人员和管理人员也要投入精力共同商讨应对策略，导致其内部人员无法专心进行生产；另外，诉讼的发生必然会影响公司的公众形象，使其商誉受到损害，从而影响其产品销售和客户忠诚度，导致产品的市场占有率缩减。总而言之，大量的专利诉讼不仅会对社会经济造成巨大的损失，而且会使专利授权企业失去市场份额（Bessen, Ford and Meurer, 2012；Bessen and Meurer, 2014）。②③

3. 利用投机的商业模式损害制造商和消费者的利益

非专利实施实体把专利看作是生财的工具，他们的本意并不是排除他人使用专利，也不从事生产制造，而是提前收购那些具有潜在利益且对制造商极其重要的专利，待制造商投入大量资金开始生产时，再发起诉讼，使制造商不得不付巨额授权金和解。与制造商相比，非专利实施实体在诉讼中有许多优势之处：首先，非专利实施实体不进行生产活动，所以他们不会受到禁制令的限制，也不需要与制造商达成交互授权的协议；其次，侵权诉讼的结果对他们来说只有收益没有损失，即使败诉也不会对他们造成任何影响，而一旦胜诉则收益颇丰；最后，他们的主要业务就是提起专利侵权诉讼，所以也不必担心影响公司的其他业务或者公众形象。这种投机的商业模式使非专利实施实体始终占据优势地

---

① 郭怡萱：《论诉讼费用移转变革对非专利实施实体之影响》，台湾政治大学科技管理与智慧财产研究所，2014 年。

② Bessen J. E., Ford J. L., Meurer M. J., "The Private and Social Costs of Patent Trolls", *Regulation*, 2012, 34（4）: 26–35.

③ Bessen J. E., Meurer M. J., "The Direct Costs from NPE Disputes", *Cornell Law Review*, 2014, 99（2）: 387–424.

位，而让制造商与消费者蒙受巨大损失。

对于制造商来说，当他们被非专利实施实体瞄准的时候，往往已经投入了大量的资源用于研发或生产活动，如果因为败诉而使法院下达永久禁制令，这将使得之前所有的投资付诸东流，在这种情况下，制造商会选择支付一定授权金与非专利实施实体达成和解，但这些授权金往往不是一个小数目，而只是在与投入成本权衡利弊的结果。除此之外，在企业面对侵权诉讼时，还需承担除经营之外的成本，比如对专利权反诉的成本；公司研发人员、管理人员、销售人员面临的心理压力，工作效率低下；业务中断；声誉下降等，所有的这些成本使制造商受到非专利实施实体的高度威胁，即使这些威胁所造成的损失与他们所持有的专利价值不成比例（刘芳宇，2014）。① 有些公司会因为这些诉讼威胁而提前采取防御措施，即收购一些不必要的专利以防止这些专利被非专利实施实体利用，但其实这些专利对公司来说可能毫无用处，只会增加公司的维护费用和运营成本。

以上这些由侵权诉讼造成的制造商直接成本和间接成本的增加最终会反映在产品价格上，最终由消费者承担更高的价格，这样的结果不利于大众消费，造成整个经济社会的巨大损失。

4. 阻碍法律制度，把禁制令当作"保护伞"

非专利实施实体往往不会将专利投入生产，而是借诉讼的手段获取授权金。由于侵权诉讼的结果对非专利实施实体有益无害，他们往往在没有收集到实质性证据的情况下就向被告发起侵权诉讼，这种行为会阻碍法律制度的施行，也使法律成了他们获利的手段和途径。例如，在NTP, Inc. v. Research in Motion, Ltd. 案中，NTP 以一个由 USPTO 再审程序审查的专利为基础，向法院提起诉讼，进而从 Research in Motion, Ltd. 获得高达 6 亿美元的和解金，但最后该专利却在 USPTO 的再审程序中遭认定无效（杨孟凡，2014）。②

另外，法律上的禁制令似乎也成了非专利实施实体的"保护伞"。一旦遇上非专利实施实体的控告，制造商就必须要权衡利弊，如果执意

---

① 刘芳宇：《专利主张实体问题之研究——以美国经验为借镜》，台湾"中央"大学产业经济研究所，2014 年。

② 杨孟凡：《美国法上先使用权抗辩——以专利流氓为主》，台湾中正大学财经法律学研究所，2014 年。

主张其产品没有侵害专利权，则必须要投入大量的花费去研究，却可能无法得出合适的解决方案，而且还面临着败诉的风险，从而因为法院颁布的禁制令而使已经投产的产品无法继续进行。如果在法院下达禁制令后，制造商仍尝试争取该专利权，非专利实施实体可以被告修改产品的名义，请求法院处之以藐视法律的禁制令。在这种情况下，制造商通常选择支付授权费，一方面，是因为非专利实施实体提出的授权金金额往往要低于可能发生的诉讼费；另一方面，也可以避免因永久禁制令而倒闭的风险。制造商也可以与非专利实施实体达成协议在生产产品前授权使用该专利，但由于这些专利被非专利实施实体拥有且受到永久禁制令的保护，授权金可能非常高。尽管这会造成制造商一定的损失，但相对于被禁止制造该产品的风险，他们往往选择在判决前达成和解。

5. 阻碍市场竞争

专利法和竞争法设立的目的都是为了增加消费者福祉并促进创新。其中专利法是通过阻止侵犯他人专利的途径来鼓励发明创新，竞争法则是保留新技术或新产品之间的竞争，从而确保消费者能够从技术市场竞争中获益。市场机制的不健全为那些非专利实施实体提供了施展能力的空间，他们熟悉多元的技术领域，了解法律的运行与规范，拥有成熟的知识体系和业务能力，并能把握技术未来的发展走向，从而能够运用这些能力行使专利权利，创造巨额财富。如果基于以上理由责难非专利实施实体阻碍市场竞争似乎有些牵强。目前，关于阻碍市场竞争的争论主要围绕专利货币化行为展开，专利货币化行为包括专利钳制行为和专利掠夺行为。专利钳制行为指的是专利权人利用制造商的沉没成本为砝码抬高授权金。一般而言，被授权者如果是在产品生产或产品投入市场之前即取得专利的使用权，那么被授权人就能够因技术市场的竞争而以一个比较合理的价格取得专利授权，从而降低研发的成本和风险。而现实恰恰相反，大多数制造商往往是在产品投入生产后才被非专利实施实体攻击，此时他们已经无法转向其他技术。因此，授权金反映出的其实是制造商的沉没成本，而不是其他技术的替代价值。换言之，由于非专利实施实体操作的隐蔽性，制造商们在选择技术时根本无法预测以后可能会发生的专利权诉讼，也无法实施防御措施，这就导致了他们在技术选择方面缺乏重要的成本信息，增加了授权的不确定性和研发成本，从而阻碍了技术市场的竞争。专利掠夺行为指的是专利实施公司选择将自己的专利权转移给非专利实施实体，由他们作为代理人向竞争对手发起攻击。之所以会有这种现象的发生，是由于国际标准组织的产权规则FRAND（fair，reasonable，and non - discriminatory terms，公平、合理和不带歧视性的条款）。FRAND 为了避免出现权利金堆叠现象而对标准必要权利的授权进行了限制，而专利实施公司通过与非专利实施实体的合作则能够巧妙地规避这一限制令，重新创造权利金的堆叠，且能够创造更多的机会进行侵权诉讼以达到打压竞争对手的目的。综合来看，这样的合作安排增加了竞争对手的成本，阻碍竞争产品进入市场，从而降低了市场竞争的效率（郭怡萱，2014）。[①]

6. 潜水艇专利打击制造商信心

美国专利法在 1995 年将专利期限调整为申请日之后的 20 年，这一政策给非专利实施实体提供了便利条件。他们可以在最初提交专利时尽可能使专利内容广泛，后续再根据市场的变化对专利内容修改，使专利一直处于审核状态，因为美国专利在审核期间是保密状态，因此这种专利就像是潜水艇一样不易被人察觉，厂商也无法进行预先的回避设计。而一旦制造商开始利用这种专利从事生产，或者运用该专利技术的产品在市场上已经成熟稳定时，非专利实施实体拥有的这些专利就变成了攻击的工具，使制造商被迫支付巨额授权金。甚至有时候这些专利只是产品中极其微小的一部分，制造商支付的授权金远远高于该专利的价值。这不仅会扭曲整个专利市场的公平市场价值，也会严重打击制造商的积极性，他们会害怕因不知情而遭受潜水艇专利的攻击，从而不愿意进行产品创新。即使要进行防御措施，制造商也不得不花费大量资源去搜寻与产品相关的专利（杨哲桢，2012）。[②]

7. 阻碍软件技术领域的发展

由非专利实施实体发起的侵权诉讼对软件技术领域的影响尤为显著。由于软件产业相对比较新颖，且其先前技术多用于技术实施而非专利申请，因此 USPTO 在进行该产业的专利审查时，往往缺乏足够的资料而无法对先前技术做充分测试，以确保该专利的新颖性。这一漏洞给

---

① 郭怡萱：《论诉讼费用移转变革对非专利实施实体之影响》，台湾政治大学科技管理与智慧财产研究所，2014 年。

② 杨哲桢：《专利怪兽法律问题之研究》，高雄第一科技大学科技法律研究所，2012 年。

非专利实施实体提供了机会，他们运用自己的专业能力在软件技术领域广泛申请专利，从而拥有广泛的软件技术专利的控制权，但这种专利的申请行为又非常隐蔽，从事软件开发的公司往往并不知情。一旦该领域的公司需要使用到该专利时，便会掉进非专利实施实体提前布置好的陷阱，使他们不得不付授权金达成和解。此外，非专利实施实体拥有广泛的软件技术专利，但却不明确告知从事软件开发的公司，也不将这些专利投入软件开发中。不仅会抑制这些软件开发公司继续进行发明创新的积极性，也会阻碍整个软件技术产业的进步，使有些软件技术始终无法普及，从而影响整个社会产业的发展。

8. 专利授权契约对非专利实施实体无效

专利授权契约是知识经济下的一种商业交易行为。市场中的参与者为了降低研发过程中的风险或减少由于诉讼所带来的损害而与竞争对手签订授权契约。其中，专利授权人同意将专利授权给对方使用，而被授权人则需支付一定的授权金。专利授权契约对于双方是一个共赢的结果，授权人可以获取一定的授权金并能减少新产品进入市场的威胁，而被授权人降低了研发的风险与费用，提早进入产品市场，也避免了被诉讼的威胁。而且因为双方掌握的专利不同，授权人与被授权人往往是可以相互转化的，也就是说他们之间的地位是对等的。而对于非专利实施实体而言，他们本身的业务就是单纯地利用发起专利侵权诉讼盈利，而不是生产制造产品。这些非专利实施实体不需要取得专利授权，也没有达成专利授权契约的动机，这就导致了双方权利、地位一开始就存在不对等。在这种情况下，制造商只能悲观地接受可能来自非专利实施实体提出的侵权诉讼，而且由此导致的和解金远高于专利授权契约的授权金（杨哲桢，2012）。①

第四节　知识产权控股公司
（IP Holding Company）

一　知识产权控股公司的定义

知识产权控股公司属于控股公司的其中一种方式。公司成立知识产

---

① 杨哲桢：《专利怪兽法律问题之研究》，高雄第一科技大学科技法律研究所，2012 年。

权控股公司以进行管理、巩固及授权公司所拥有的专利，或以其他方式来强制执行其专利权，如通过专利诉讼的方式。而许多知识产权控股公司由于积极通过专利诉讼来实施其专利权，此特征便被认为与非专利实施实体（Non - Practicing Entities，NPEs）相似。

而依照知识产权控股公司规模的大小，可分为大型公司、小型公司与专利发明者，以下分别就这三种分类来介绍知识产权控股公司的特色（许万龙、林建扬、谢明峰、刘展光和王文萱，2006）。①

1. 大型公司

大型公司或跨国营运的公司可能依据功能特性在不同的国家或区域设立不同的部门。有一些大公司会因为赋税的考量而成立独立的知识产权控股公司，而该公司会将所有的专利售予该知识产权控股公司，来专注于从事专利授权的工作。该公司仍然隶属于母公司的组织架构中，主要任务是协助母公司管理有关知识产权以及行使研发专利的权益。

2. 小型公司

小型公司由于规模较小，对抗大公司的方式就是集结各个小公司的专利与大公司竞争。然而，这些公司若彼此处于潜在竞争的状态，则容易造成不信任的情况，一个解决的方式就是将各个公司拥有的专利集合在一个知识产权控股公司，通过该公司建立的专利部署，整合管理各公司的智慧财产。

3. 专利发明者

此类专利属于个人的发明，或将专利所有权转让给某些公司，然而专利发明人也同时拥有公司的股份或参与公司的营运。这类型的公司通常以技术授权为主要业务，专利发明者通常还会专注于研发工作。

二 知识产权控股公司成立之目的

知识产权控股公司成立之目的主要可分为以下几点（许万龙、林建扬、谢明峰、刘展光和王文萱，2006）：②

1. 节税

一般多为母公司设立境外控股之知识产权控股公司，依不同国家法

---

① 许万龙、林建扬、谢明峰、刘展光、王文萱：《探讨美国 IP Holding Company 之营运模式》，经济部技术处跨领域科技管理研习班 95 年海外培训成果发表会，2006 年。

② 同上。

令规定，其赋税优惠而有不同。

2. 权利金

系指知识产权控股公司借由授权取得之权利金。

3. 损害赔偿金

若为侵权诉讼案件，则知识产权控股公司打赢官司，可获取损害赔偿金。有的知识产权控股公司，如 Rembrand 以侵权诉讼为主要业务，这是相当罕见的，其每一件侵权诉讼案均打到底，除非侵权厂商很有诚意谈判和解，否则宁可花费巨额诉讼费，侵权诉讼平均每一案需花费300 万—600 万美元，若是胜诉，则可获得 3—6 倍赔偿金，这是相当罕见的经营模式。采取此种经营模式的知识产权控股公司必须具备以下条件：（1）熟悉侵权诉讼程序，且具有丰富的诉讼经验；（2）有相当的资金作为后盾；（3）诉讼的对象几乎都是大企业。

4. 佣金

若知识产权控股公司从事知识产权中介买卖与授权，则可从知识产权拥有者中取得约定之佣金。

5. 作价投资新创事业

系指以知识产权控股公司所拥有之知识产权，作价投资新创事业，从中取得股权。

6. 其他策略考量

知识产权控股公司为企业或母公司购买智慧财产，如此可避免母公司因为其资产多而付出较高的知识产权授权或交易价格，当然也可以保密，以免企业或母公司被竞争对手看穿其策略布局。

三　知识产权控股公司之类型

以下依专利资本来源以及依其有无母公司来分别提出知识产权控股公司的类型（许万龙、林建扬、谢明峰、刘展光和王文萱，2006）。[①]

1. 依专利资本来源分类

依照专利资本来源可将知识产权控股公司区分为以下不同的类型。

（1）加值型（Value added）智权管理公司。以将智财商品化而创造价值为目的，基本上是遵循"购置引进—育成发展—流通运用—成立

---

① 许万龙、林建扬、谢明峰、刘展光、王文萱：《探讨美国 IP Holding Company 之营运模式》，经济部技术处跨领域科技管理研习班 95 年海外培训成果发表会，2006 年。

新创公司或授权移转"模式执行业务,平常即与大学及研究机构保持密切联系,找出有发展潜力的早期技术,再以自身拥有一笔资金,直接购入或与发明人谈妥条件,并视状况进一步投入资金去熟化技术,然后以技术授权、合作开发或新创事业等方式移转出去赚取利润,比较有名的例子是英国 BTG、美国 UTEK 及 RCT;另一类是以运用专利的独占排他权为手段,通过授权、让与或权利主张与诉讼等方式,向可能侵权厂商要求授权及赔偿。后者又分多种,有以专利让授为主者,例如 IBM 等国际大厂、拍卖平台 Ocean Tomo 等。

（2）非专利实施实体（Non - Practicing Entities,NPEs）。非专利实施实体专门以专利排他权为工具,找赔得起及有一定市场占有率或知名度的公司下手进行权利主张而牟利,美国许多大公司及我国一些品牌厂商也深受其害,由于收益颇丰,类似公司如雨后春笋般成立;还有一种则是因应专利蟑螂而生,属于"反制自保型"的公司,是由一些跨国性大企业组成,其主要目的是要与非专利实施实体竞购专利,以截断其未来遂行权利主张之专利来源,避免侵权之诉,取得的专利亦非专属授权会员无偿使用。最特别的例子是由 Verizon、Cisco、Google、Telefon AB L. M. 、Ericssson、HP 及其他公司发起成立并以会员制运作的 Allied Security Trust（AST）公司,会员须具备某些特定条件,欲加入会员须先缴交 25 万美元会员费及 500 万美元的专利购置费。AST 模式颇适合饱受国外权利主张之苦的业者参考运用。

2. 依其有无母公司分类

在美国不论知识产权控股公司或非专利实施实体均早已存在,针对任何一家知识产权控股公司,可依其有无母公司来分类:一类是有母公司,为了保护母公司的知识产权与策略布局;另一类则为独立的公司,以创造知识产权价值与获取更大利润为主要目的。

（1）有母公司之知识产权控股公司。其经营策略与决策深受母公司的影响,一般都为母公司之控股公司,大多为了节税与保密性因素考量,且母公司大多为有实施产品制造销售的企业。

（2）无母公司之独立知识产权控股公司。此类型的公司也是本书探讨的重点,他们设立的目的,以创造知识产权价值最大化与赚取利润为考量,此类型的知识产权控股公司的股东结构与主要投资者等相关资料大多不容易取得,其行事非常低调,据本书分析,每一知识产权控股公司在其网页所披露的资讯相当有限，也许是不愿让竞争对手了解其策略布局。

不论有母公司之知识产权控股公司还是无母公司之独立知识产权控股公司，均可能将公司设立在境内与境外。上述两者知识产权控股公司也可能在不同国家与地区，在其辖下设立多家知识产权控股公司，并达到全球布局营运的功能。企业内部从事知识产权营运的部门或事业单位，如 IBM、Microsoft、Intel 等企业。对于这些高科技制造公司，他们也会从企业本身保护与运用其智慧财产，进行知识产权的实施与交换，创造本身的收益。

四　知识产权控股公司之知识产权的来源

知识产权控股公司知识产权的来源，主要有三种不同的型态（许万龙、林建扬、谢明峰、刘展光和王文萱，2006）：[1]

1. 发明（IP Invention）

系指知识产权控股公司自己发明并申请知识产权，Lemelson Foundation 与 Intellectual Ventures 为典型的代表。由于发明必须有发明人与领域专家（Domain Expert），一般而言知识产权控股公司会针对特定领域之技术进行发明。

2. 购买（IP Acquisition）

系指知识产权控股公司自己购买知识产权，依据本书实际的调查与访谈，知识产权控股公司最喜欢以买断（Assignment）的方式，而非专属授权取得。但是若智慧财产的来源为大学，尤其是大学接受美国政府的经费补助，其智慧财产权受到 Bayh Dole 法案的规范与学校的政策，大学倾向采用一般授权或专属授权方式授权给企业，有的大学也会将智慧财产专属授权给知识产权控股公司。

3. 中介（IP Brokerage）

系指知识产权控股公司中介或中介知识产权，知识产权控股公司扮演代理人（Agent）的角色，协助知识产权所有权人，如个人发明人、学校、研究机构、企业界等，找到潜在客户，将其知识产权授权或交易，从中取得佣金（Commission）。例如：Semiconductor Insight、BTG 等

---

① 许万龙、林建扬、谢明峰、刘展光、王文萱：《探讨美国 IP Holding Company 之营运模式》，经济部技术处跨领域科技管理研习班 95 年海外培训成果发表会，2006 年。

机构，Semiconductor Insight 原本从事逆向工程（Reverse Engineering）技术服务业务，因为业务关系接触许多的半导体产品与客户，进而扩大业务范围，承接知识产权中介或中介业务，这也是一个新兴的行业。

第二章　非专利实施实体的类型

第一节　非专利实施实体现有分类方式

过去曾有人尝试针对非专利实施实体的类型进行分类，但有些分类偏向于直观或者分类界限略显模糊，以致较无法明确加以区分。

Barker（2005）① 直接将非专利实施实体分为"个人"及"公司"两种类型。（1）个人型非专利实施实体：非专利实施实体为专利持有人，在申请或得到专利之后，未曾运作此技术或投入资金将该专利技术商品化，反而低调地等待产业发展相似的技术。等到市场达到一定规模，时机成熟之际，便出现大举向相关企业索取使用该专利技术的授权费用，如 Rothschild、Lemelson 等。（2）公司型非专利实施实体：非专利实施实体收购专利但并不实施它，直到相关产业已成长并广泛使用该专利技术时再向之收取巨额权利金。此类型的非专利实施实体为专利制度的清道夫（Patent System Bottom Feeders），向亏本出售的公司购买无先见之明的专利（Improvidently Granted Patents），其唯一目的为控告合法企业。

然而，就法律观点而言，任何实体基本上均可分为法人与个人两种类型，因此这样的分类方式似乎无助于对于非专利实施实体的经营模式的分析研究，也无法对于专利制度的改革政策进行有实益的制约。

黄紫旻（2008）② 将非专利实施实体分为"发明型"以及"购买

---

① Barker D. G., "Troll or No Troll? Policing Patent Usage With an Open Post - Grant Review", *Duke Law & Technology Review*, 2005, 4（1）: 1 - 17.

② 黄紫旻：《专利地痞与企业因应策略》，台湾政治大学智慧财产研究所，2008 年。

型"。其中"发明型"指的是非专利实施实体本身就是发明人,此类型以独立发明者为主,如著名 Lemelson 等。而"购买型"则指非专利实施实体本身并未从事发明或研究,其专利和专利组合都是在市场上以购买方式所得,此类型以拥有资金的大型公司、投资者或创投为主,如MercExchange、Raymond Niro。此外,黄紫旻(2008)① 还提出非专利实施实体的专利来源可能同时有发明也有购买,如 Intelletual Ventures。

Ohkuma、Sahashi、Hsueh 和 Joe Brennan(2006)② 针对非专利实施实体性质将之分为 4 种类型:(1)公司借由收购专利,向相关企业主张专利权。例如 Acacia Technologies。(2)非专利实施实体为接受专利权人的委托,从事代理人的角色。例如 IP Value Management、MPEG - LA 等。(3)非专利实施实体是以法律事务所的形式所成立的公司。例如美国明尼苏达州的 Robin,Kaplan,Miller & Ciresi 或是得克萨斯州的Makool Smith,PC。(4)公司初期有从事生产营销活动,但后来完全或大量关闭运作,转而借由专利获取利益。例如 Mosaid 或 Patriot。

此种分类方式主要是根据非专利实施实体本身实体的性质来加以区分:第一种类型主要是通过收购专利而成为新的专利权人,便可以自主运用专利而获利;第二种类型则是接受专利权人的委托(可能是授权、信托、质权等关系),进行专利管理运用,所获得的利益扣除一定额度的管理营运费用后仍须返还给专利权人;而第三种类型则是强调实体本身对专利主张的法律专业能力(一般指的是法律事务所);至于第四种类型则本身为具有从事生产制造能力的专利权人,只是因某些因素而不再针对该专利技术进行生产制造活动,转而借由专利获利。

采取这样分类方式,非专利实施实体的实体型态将限缩在法人实体,而排除了个人发明人的自然人实体型态;同时也限缩在公司或事务所型态,而排除了科技研究机构的实体型态。也就是说,既不属于广义的非专利实施实体定义(因为排除了个人发明人、科技研究机构等类型),也不符合狭义的非专利实施实体定义(因为第四种类型不符合狭义的非专利实施实体定义)。再者,严格来说第三种类型可属于第一种

---

① 黄紫旻:《专利地痞与企业因应策略》,台湾政治大学智慧财产研究所,2008 年。

② Ohkuma Y.,Sahashi M.,Hsueh H – W,Joe Brennan,"Patent Trolls in the US,Japan,Taiwan and Europe",*CASRIP Newsletter*,2006,13(2).

或第二种类型的特殊态样（因为第三种类型强调的是本身的法律专业能力，而前两类则强调的是专利权的获得来源）。因此，Ohkuma、Sahashi、Hsueh 和 Joe Brennan（2006）[①] 这样的分类方式仍有其局限性。

美国硅谷著名专利诉讼律师 Doug Lumish 将非专利实施实体分为 4 种类型：（1）真实型（True Blue Trolls）。此类非专利实施实体为不从事制造生产的公司，纯粹借由从发明人购买专利，以专利诉讼为其主要诉求，其特点是专利数量少，且专利质量低，其诉讼目标多为大型知名公司。此类型较具代表性之公司，如 Intellectual Ventures、Acacia、Rembrandt。（These are non – manufacturing holding companies which acquires patents from inventors.）（2）发明型（The Thinking Person's Trolls）。这类非专利实施实体为了授权和执行专利为目的发展发明，而不从事制造与销售产品，此类非专利实施实体通常还会通过空壳公司收集与管理专利资源，专利质量较高，且专利组合种类较多，如许多的学校研究机构、独立发明者（These folks develop inventions for the purpose of licensing and enforcement，not to manufacture and sell products）。（3）意外型（Incidental Trolls）。这些非专利实施实体对衰败中的制造公司进行专利资产剥削（These are failed manufacturing companies left with patent assets ready to be exploited）。（4）竞争型（Competitors）。此类非专利实施实体通常是一家企业，即将购买专利对目标竞争者进行诉讼（Often a company will acquire patents to target a competitor with suit）。

Lumish 的分类方式，每一种类型皆仅描述非专利实施实体的一些部分特征，如真实型与发明型，共同的特征是均强调其不从事生产制造，而真实型与发明型之间的区别则是其专利的获得来源的不同，真实型一般指的就是典型的非专利实施实体，本身并不申请获得专利，而是通过购买、被授权或信托等方式取得专利权；至于发明型则是本身有从事研发活动，然后将研发成果申请获得专利权。至于意外型与竞争型，共同的特征则是强调其本身有生产制造的能力（但未必真正进行生产制造活动），而两者类型之区别则在于：前者因为本身在生产制造上失败或者淡出该产品市场，但仍保有该产品的专利资产待利用；后者则是通过

---

① Ohkuma Y.，Sahashi M.，Hsueh H – W，Joe Brennan，"Patent Trolls in the US，Japan，Taiwan and Europe"，*CASRIP Newsletter*，2006，13（2）.

购买专利对目标竞争者进行诉讼。

虽然这样的分类可以较容易看出各类别的非专利实施实体的特色，但是因仅描述各类型的部分特征，所以可能会产生在分类上的模糊空间与区分上的困难。例如有些非专利实施实体在专利的获得来源上，除通过购买或被授权方式取得外，本身也进行研发活动而申请获得专利，例如 IPCom① 就属于上述真实型与发明型的混合类型。又如，对于本身具备该产品技术领域专业的研发能力，然而并不进行研发活动及申请获得专利，纯粹借由购买或被移转所取得的专利，同时也不具备生产制造能力或进行相关活动，以进行专利授权或诉讼之行为（如 Wi‐LAN②），则属于上述真实型与竞争型的混合类型。

Chien（2010）③ 依据专利的功能将非专利实施实体分为 4 种类型：（1）研发型（Research and Development Entities）。研发型顾名思义就是指从事专利发明取得授权金后又会回馈在学术研究上，如大学。研发型的非专利实施实体多是授权专利。（2）专利主张型（Patent‐Assertion Entities）。重点在专利权的权利主张，既不重视专利研发也不在意专利的商品化。实务上最为知名的 Acacia、高智、Round Rock Research 等均为专利主张型非专利实施实体。（3）防御型（Defensive Patenting Funds）。收购专利是为了避免他人对其会员发起诉讼，如 RPX 与 AST。（4）新创公司（Startups）。取得专利是为了避免他人抄袭和吸引资金。新兴公司握有专利旨在为其专利实体化，或为其专利商业化铺路。

---

① IPCom 公司是一家专门收购移动通信技术专利组合，总部设在位于 Pullach 的德国专利公司，主要于 2007 年从 Robert Bosch 公司购买获得其专利，然后设法向相关产业收取授权金，曾经向 Nokia 要求 12 亿欧元的授权金，近年也曾分别在美国与德国向中国台湾 HTC 发动多起专利诉讼纠纷。根据该公司网站介绍："IPCom 是建立专利开发者和专利使用者之间的桥梁。我们的核心业务是将专利加以组合，然后向生产制造者进行全球性的专利授权。包含大约全球160 个专利家族，其中包括了许多通信产业的关键专利。有超过 1000 件的专利申请，遍及欧洲、美国和亚洲，并且大部分已被授予专利权，其中有 35 个专利家族是主要移动通信标准必不可少的基础专利（essential patents）如 2G（GMS），2.5G（GPRS），3G（UMTS）和下代（3.9G）。"也就是说，该公司专利的获得来源除购买外，本身也研发申请专利。

② Wi‐LAN 系设置于加拿大的专利授权公司，成立于 1992 年，初期业务以高速无线通信技术的研发与商业化为主，2006 年转为以专利收购及授权为主。Wi‐LAN 曾提起不少引人注目的专利诉讼，如 2010 年控告 HTC 等四家手机大厂侵权以及 2011 年控告 Intel 及德州仪器在内的多家芯片大厂侵权。

③ Chien C., "From Arms Race to Marketplace: The New Complex Patent Ecosystem and Its Implications for the Patent System", *Hastings Law Journal*, 2010, 62（2）: 297‐355.

陈君竹（2013）[1] 针对非专利实施实体性质将之分为 3 种类型：
（1）科研型非专利实施实体。像常见的大学院校和研究实验室等，其
通常进行基础研究，然后发明申请专利后对外许可，不进行产品生产。
（2）投机型非专利实施实体。他们是购买专利的个人和小团体，其用
购买所得的专利应对市场上运转成功的产品，此类公司的活动通常会遭
到运营公司的痛斥，认为其行径无异于敲诈，依靠所持专利榨取了远高
于专利实际附加于产品上的价值的利润，并阻碍了创新。此类公司由于
不制造产品，因而无法让对手提出反诉侵权或交叉许可。（3）防御型
非专利实施实体。他们同投机型非专利实施实体一样，也购买专利，但
主要是为了对抗投机型非专利实施实体而成立的以防御为主的公司。同
样地，这类公司由于不制造产品，因而让投机型非专利实施实体无法提
出侵权诉讼或被交叉许可。

Pohlmann 和 Opitz（2013）[2] 引入两个衡量尺度（事先获得许可还
是侵权；收取合理的特许权使用费或者是过度的），将非专利实施实体
分为 4 类：（1）专利提供商（License Supplier）。提供事先许可并收取
合理的专利权使用费，作为专利的供应商。（2）许可权敲诈者（License Extortionist）。提供事先许可，掌握行业核心技术专利，在行业标
准设定中产生重大影响，市场地位高，收取过度的专利权使用费。
（3）特许权原告（Royalty Claimant）。根据侵权者侵权程度，收取合理
的赔偿款。（4）超额特许权敲诈者（Excessive Royalty Extortionist）。对
侵权者采取各种措施，使其遭受多方压力，逼迫其支付高额赔偿款或者
特许权使用费。Pohlmann 和 Opitz（2013）[3] 的这一分类，超越了传统
的分类基础，具有一定的指导意义，在一定程度上具有相当的说服力，
但是这种分类方法所依据的费用额度是合理的还是过度的，无法很好地
度量。而且 Pohlmann 和 Opitz（2013）[4] 所做定义的前提条件是认为非
专利实施实体是既不具有创新发明性又不从事生产制造的企业类型，这

---

[1]　陈君竹：《非专利实施主体（NPE）现象及其法理分析》，硕士学位论文，中国政法大学，2013 年。

[2]　Pohlmann T.，Opitz M.，"Typology of the Patent Troll Business"，*R&D Management*，2013，43（2）：103 – 120.

[3]　Ibid..

[4]　Ibid..

在实际的经济社会中不具有很强的代表性。

林建铭（2013）[①] 将非专利实施实体分为 3 种类型：（1）防御型（Defensive Patent Aggregation）非专利实施实体。通过协助加入联盟的企业来抵御非专利实施实体以及保证不滥提专利诉讼等作为主要商业策略，以收取高额的年费作为收入。（2）攻击型（Offensive Patent Aggregation）非专利实施实体。通过专利收购以提起侵权诉讼获取赔偿金为主要手段，或进行诉讼威胁，从目标对象获取许可费用或者巨额赔偿费用。其来源有几种方式：以新创事业方式；从大型制造公司分离出来的研发部门；来自破产或停业公司，而以其并不会实施的专利来获利。（3）研发型非专利实施实体。研发型非专利实施实体本身有投入研发工作的机构，虽然有从事研发工作却无将其研发之专利进行实施之行为，权利人专注于研发工作，研发成果以让授他人为主，大学等学术机构亦是此种类型。

陈香羽（2013）[②] 将非专利实施实体分为 4 种类型：（1）攻击型。指不从事实际生产活动而其取得专利之目的系在以诉讼或其他手段对外授权或向从事产品制造之公司主张专利。但并非所有攻击型非专利实施实体皆不从事创新发明。（2）防御型。防御型非专利实施实体系为因应非专利实施实体或其他实际从事生产并同时以诉讼为手段控告他人的公司而成立之市场新型态参与者。（3）授权营利型。排除上述以防御型或攻击型为目的之非专利实施实体，并且排除实际生产产品并同时以利用授权方式获利之实际从事生产之公司，即仅将纯粹以专利授权为获利手段之非专利实施实体归类于本类型。（4）混合型。属于既从事自行研发，又向外购买专利或取得专利授权的公司类型。兼具授权营利型及防御型之特性，并经过攻击型之定位转变。

郭怡萱（2014）[③] 将非专利实施实体分为 5 种类型：（1）专利主张型。非专利实施实体取得专利的目的系以诉讼或其他手段对外主张专利，而不是积极发展或商品化其专利。非专利实施实体的商业模式主要为向外大量购买专利以组成专利组合，并对已使用相关技术之厂商以诉

①　林建铭：《Patent Troll 对企业之影响及防范建议》，高雄第一科技大学，2013 年。
②　陈香羽：《专利聚集之运作模式分析》，台湾政治大学智慧财产研究所，2013 年。
③　郭怡萱：《论诉讼费用移转变革对非专利实施实体之影响》，台湾政治大学科技管理与智慧财产研究所，2014 年。

讼进行威胁，要求厂商与之达成和解，支付不合理的授权金费用。然后，非专利实施实体再利用先前诉讼所获得的金钱投资于后续的诉讼，以及强化其专利组合（Schwartz，2012）。① 因此，非专利实施实体的成本主要为购买专利之价金与主张专利之相关诉讼费用，其收益则主要来自专利授权金。（2）防御型。系为因应非专利实施实体的诉讼威胁而成立，因非专利实施实体未生产专利产品，故无侵权之潜在可能，大型专利实施公司无法进行反诉牵制。再者，专利丛林现象导致大型专利实施公司无法预测非专利实施实体将以何项专利进行诉讼。数个专利实施公司于是集资成立防御型，共同分担购买专利的成本，并抢先于非专利实施实体之前取得市场上具有威胁性的专利，然后再授权给其会员，以防止会员成为诉讼对象。因此，防御型的成本主要为购买专利之价金，其收益则主要来自会员所缴交的年费（陈香羽，2013）。② （3）研究发展型。非专利实施实体以研究和发展新技术为首要工作，主要将专利授权所取得的授权金再投入新技术的发展，因此较少直接移转或出售专利，亦不会生产或制造专利产品。当然，此类型的非专利实施实体有时也会进行诉讼，但不会等到其他公司已经进行侵权产品的商品化时才主张权利，然而研究发展型非专利实施实体本身拥有庞大的专利组合，有利于从主张专利过程中获取利益，故近年研究发展型非专利实施实体的诉讼活动有逐渐增加的趋势。简言之，研究发展型非专利实施实体的成本主要来自研发费用，其收益则主要来自技术移转或专利授权金。（4）独立发明人。自行研发新技术后申请专利，然而，独立发明人却往往没有足够的财力或资源进行专利商品化，也因信息的不对称，难以在专利市场中寻找到技术需求者，故需要通过其他非专利实施实体创造专利价值，包括将其发明转化为产品、直接出售其专利给非专利实施实体、非专属授权与非专利实施实体进行诉讼。另外，昂贵的诉讼成本也使得独立发明人倾向于与胜诉分成律师合作，尤其代理独立发明人向专利实施公司主张其权利（Schwartz，2012）。③ （5）混合型。非专利实施

---

① Schwartz D. L. "The Rise of Contingent Fee Representation in Patent Litigation", *Alabama Law Review*, 2012, 64 (2): 335 – 388.

② 陈香羽:《专利聚集之运作模式分析》, 台湾政治大学智慧财产研究所, 2013 年。

③ Schwartz D. L. , "The Rise of Contingent Fee Representation in Patent Litigation", *Alabama Law Review*, 2012, 64 (2): 335 – 388.

实体系结合上述专利主张型非专利实施实体、防御型与研究发展型非专利实施实体之特色，既大量向外购买专利，也投入许多成本自行研发专利，并积极通过诉讼或其他手段主张权利，Intellectual Ventures 即为一例。

第二节 新的非专利实施实体分类方式

根据过去文献对非专利实施实体的描述，大都本身并不从事生产制造。张克群、夏伟伟、袁建中、陈静怡和耿筠（2015）[①] 认为，这会排除掉一些本身从事制造行销，但其在本身核心领域之外，利用其他领域的专利来进行攻击的非专利实施实体。因此，张克群、夏伟伟、袁建中、陈静怡和耿筠（2015）[②] 对非专利实施实体的分类从更广的基准出发，力求形成关于非专利实施实体类型的更完整分类。张克群、夏伟伟、袁建中、陈静怡和耿筠（2015）[③] 依据以下 4 个标准对非专利实施实体进行分类：（1）有无从事制造或行销；（2）有无从事研发工作；（3）法人实体还是个人；（4）专利取得来源（分为自行研发、购买、代理运作三种类型）。

从上述四个层面排列组合一共可以细分成 24 种类型，但扣除掉不合理的情形后，可分为 20 种类型。根据 RPX 网站资料的统计数据显示，多年来挑起专利诉讼的前十大非专利实施实体当中绝大部分属于：（1）无从事研发活动；（2）无从事生产制造或行销；（3）实体为法人型态；（4）以收购方式获得专利权。此类型的非专利实施实体是创造专利价值绩效最高的族群，也就是具有精准判断价值专利能力的群组。

给上面的四个标准进行赋值，第 1 个标准中，无制造行销为 0，有生产制造或行销为 1；第 2 个标准中，无研发为 0，有研发为 1；第 3 个标准中，如果发明者是个人（包括个人成立小规模私营企业），则赋值为 0，一般的公司法人赋值为 1；第 4 个标准中，关于专利的来源分为

---

① 张克群、夏伟伟、袁建中、陈静怡、耿筠：《非专利实施实体的定义、形态与特征研究》，《科技管理研究》2015 年第 15 期。
② 同上。
③ 同上。

自行研发、购买、代理运作 3 种方式，分别赋值为 0、1、2。依据上述的分类划分，将非专利实施实体分为 24 种类型，如表 2 - 1 所示。

表 2 - 1 　　　　　　　　　　非专利实施实体类型分类

类型编号	制造或行销 （0 = 无；1 = 有）	研发 （0 = 无；1 = 有）	个人或法人 （个人 = 0；法人 = 1）	专利取得来源（自行研发 = 0； 购买 = 1；代理运作 = 2）
1	0	0	0	0
2	0	0	0	1
3	0	0	0	2
4	0	0	1	0
5	0	0	1	1
6	0	0	1	2
7	0	1	0	0
8	0	1	0	0
9	0	1	0	2
10	0	1	1	0
11	0	1	1	1
12	0	1	1	2
13	1	0	0	0
14	1	0	0	1
15	1	0	0	2
16	1	0	1	0
17	1	0	1	1
18	1	0	1	2
19	1	1	0	0
20	1	1	0	1
21	1	1	0	2
22	1	1	1	0
23	1	1	1	1
24	1	1	1	2

本书将这 24 种类型的定义整理如表 2 - 2 所示。在这 24 种类型中，属于"不从事生产制造的非专利实施实体"为 1—12 种类型，也是本书研究的重点。

表 2 - 2　　　　　　　　　24 种非专利实施实体类型的定义

类型编号	定义
1	依据自行研发的专利，以进行专利授权或专利诉讼行为，且其本身为不从事研发、制造、行销的个人（不合理）
2	依据购买所取得的专利，以进行专利授权或专利诉讼行为，且其本身为不从事研发、制造、行销的个人
3	依据代理运作的专利，以协助客户进行专利授权或专利诉讼行为，且其本身为不从事研发、制造、行销的个人
4	依据自行研发的专利，以进行专利授权或专利诉讼行为，且其本身为不从事研发、制造、行销的法人（不合理）
5	依据购买所取得的专利，以进行专利授权或专利诉讼行为，且其本身为不从事研发、制造、行销的法人
6	依据代理运作的专利，以协助客户进行专利授权或专利诉讼行为，且其本身为不从事研发、制造、行销的法人
7	依据自行研发的专利，以进行专利授权或专利诉讼行为，且其本身为从事研发，但不从事制造、行销的个人
8	依据购买所取得的专利，以进行专利授权或专利诉讼行为，且其本身为从事研发，但不从事制造、行销的个人
9	依据代理运作的专利，以协助客户进行专利授权或专利诉讼行为，且其本身为从事研发，但不从事制造、行销的个人
10	依据自行研发的专利，以进行专利授权或专利诉讼行为，且其本身为从事研发，但不从事制造、行销的法人
11	依据购买所取得的专利，以进行专利授权或专利诉讼行为，且其本身为从事研发，但不从事制造、行销的法人

续表

类型编号	定义
12	依据代理运作的专利，以协助客户进行专利授权或专利诉讼行为，且其本身为从事研发，但不从事制造、行销的法人
13	依据自行研发的专利，以进行专利授权或专利诉讼行为，且其本身为从事制造、行销，但不从事研发的个人（不合理）
14	依据购买的专利，以进行专利授权或专利诉讼行为，且其本身为从事制造、行销，但不从事研发的个人
15	依据代理运作的专利，以协助客户进行专利授权或专利诉讼行为，且其本身为从事制造、行销，但不从事研发的个人
16	依据自行研发的专利，以进行专利授权或专利诉讼行为，且其本身为从事制造、行销，但不从事研发的法人（不合理）
17	依据购买的专利，以进行专利授权或专利诉讼行为，且其本身为从事制造、行销，但不从事研发的法人
18	依据代理运作的专利，以协助客户进行专利授权或专利诉讼行为，且其本身为从事制造、行销，但不从事研发的法人
19	依据自行研发的专利，以进行专利授权或专利诉讼行为，且其本身为从事研发及制造、行销的个人
20	依据购买的专利，以进行专利授权或专利诉讼行为，且其本身为从事研发及制造、行销的个人
21	依据代理运作的专利，以协助客户进行专利授权或专利诉讼行为，且其本身为从事研发及制造、行销的个人
22	依据自行研发的专利，以进行专利授权或专利诉讼行为，且其本身为从事研发及制造、行销的法人
23	依据购买的专利，以进行专利授权或专利诉讼行为，且其本身为从事研发及制造、行销的法人
24	依据代理运作的专利，以协助客户进行专利授权或专利诉讼行为，且其本身为从事研发及制造、行销的法人

在上述定义中，明显可以看出有几种类型是不合理的，即在现实生活中是不存在的。包括第 1 种、第 4 种、第 13 种以及第 16 种类型在内的这 4 个类型明显不合理，原因在于不从事研发活动的法人或个人，不可能有自行研发的专利，这两者是相互矛盾的。因此，本书将这 4 种类型剔除掉，留下 20 种非专利实施实体的类型。

本书依据上述这 20 种类型，对所搜集整理的数据库中的非专利实施实体案例进行分类，并依据各类型出现的家数作统计整理，如表 2 - 3 所示。

表 2 - 3 非专利实施实体类型统计

类型编号	案例	家数
5	（1）Acacia Research Corporation （2）Altitude Capital Partners （3）Guardian Media Techologies Limited （4）Information Protection and Authentication of Texas LLC （5）Innovative Patented Technology LLC （6）Lonestar Inventions LP （7）Media Digital （8）North Peak Wireless, LLC （9）Stragent LLC （10）TPL Group （11）Wall Wireless （12）Wells Fargo & Company （13）WIAV Solutions LLC	13
6	（1）Mitchell A. Medina （2）Think Fire （3）Traffic Information LLC	3
7	（1）Apeldyn Corporation （2）George B. Selden （3）Gertrude Neumark Rothschild （4）Helferich Patent Licensing LLC （5）Jerome H. Lemelson （6）Nathan P. Myhrvold （7）NTP Incorporated （8）Ronald A. Katz （9）Thomas Edison	9

续表

类型编号	案例	家数
8	Minerva Industries Incorporated	1
10	（1） Asure Software （原 Forgent Networks） （2） IPNav （3） M/A‐Com Technology Solutions Holdings，Inc. （4） Mercexchange LLC （5） Parallel Processing Corporation （6） Patriot Scientific Corporation （7） Rambus Inc. （8） Semiconductor Energy Laboratory Co. ，Ltd. （9） SP Technologies LLC	9
11	（1） Asure Software （原 Forgent Networks） （2） Broadcom Limited （3） DataTreasury Corporation （4） Eolas Technologies Incorporated （5） IPCom GmbH & Co. KG （6） Wi‐LAN Inc.	6
18	Pat‐rights Limited	1
22	（1） Allvoice Developments US LLC （2） Alphabet Inc. （3） BT Exact （4） CPUMate Incorporated （5） Creative Technology Ltd. （6） NeoMedia Technologies Incorporated （7） Pitney Bowes Incorporated （8） Power Integrations Incorporated （9） Texas Instruments （10） Walker Innovation Inc.	10

续表

类型编号	案例	家数
23	(1) Agilent Technologies Incorporated (2) Ampex Corporation (3) Burst. com (4) Immersion Corporation (5) SCO Group Incorporated (6) Seoul Semiconductor Company Limited	6
10 or 11 or 12	(1) Intellectual Ventures LLC (2) Patriot Scientific Corporation	2
22 & 23	Alcatel – Lucent	1
5 or 11	(1) British Technology Group Ltd. (2) C2 Global Technologies Incorporated (3) Rembrandt IP Management, LLC	3
5 or 6	Competitive Technologies Incorporated	1
6 or 10	California Institute of Technology	1
7 or 10	Anascape Limited	1
7 or 19	Charles E. Hill & Associates	1
19 or 22	All Computers, Inc.	1
22 or 23	Conversant Intellectual Property Management, Inc.	1

根据表 2-3，将统计情形以直方图表示如图 2-1 所示。

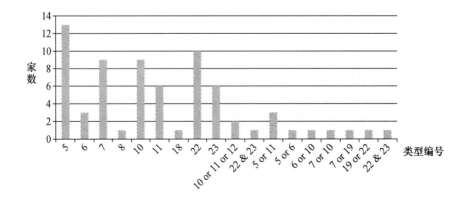

图 2-1　非专利实施实体类型统计

　　依据表 2-3，本书数据库中的非专利实施实体案例，由于部分案例多为名不见经传的小公司，因此难免会有数据搜寻上的困难，如在型态分类四大构面中，其中一项无法判定的话，就无法分类其属于哪种类型。因此在表 2-3 中，类型编号会有出现"or"的字样，代表本书因数据不足的缘故，无法精确分类其为哪种类型，故只能将其分为两种类型中的其中一种。例如：5 or 11、5 or 6 等。

　　而在表 2-3 中，类型编号有出现"&"的符号，代表该非专利实施实体同时为两种类型。例如：22 & 23 的类型代表 Alcatel - Lucent 这家公司为本身有从事研发及制造行销的法人，而在不同的诉讼案件中，分别利用自行研发与购买或被授权的专利，以进行专利授权或诉讼的行为。这点呼应本书在前面提到的，判定非专利实施实体的专利取得来源应以用来攻击目标对象的该项专利来判定，因此若本身有从事发明或研究的非专利实施实体，该公司有可能同时存在自行研发及购买的专利。

　　该统计中，本书重点为"不从事制造生产的非专利实施实体"，即表 2-2 中 1—12 种类型，根据表 2-3 统计可得知，1—12 种类型中出现的有 5、6、7、8、10、11 共 6 种，而总家数为 50 家，而 24 种类型中全部总家数为 71 家，因此可得知在本书样本中，非专利实施实体占总数的 70.42%。

　　本书所提出的 24 种类型，扣除掉第 1 种、第 4 种、第 13 种及第 16 种不合理的类型后，共有 20 种类型。然而，由表 2-3 及图 3-1 类型统计中可得知，有部分类型并未出现在本书样本中，包括第 2 种、第 3 种、第 9 种、第 13 种、第 12 种、第 14 种、第 15 种、第 16 种、第 17 种、第 18 种、第 19 种、第 20 种、第 21 种及第 24 种类型。本书为更详细探讨该分类类型，将就此 14 种未出现或极少出现的类型，一一做出探讨，以了解该类型非专利实施实体未出现或极少出现的原因。针对留下来的这 20 种非专利实施实体的类型，我们有必要分析其在实际中出现的可能性。

　　第 2 种类型为不从事研发、制造行销的个人或类个人，专利通过购买的方式取得。本书基于这样的推论：个人或类个人没有雄厚的资金足以购买专利，且本书所定义的个人或类个人是指独立发明者，皆有从事研发或发明活动，故此种类型在现实中不易出现。

　　第 3 种以及第 9 种为代理运作的个人或类个人。本书考虑到能够代理运作客户专利的一般都是具有一定规模的公司，个人或类个人很难掌握专业的法务知识能力，故难以执行代理业务。

第 12 种为自行研发并协助客户代理运作其所持专利的法人，本书认为自行研发需要比较大的投入成本，且代理运作专利需要专业的法务知识能力，一般企业难以兼备，因此该种非专利实施实体在实际中出现的可能性不大。

第 14 种、第 15 种、第 19 种、第 20 种以及第 21 种类型，共通点为从事制造或行销的个人或类个人。本书认为，个人或类个人较难从事制造或行销的活动，不具有相关的财力、人力支持，因而这 5 种类型的非专利实施实体较不容易出现。

第 17 种类型为从事制造行销，但不从事研发活动的法人，通过购买的方式获得专利。根据对以往文献的整理我们知道，这种类型的非专利实施实体在现实社会中存在的概率不大，一般的文献都把这种类型的企业直接归类为生产型实体企业，其购买专利主要是为了自身的生产。不排除这种类型的企业也会做出非专利实施实体的行为，但本书主要研究"不从事生产制造的非专利实施实体"，故排除这种类型的非专利实施实体。

第 18 种类型为从事制造行销的法人，通过代理运作的方式取得专利。本书推测，一般能够协助客户代理运作其所拥有的专利的公司是具有一定规模的专业知识产权服务咨询公司，这类公司一般不从事制造行销，故认为这种类型的非专利实施实体不易出现。

第 24 种类型为从事制造行销以及研发活动的法人，专利取得来源为代理运作。本书认为，能够代理运作客户的专利法人一般为专业的知识产权服务咨询公司，其大多不从事制造行销，因此该种类型不易出现。

因为本书的研究重点是"不从事生产制造的非专利实施实体"，因此在排除了第 22 种和第 23 种类型之后，本书对于非专利实施实体特征的研究主要是基于第 5 种、第 6 种、第 7 种、第 8 种、第 10 种以及第 11 种这 6 种类型的非专利实施实体。

第三节　非专利实施实体类型特征案例分析

下面将具体针对这 6 种类型的非专利实施实体选取比较具有代表性的案例进行实例分析，以归纳出各种类型非专利实施实体所具有的特征。

一　类型 5

实例 1：Acacia Research Corporation

美国加州的 Acacia Research Corporation 为一家专注于取得、发展、授权以及强制专利所有权的公司，该公司的主要业务范围是协助专利所有权人执行专利授权行为，同时也包含起诉未经授权的侵权行为。其主要的客户是独立发明者或资源有限的小型公司，但也有部分是大公司委托通过专利获利。依照美国的专利法，发明者拥有专利的制造、销售与使用专利发明的排他权。然而在现实世界里，有一些侵权者不愿意支付授权金额，而导致发明者的利益受损。因此，部分专利发明人会委托如 Acacia Research Corporation 这类型的公司从事专利管理的工作，Acacia Research Corporation 除有专利管理的能力，还有技术分析以及智财法律的专家作为后盾。

Acacia Research Corporation 拥有 46 个跨不同产业的专利组合（Patent Portfolios），其中包含 160 个以上的专利。过去 Acacia Research Corporation 的成功案例包含 V – chjp，从电视制造业公司获取 2560 万美元的授权金；以及视讯影像专利（video/image）专利组合，获取 4500 万美元的授权金额。其他拥有的技术包含数位媒体传输（digital media transmission，DMT）、信用卡保护（credit card fraud protection）以及互动电视（interactive TV）等。

其中，Acacia Research Corporation 的 DMT® 技术拥有 5 个美国专利以及 31 个国外专利。Acacia Research Corporation 也将这些专利组合授权给宽带网络、旅馆房内娱乐、数位学习、消费电子、在线成人娱乐、电影、音乐、新闻、球类与信息产业等。其主要的授权对象包含 Exxson、HP、Hitachi、IBM、Nokia、SONY、Walt Disney 与 Xerox 等。

在诉讼的案件中，Acacia Research Corporation 在得克萨斯州的美国地方法院，通过其子公司 IP Innovation LLC 对 RedHat 和 Novel 两家公司提出诉讼控告其 Linux 操作系统侵权。①

由上述案例中，可得知 Acacia Research Corporation 为所谓的知识产权控股公司，即专利授权公司，其专利取得来源包括购买或被移转以及代客操作两种。执行专利权的方式为专利授权以及专利诉讼方式。

实例 2：North Peak Wireless，LLC

North Peak Wireless，LLC 在 2008 年 10 月于北亚拉巴马州联邦地方法院（Alabama Northern District Court）控告 26 家②公司侵害该公司专利号为 US4，977，577 与 US5，987，058 两件有关无线接入技术专利权，这些被告公司包含台湾企业，如宏碁（Acer Incorporated）、华硕（ASUSTek Computer，Inc.）、微星（Micro - Star International Co.，Ltd.）、友讯（D - Link Corporation）、合勤（ZyXEL Communications Corporation）等公司。而该两项专利均是 North Peak Wireless，LLC 自 Axonn LLC 购买而得，另外还有 3 件专利亦是向其所购买。③

由上述案例中，可得知 North Peak Wireless，LLC 利用其所购买的 US4，977，577 与 US5，987，058 两项专利，即可同时对众多大厂起诉侵权，从这点可发现非专利实施实体很有可能会通过购买少数关键专利，但本身不从事制造生产，甚至亦不从事研发活动，却利用一至两项关键专利就可以对众多大厂进行攻击，以索取巨额赔偿金。本书认为 North Peak Wireless，LLC 为典型的非专利实施实体。

实例 3：Stragent LLC

Stragent LLC 为一家专利授权公司。其在 2008 年 9 月 9 日经由专利移转而取得 US7，424，431 时，同日在东得州联邦地方法院（Eastern District of Texas）对微软（Microsoft Corporation）与福特汽车（Ford Motor Company）提出诉讼，指称微软车上娱乐系统"Sync"侵权。同年

---

① http：//www. eettaiwan. com/ART_ 8800486560_ 876045_ NT_ afea30e1. htm.

② 3Com Corporation，Accton Technology Corporation，Acer Incorporated，ASUSTek Computer，Inc.，Belkin International Incorporated，Dell Incorporated，D - Link Corporation，Fujitsu Limited，HP Inc.，Intel Corporation，Iogear Incorporated，Melco Holdings Incorporated，Micro - Star International Co.，Ltd.，NETGEAR，Inc.，Newegg Incorporated，SanDisk Corporation，SEH Technology Incorporated，Seiko Epson Corporation，Sony Corporation，Toshiba Corporation，Trendnet Systems Incorporated，TRENDware International Incorporated，UNICOM Global，Inc.，ViewSonic Corporation，WatchGuard Technologies Incorporated，Zonet USA Corporation，ZyXEL Communications Corporation.

③ http：//cdnet. stpi. org. tw/techroom/pclass/2008/pclass_ 08_ A064. htm.

12 月 19 日对先峰公司（Pioneer Corporation）提起诉讼。2011 年 5 月 31 日对日本三菱汽车公司（Mitsubishi Motors Corporation）、日本日产汽车公司（Nissan Motor Co., Ltd.）、德国宝马汽车集团（BMW AG）、意大利菲亚特·克莱斯勒汽车公司（Fiat Chrysler Automobiles N. V.）、日本丰田汽车公司（Toyota Motor Corporation）、德国戴姆勒汽车集团（Daimler AG）、日本本田汽车（Honda Motor Company）及德国大众汽车集团（Volkswagen AG）提起诉讼。

US7，424，431 该项专利的原专利权人为 Voicedemand, Inc.，于 2005 年 11 月 16 日提出申请，发明人为 Mark Greene、Dermot Cantwell 与 Michael Hegarty。2007 年 10 月 29 日，Voicedemand, Inc. 将专利权移转给 Stragent LLC。在 2008 年 9 月 9 日美国专利商标局网站公告核准专利，该专利的专利权人已移转为 Stragent LLC。

另外，调查显示，Stragent LLC 现拥有专利共经手 17 件专利，其中 US6，300，871、US6，876，991、US6，901，393 与 US7，401，059 已经又移转给另一专利授权公司 Aloft Media LLC。甚至目前 Stragent LLC 手上还掌握 10 件未核准专利。①

由上述案例中，可得知 Stragent LLC 亦为知识产权控股公司，与前两件案例一样，都是借由所购买或被移转方式取得专利，以进行诉讼攻击。而特别的是，Stragent LLC 甚至还将经移转的专利再移转给其他的知识产权控股公司，其目的为何，非常值得探讨。

从类型 5 列举出的 3 家实例中，可以发现，这一类型的非专利实施实体多为专利授权公司，其特征归纳如下：

（1）专利授权公司积极寻找具有威胁性的申请中专利，并协助该专利进行增强和后续运用。

（2）在专利未核准前就进行专利购买，并准备后续实施作业。

（3）同步专利申请流程与专利后续运用流程。

（4）专利取得日即是专利价值主张启动之时。

二　类型 6

实例：Think Fire

Think Fire 原为一家机械公司，在 20 世纪 80 年代，发展出"大量

---

① http://cdnet.stpi.org.tw/techroom/pclass/2008/pclass_ 08_ A056.htm.

平行处理"超级运算功能，并为这些技术申请专利。但在 1990 年时因市场瞬息万变，加上内部欠缺熟练的管理团队，Think Fire 面临破产与改组的状况。之后便由几位前任微软主管人员成立新的控股公司，开始善加利用已停摆的专利技术，寻求法律途径运用这些专利。由这样的情况可发现若需机械相关方面专利管理，就可通过成立相关类型的公司，帮助其改善专利授权与管理。

Think Fire 于 2003 年 1 月代表客户朗讯公司，致函微软，告知微软当时年销售额中价值 90 亿美元的产品侵害朗讯公司的专利，并列出有关的 1 项专利，并建议微软就授权使用一事进行商谈。而微软在与 Think Fire 会晤后决定不从朗讯寻求授权。微软发言人 Jim Desler 称，微软认为自己没有侵权，朗讯的指控没有根据。①

由上述案例中，可得知 Think Fire 是一家专利顾问管理公司，且本身并无购买专利，专门为客户厂商进行管理专利，来处理专利授权或诉讼事宜，协助客户取得权利金或诉讼赔偿。虽然这种型态的公司亦属于知识产权控股公司，但与先前提到之大部分的知识产权控股公司营运模式会有些差异。

由实例简述，我们可以看出，Think Fire 是一家专利顾问管理公司，其本身并无购买专利，而是为客户进行专利管理、处理专利授权以及诉讼事宜，以帮助客户取得权利金或诉讼赔款。其特征归纳如下：

（1）不购买专利，也不通过自行研发获得专利权。

（2）以顾问公司的形态出现。

（3）协助客户规划专利策略，借由专利授权或者诉讼的方式，协助客户获得权利金或者赔偿款。

（4）抽成方式获利。

三 类型 7

实例 1：Helferich Patent Licensing LLC

Helferich Patent Licensing LLC 是由拥有 63 项专利的独立发明人 Richard J. Helferich 所设立。该公司并不进行生产经营业务，而是专业搜索别的公司是否使用其专利，通过专利授权来获取高额专利许可费。其中 US7，376，432、US7，280，838、US7，146，157、US6，233，430 与

---

① http：//big5. tianjimedia. com/b5/www. yesky. com/20030411/1663032. shtml.

US6，087，956 五件专利均由 Richard J. Helferich 移转。根据台湾科技产业信息室调查，上述五件专利包含两类技术（两专利家族），均在多国布局。此外，Richard J. Helferich 已取得 63 件美国核准专利，同时向多国申请。

中兴通讯（ZTE Corporation）、UT 斯达康（UTStarcom Incorporated）、华硕（ASUSTek Computer，Inc.）、I－Mate 及 Personal Communications Devices LLC 于 2008 年 9 月 11 日在美国北伊利诺伊联邦地方法院（Illinois Northern District Court）被控告其制造、出售的手机侵犯 US7，376，432、US7，280，838、US7，146，157、US6，233，430 与 US6，087，956 五件专利。而原告是 Helferich Patent Licensing LLC 公司，也就是所谓的专利授权公司。①

实例 2：Jerome H. Lemelson

Jerome H. Lemelson 是一名仅次于爱迪生的美国发明家，生于 1932 年，享年 74 岁，其拥有超过 613 件美国专利，且专利种类的范围由医学用或工业用技术到小机械装置或玩具。后期事业以专利诉讼与随之而来的授权协议居多。Jerome H. Lemelson 第一次进行专利侵权诉讼是关于谷类制品盒子的发明，当他将这项发明推销给谷类制造商时，这些业者当时拒绝他的发明，可是却在 3 年后于其制品上采用他的发明，因此，他开始积极地寻求基于其专利所应得的利益。

从此，Jerome H. Lemelson 便持续地进行专利授权工作，以至于涉及数件专利侵权诉讼，是所谓"潜水艇专利"的第一高手，所谓"潜水艇专利"是其专利核准日远远晚于申请日，且最可怕的是其专利权年限由核准日起算，不过这样的问题仅在美国发生过，且已经通过早期公开制度和专利权年限由申请日起算而降低这类专利的产生。"潜水艇专利"让 Jerome H. Lemelson 得以扩大权利范围，将其他人所发明及商业化的技术也纳入其中。有个案例是在提交近 40 年后，权利内容据称包含条形码扫描技术，一旦专利终于发出，Jerome H. Lemelson 就开始有系统地四处收取权利金，如果哪家公司拒绝付钱，他就控告对方侵权。后期成立了 Lemelson Foundation，事业也以专利诉讼以及随之而来的授权协议居多。Lemelson Foundation 并不是公司，亦没有实体产品，对其而

① http：//cdnet. stpi. org. tw/techroom/pclass/2008/pclass_ 08_ A059. htm.

言，专利本身就是产品。近年来，Lemelson Foundation 开始资助独立发明人或大学内的活动，例如 Lemelson MIT – Program，该计划系与美国麻省理工学院合作，其目的为奖励该校内研发人员的发明活动，而在该计划的官方网站中，得知 Lemelson Foundation 教导发明人可寻找一些机构来进行专利授权。因此，当 Jerome H. Lemelson 的专利将因为专利年限问题而消灭时，却可以通过该基金会所资助的发明人所带来的权利金而永续经营。①

根据一项估算指出，Lemelson Foundation 利用这种手法已经取得 15 亿美元。不过，曾经担任 Jerome H. Lemelson 的专利律师 Louis J. Hoffman 认为多数的 Jerome H. Lemelson 专利都不是"潜水艇专利"，而且这样的结果主要是美国专利审查机关（U. S. Patent and Trademark Office）的延误审查问题，包括线索申请专利范围的要求及发明单一性的质疑。总之，关于 Jerome H. Lemelson 专利的诉讼仍进行着，并且由 Lemelson Foundation 实行，而部分被控侵权者亦组织起来共同对抗 Lemelson Foundation。

由上述描述中，可得知 Jerome H. Lemelson 虽然是一位发明家，本身并无制造产品，唯一的产品即为专利。当侵权者出现时，Lemelson Foundation 便会寄送侵权警告给这些侵权厂商，告知该厂商有哪些产品使用到其专利，并据以寻求授权谈判。若该厂商不愿意支付权利金时，Jerome H. Lemelson 便会进行专利诉讼控告对方侵权。

实例 3：NTP Incorporated

NTP Incorporated 公司在 1992 年由专利发明人 Thomas J. Campana Jr. 与专利律师 Donald E. Stout 成立于美国弗吉尼亚州。该公司创立时的资产为 50 个美国专利以及部分在国际许可的专利应用。其主要业务在于进行 Thomas J. Campana Jr. 所拥有之多项专利的授权，该些专利均是与无线电子邮件传输技术有关。因控告黑莓机（Black Berrys）的制造厂商 Research In Motion Corporation 的侵权案例而名声大噪，且这场诉讼战长达 6 年才结束。

Research In Motion Corporation 是一家加拿大公司，其最著名的产品为黑莓机（Black Berrys）。NTP Incorporated 在 2001 年控告 Research In

---

① http：//www. lemelson. org/home/index. php.

Motion Corporation 侵害其专利权。隔年陪审团认定 Research In Motion Corporation 侵权成立，并给予 NTP Incorporated 将近 2300 万美元的损害赔偿。在 2003 年，美国专利局公告其将对 NTP Incorporated 的 5 项专利进行再审查程序。同年法院在其最终判决中判给 NTP Incorporated 总额 5300 多万美元的损害赔偿，并发布永久禁制令。该禁制令亦因 Research In Motion Corporation 的上诉而暂时停止执行。

在 2005 年双方以 4.5 亿美元之高额权利金达成和解协议。然而，双方的和解却在同年又宣告破裂，之后联邦上诉法院部分驳回地区法院的判决，撤销原先的禁制令，并发回重审。回到地区法院后，法院拒绝 Research In Motion Corporation 以纠纷专利正由专利局进行再审为由所提出的暂停审理的请求，Research In Motion Corporation 甚至上诉至最高法院，但最高法院也拒绝审理。

直至 2006 年地区法院的承审法官表示他认为双方应有达成和解的空间，并延迟是否核发禁制令的决定。双方最后因此再度达成和解，Research In Motion Corporation 同意支付高达 6.12 亿美元的权利金，以取得 NTP Incorporated 专利的永久授权。

从类型 7 所列举的 3 项实例中，我们可以归纳这一类型的非专利实施实体的特征：

（1）该类型非专利实施实体以独立发明者或小规模公司为主。

（2）将本身所研发的专利权移转至该公司，以进行专利权的管理与运用。

（3）专利权人与发明者相同。

（4）所持专利大多关于电子通信行业。

（5）通常靠起诉一些大型企业而名声大噪。

四　类型 8

实例：Minerva Industries Incorporated

Minerva Industries Incorporated 于 1988 年成立于美国加州，属于电话和电报设备制造商分类，本身具有一定的研发实力。Minerva Industries Incorporated 在 2008 年 1 月从美国专利局获得一项关于"让移动娱乐与通信设备具有通过蜂窝或卫星电话与 Internet 进行无线通信能力"方面的专利，并于当天对苹果提起诉讼，指责苹果侵犯其"移动娱乐通信设备"专利。值得一提的是，当天遭到 Minerva Industries Incorporated 起诉的不仅包括苹果，还包括 Research In Motion Corporation、Motorola、Nokia、AT&T 等公司。在此之前，Minerva Industries Incorporated 已与多家公司达成和解。

根据类型 8 所列举的实例，我们可以归纳这类非专利实施实体的特征：

（1）本身具有很强的研发实力。

（2）涉及诉讼的专利质量较高，包含行业发展中的关键技术。

（3）同时发起对多家公司的诉讼。

五 类型 10

实例 1：Mercexchange LLC

Mercexchange LLC 于 1997 年成立，是一家拥有 3 件关于在线拍卖技术专利的小公司，分别为 USP5，845，265、USP 6，085，176 以及 USP 6，202，051，但却没有实质性实施这些专利。公司的战略为通过新的数位技术提升商业能力，特别是在网络环境的建造上。其产品建立在大规模的市场需求，并通过新的商业模式应用在新的产业上。当其发现 eBay、Half. com 以及 ReturnBuy 3 家公司涉嫌使用其专利技术时，即在弗吉尼亚州东区联邦地方法院（US District Court for the Eastern District of Virginia）对 3 家公司提出专利侵权控诉。其中，最为众人所熟知的就是与 eBay 的诉讼案件。

eBay 是世界知名的电子商务网站，号称是网络交易流量最大的网站，每天有 180 万名上网人数，每日的交易金额超过 1200 万美元，全球用户达 1.68 亿人。在 2001 年被 Mercexchange LLC 指控所使用的 "Buy It Now" 技术侵犯其专利权，该技术是一种固定价格拍卖的交易方式，通过这个技术，可允许消费者不需参与拍卖过程就可购买商品。2003 年，美国联邦地方法院陪审团做出对 Mercexchange LLC 有利的裁决，判决 eBay 向对方支付 2950 万美元的赔偿金；但地方法院驳回 Mercexchange LLC 公司永久性禁止 eBay 公司使用该专利的主张。

美国联邦最高法院便发出移审令，同意听取联邦巡回上诉法院于 2005 年 3 月所判决的关于著名在线拍卖网站 eBay 专利侵权官司的决定。由于本案涉及的损害赔偿金额高达千万美元，加上上诉法院要求地方法院必须发出永久禁制令以保障专利权人之财产权，因此使得这件官司引发高度关注。①

实例 2：Rambus Inc.

Rambus Inc. 成立于 1990 年，总部位于美国加州的洛斯拉图斯（Los Altos），专门从事高速芯片接口的发明及设计。公司凭借专利的创新及整合，协助芯片及系统公司将产品推向市场。Rambus Inc. 的技术与产品旨在帮助客户解决复杂的芯片级和系统级的界面问题，使运算、通讯和消费性电子应用的性能提升。Rambus Inc. 创始人 Mark Horowitz 博士与 Mike Farmwald 博士共同开发出第一代 RDRAM® 内存装置所使用的技术。其技术也应用在 Sony、Toshiba 及 IBM 联合开发 Cell 处理器，Cell 的成功为 Sony 的 Play Station 3® 的数位娱乐超级计算机提供了强大的性能。

Rambus Inc. 目前拥有 4142 个专利，2006 年 Rambus Inc. 在专利的获利金额高达 4720 万美元，其主要的授权客户，包含超威半导体公司（Advanced Micro Devices Incorporated，AMD）、尔必达（Elpida Memory Incorporated）、德国英飞凌科技公司（Infineon Technologies AG）、日本电气股份有限公司（NEC Corporation）与瑞萨电子（Renesas Electronics Corporation）等厂商。②

Rambus Inc. 除对多家厂商进行专利授权外，亦对多家厂商进行诉讼，包括英伟达（NVIDIA Corporation）、德国英飞凌科技公司（Infineon Technologies AG）、美国镁光科技有限公司（Micron Technology Incorporated）、海力士公司（SK Hynix Inc.）等。以下以 Rambus Inc. 控告英伟达（NVIDIA Corporation）为例说明。

Rambus Inc. 于 2008 年 7 月在美国加州北区地方法院，控告英伟达（NVIDIA Corporation）侵犯其 17 项专利。Rambus Inc. 拥有记忆控制器专利。Rambus Inc. 指称英伟达（NVIDIA Corporation）的芯片组、绘图处理器与媒体通讯处理器侵犯其专利权，而侵权产品跨越英伟达（NVIDIA Corporation）6 种不同的产品线。而 Rambus Inc. 更要求法院对英伟达（NVIDIA Corporation）下达禁制令，以阻止其销售涉及侵权

---

① 许万龙、林建扬、谢明峰、刘展光、王文萱：《探讨美国 IP Holding Company 之营运模式》，经济部技术处跨领域科技管理研习班 95 年海外培训成果发表会，2006 年。

② 同上。

的产品，并诉请金钱赔偿。Rambus Inc. 并通过首席律师 Tom Lavelle 表示，先前一直设法希望英伟达（NVIDIA Corporation）付费取得专利授权，如今提出控告诉讼是最后不得已的手段。①

从类型 10 所列举的 2 个实例中，我们可以归纳这一类型非专利实施实体的特征：

（1）自行研发专利，但却并不投入生产。

（2）在授权的同时，起诉侵权公司。

（3）所持专利比较关键，在诉讼中处于比较优势地位。

（4）诉讼赔偿金额较大。

六　类型 11

实例：Asure Software（原 Forgent Networks）

Asure Software（原 Forgent Networks）原本是一个专注于通讯技术长达 20 年的公司，同时也是视讯会议设备与服务的技术领导者，1993 年曾经更名为 VTEL，2001 年才更名为 Forgent Networks，并开始专注于软件开发。自 1995 年起，公司即开始购并通讯领域的公司，包含 1995 年的 Pierce Phelps、1997 年的 Compression Labs Incorporated、1998 年德国的 Systemhaus Bissinger 与法国的 Telecon Video Systems、1999 年的 Vosaic 以及 2003 年的 Network Simplicity Software。

Asure Software（原 Forgent Networks）的智财管理计划持续通过专利组合的授权获利，专利组合的来源包括 Asure Software（原 Forgent Networks）本身的技术以及 Compression Labs Incorporated、VTEL Corporation 的 50 个专利的组合。截至目前，授权对象遍及亚洲、欧洲与美国。Asure Software（原 Forgent Networks）的成功授权案例是美国专利第 4，698，672 号的数据压缩技术，主要应用是在数位相机、PDA、手机、打印机、扫描仪等。该专利为 Asure Software（原 Forgent Networks）至少带来 1.05 亿美元的授权金，包含从 Sanyo 的 1500 万美元与 Sony 的 1600 万美元等 40 家跨国公司。②

Asure Software（原 Forgent Networks）针对 31 家计算机及电子厂商

①　http：//www.zdnet.com.tw/news/hardware/0，2000085676，20130510，00.htm.

②　许万龙、林建扬、谢明峰、刘展光、王文萱：《探讨美国 IP Holding Company 之营运模式》，经济部技术处跨领域科技管理研习班 95 年海外培训成果发表会，2006 年。

提出专利侵权官司，这些厂商中许多为知名大厂，包括苹果、Dell、HP、IBM，以及知名的电子制造商如 Canon、创见、JVC 与 Xerox 等。另外，包括 Adobe 与 Macromedia 等软件商也名列其中。Asure Software（原 Forgent Networks）指控其侵犯 JPEG 文件格式的技术，该技术为网络上使用最广泛的图档格式之一。JPEG 专利技术原专利权人为 Compression Labs Incorporated，而在 1997 年被 Asure Software（原 Forgent Networks）买下。该技术是 Compression Labs Incorporated 的陈文雄博士与 Daniel Klenke 所研发。[①] Asure Software（原 Forgent Networks）在官司中宣称由于该公司握有 JPEG 专利技术，因此使用到该技术的软硬件厂应该给付使用权利金。

经过数年的纠缠，Asure Software（原 Forgent Networks）终于与 31 家 PC 厂商结束侵权官司，代价是 PC 厂商向 Asure Software（原 Forgent Networks）赔款 800 万美元。但在与 PC 厂商诉讼官司之前，Asure Software（原 Forgent Networks）已经与 60 多家公司和解，获得的专利费用总额高达 1.1 亿美元。[②]

由上述案例中，可得知 Asure Software（原 Forgent Networks）的 US4，698，672 此项 JPEG 专利，是向原专利权人 Compression Labs Incorporated 所购买的。而经查证，Compression Labs Incorporated 目前已是 Asure Software（原 Forgent Networks）旗下的子公司，在 1997 年 Asure Software（原 Forgent Networks）买下此项核心专利时，也同时并购该公司。此外，Asure Software（原 Forgent Networks）另有 US6，285，746 专利，其专利权人是 VTEL，即 Asure Software（原 Forgent Networks）前身。该专利主要是有关电脑视讯控制系统与同步录放功能，Asure Software（原 Forgent Networks）亦通过此专利向 15 家公司提出侵权诉讼。

Asure Software（原 Forgent Networks）的 US4，698，672 及 US6，285，746 两项专利取得来源，分别为购买移转与自行研发。因此在本书的类型分类中，Asure Software（原 Forgent Networks）同时存在两种类型。在 US4，698，672 专利授权与诉讼的行为下，Asure Software（原 Forgent Networks）属类型 10（自行研发）；在 US6，285，746 专利侵权与诉讼

---

① http：//www. zdnet. com. tw/news/ce/0，2000085674，20046324，00. htm.

② http：//news. mydrivers. com/1/71/71578. htm.

的行为下，Asure Software（原 Forgent Networks）属类型 11（购买移转）。此案例，印证本书在前文中提到的，判定非专利实施实体的专利取得来源应以用来攻击目标对象的该项专利来判定，因此若本身有从事发明或研究的非专利实施实体，该公司有可能同时存在自行研发及购买的专利。

此外，我们可在此案例中得知，借由购买方式取得专利的非专利实施实体，亦可能在购买专利的同时，将原专利权人的公司进行并购。甚至这项并购活动之目的，有可能就是为将来从事专利授权与诉讼做先前准备的。

通过上述实例的描述，我们可以归纳这一类型非专利实施实体的特征：

（1）购买方式取得的专利价值比较高，在行业技术处于关键位置。

（2）购买专利的同时，将原专利权人的公司进行并购。

（3）并购活动是将来从事专利授权以及诉讼的预先准备。

（4）诉讼赔偿金额较大。

第四节　非专利实施实体群组统计与分析

延续本章第三部分的型态分类，本部分将以非专利实施实体的"公司类型"、"公司规模大小"、"制造之有无"、"研发之有无"、"研发密度"及"专利取得来源"6 个构面，并选取其中二者作为 X 轴与 Y 轴，拟出七个群组分析图，以分析非专利实施实体大多落在哪个区块，并归纳非专利实施实体的特征。此外，分析样本中包括有从事制造生产的非专利实施实体，但因无从事制造生产，即非专利实施实体才是本书主要的研究核心，因此在统计家数时会特别注明非专利实施实体的家数，如此更可看出在哪个区块中非专利实施实体占的比例较高。

其中，本书将"公司类型"分为个人（指独立发明者）、小公司、知识产权控股公司、大公司四类。而"公司规模大小"是以员工人数 500 人为分界，小于 500 人为小公司；大于 500 人则为大公司，员工人数是依据 COMPUSTAT 数据库查询而得。"制造之有无"、"研发之有无"判断依据为公司官网、报纸杂志，但因许多公司，是名不见经传的小公司，并无官网，因此无法判断。"研发密度"是以该公司投入研发费用除以员工人数计算，单位为（millions/thousands），研发费用亦由 COMPUSTAT 数据库查询而得，但因多数的公司在 COMPUSTAT 数据库并无记录，因此无法得知。"专利取得来源"分为自行研发、购买或被移转、代客操作三类。

本章图形中，区块中圆圈内的数字表示家数，数字后面括号内的数字表示非专利实施实体家数。而为使图形清楚显示统计情形，圆圈大小是以家数多寡等比例画出。

一　以专利取得来源与公司类型分类

该群组分析图 2－2 中，X 轴为专利取得来源（自行研发、购买或被移转、代客操作），Y 轴为公司类型，由图 2－2 可明显地看出，以"购买或被移转"的方式取得专利者为最多，其中又以知识产权控股公司为最多，且 24 家中有 23 家为非专利实施实体。其次则为以"购买或被移转"的方式取得专利的小公司，19 家中有 8 家为非专利实施实体。由此可见，非专利实施实体专利取得来源，以"购买或被移转"为主。且公司类型多以知识产权控股公司形式来成立，其次则为公司规模小的公司。

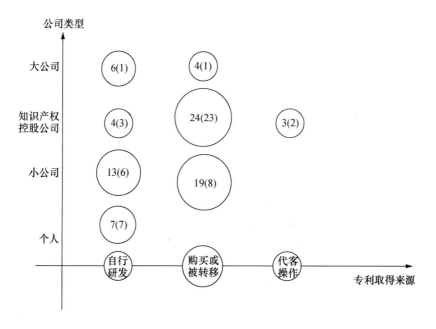

图 2－2　专利取得来源与公司类型的群组分析

表 2 - 4 专利取得来源与公司类型的群组分析统计

群组	名称	家数
自行研发型的大公司	（1） Alcatel - Lucent （2） BTExact （3） Creative Technology Ltd. （4） Pitney Bowes Incorporated （5） Semiconductor Energy Laboratory Co. ， Ltd. （6） Texas Instruments	6 （NPEs：1）
自行研发型的知识产权控股公司	（1） M/A - Com Technology Solutions Holdings，Inc. （2） NTP Incorporated （3） Rambus Inc. （4） Walker Innovation Inc.	4 （NPEs：3）
自行研发型的小公司	（1） Alphabet Inc. （2） Asure Software（原 Forgent Networks） （3） CPUMate Incorporated （4） Helferich Patent Licensing LLC （5） Mercexchange LLC （6） NeoMedia Technologies Incorporated （7） NTP Incorporated （8） Parallel Processing Corporation （9） Plasma Physics Corporation （10） Power Integrations Incorporated （11） Seer Systems Incorporated （12） Sheldon F. Goldberg （13） SP Technologies LLC	13 （NPEs：6）
独立发明者	（1） George B. Selden （2） Gertrude NeumarkRothschild （3） Jerome H. Lemelson （4） Nathan Myhrvold （5） Peter Detkin （6） RonaldA. Katz （7） ThomasEdison	7 （NPEs：7）

续表

群组	名称	家数
购买或被移转型的大公司	（1）Agilent Technologies Incorporated （2）Alcatel – Lucent （3）Broadcom Limited （4）Semiconductor Energy Laboratory Co. , Ltd.	4 （NPEs：1）
购买或被移转型的知识产权控股公司	（1）Acacia Research Corporation （2）Altitude Capital Partners （3）British Technology Group Ltd. （4）C2 Global Technologies Incorporated （5）Competitive Technologies Incorporated （6）DataTreasury Corporation （7）Guardian Media Techologies Limited （8）Helferich Patent Licensing LLC （9）Information Protection And Authentication of Texas LLC （10）Innovative Patented Technology LLC （11）IPCom GmbH & Co. KG （12）IPNav （13）Lonestar Inventions LP （14）Media Digital （15）Minerva Industries Incorporated （16）Mondis Technology Limited （17）Rembrandt IP Management，LLC （18）Sisvel International S. A. （19）Stragent LLC （20）TPL Group （21）Transpacific IP Limited （22）Wells Fargo & Company （23）WIAV Solutions LLC （24）Wi – LAN Inc.	24 （NPEs：23）

群组	名称	家数
购买或被移转型的小公司	（1）All Computers, Inc. （2）Allvoice Developments US LLC （3）Ampex Corporation （4）Anascape Limited （5）Asure Software（原 Forgent Networks） （6）Burst. com （7）Charles E. Hill & Associates （8）Conversant Intellectual Property Management, Inc. （9）CPUMate Incorporated （10）Eolas Technologies Incorporated （11）J2 Global, Inc. （12）Mercexchange LLC （13）North Peak Wireless, LLC （14）Patriot Scientific Corporation （15）Rates Technology, Inc. （16）Scientigo, Inc. （17）SCO Group Incorporated （18）SP Technologies LLC （19）Stragent LLC	19 （NPEs：8）
代客操作型的知识产权控股公司	（1）Pat – rights Limited （2）Think Fire （3）Traffic Information LLC	3 （NPEs：2）

二 以研发密度高低与专利取得来源分类

该群组分析图 2 - 3 中，X 轴为研发密度，Y 轴为专利取得来源，由图2 - 3可明显地看出以"购买或被移转"的方式取得专利者为最多，且其研发密度大多在0—50，且22家中有21家为非专利实施实体。甚至大部分是无投入研发活动，研发密度为0。而在其他区块中，较为零散，家数甚少。由此可见，非专利实施实体中尤其是无投入研发活动者，大多以"购买或被移转"的方式取得专利。

一般而言，公司的研发密度越高时，对于专利本身的价值会较为了解，因此购买专利的精准度也会较高，故可推测公司研发密度越高，其购买专利的情况会比研发密度低的公司多。但由图2－3可知，以"购买或被移转"的方式取得专利者，多集中在研发密度低者，尤其是在0—50的公司。非专利实施实体想要购买的专利所拥有的价值，必须和非专利实施实体自行研发的专利要达到相同的水平下，非专利实施实体才会有想要购买专利的行为产生。因此，此论点便能说明为何研发密度高的非专利实施实体，反而在购买专利的情形会较研发密度低者为少。

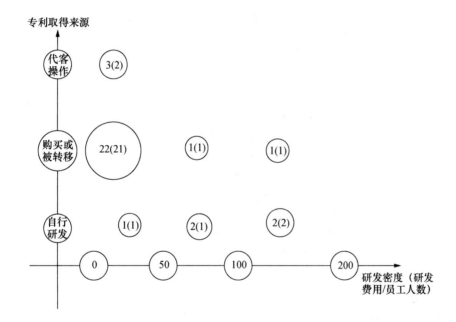

图2－3　研发密度与专利取得来源的群组分析

表2－5　　　　　　　研发密度与专利取得来源的群组分析统计

群组	名称（研发密度）	家数
代客操作型（研发密度：0）	（1）Pat - rights Limited（0） （2）Think Fire（0） （3）Traffic Information LLC（0）	3 （NPEs：2）

群组	名称（研发密度）	家数
购买或被移转型（研发密度：0—50）	（1）Acacia Research Corporation（0） （2）Agilent Technologies Incorporated（35.31） （3）Alcatel – Lucent（38.66） （4）Altitude Capital Partners（0） （5）Ampex Corporation（43.91） （6）Asure Software（原 Forgent Networks）（3.23） （7）C2 Global Technologies Incorporated（0） （8）Competitive Technologies Incorporated（0） （9）Guardian Media Techologies Limited（0） （10）Information Protection And Authentication of Texas LLC（0） （11）Innovative Patented Technology LLC（0） （12）IPNav（0） （13）Lonestar Inventions LP（0） （14）Media Digital（0） （15）North Peak Wireless, LLC（0） （16）Patriot Scientific Corporation（0） （17）Rembrandt IP Management, LLC（0） （18）Stragent LLC（0） （19）TPL Group（0） （20）Transpacific IP Limited（0） （21）Wells Fargo & Company（0） （22）WIAV Solutions LLC（0）	22 （NPE：21）
购买或被移转型（研发密度：51—100）	SCO Group Incorporated（52.84）	1 （NPEs：1）
购买或被移转型（研发密度：101—200）	Broadcom Limited（136.30）	1 （NPEs：1）
自行研发型（研发密度：0—50）	Asure Software（原 Forgent Networks）（3.23）	1 （NPEs：1）
自行研发型（研发密度：51—100）	（1）NeoMedia Technologies Incorporated（74.28） （2）Power Integrations Incorporated（68.95）	2 （NPEs：1）
自行研发型（研发密度：101—200）	（1）M/A – Com Technology Solutions Holdings, Inc.（109.01） （2）Rambus Inc.（192.74）	2 （NPEs：2）

三 以研发密度与公司规模大小分类

该群组分析图 2 - 4 中，X 轴为研发密度（研发费用/员工人数），Y 轴为公司规模大小（员工人数），由图 2 - 4 可看出非专利实施实体较为平均落在各区块中，其中公司规模小，且研发密度低者的家数稍微高一些。因许多公司的研发密度与公司规模大小数据不易取得之故，因此家数相当少，故较难分析之。

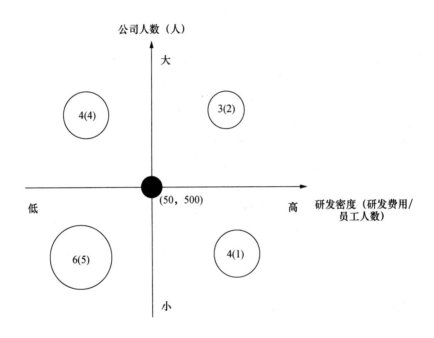

图 2 - 4 研发密度与公司规模的群组分析

表 2 - 6   研发密度与公司规模之群组分析统计

群组	名称 （研发密度　公司规模）	家数
研发密度（<50）； 公司规模（>500）	（1）Agilent Technologies Incorporated（35.309，19400） （2）Alcatel - Lucent（38.66，76410） （3）Creative Technology Ltd.（10.973，5800） （4）Pitney Bowes Incorporated（5.134，36165）	4 （NPEs：4）

续表

群组	名称 （研发密度　公司规模）	家数
研发密度（<50）； 公司规模（<500）	（1）Acacia Research Corporation（0，45） （2）Ampex Corporation（43.91，112） （3）Asure Software（原 Forgent Networks）（3.233，189） （4）Competitive Technologies Incorporated（0，15） （5）Patriot Scientific Corporation（0，19） （6）TELES AG（20.287，293）	6 （NPEs：5）
研发密度（>50）； 公司规模（>500）	（1）Broadcom Limited（136.298，6193） （2）M/A - Com Technology Solutions Holdings，Inc. （109.008，527） （3）Texas Instruments（71.417，30175）	3 （NPEs：2）
研发密度（>50）； 公司规模（<500）	（1）J2 Global，Inc.（70.487，410） （2）NeoMedia Technologies Incorporated（74.28，25） （3）Rambus Inc.（192.737，430） （4）SCO Group Incorporated（52.843，115）	4 （NPEs：1）

四　以公司规模与专利取得来源分类

该群组分析图 2-5 中，X 轴为公司规模（员工人数），Y 轴为专利取得来源（自行研发、购买或被移转、代客操作），由图 2-5 可看出员工

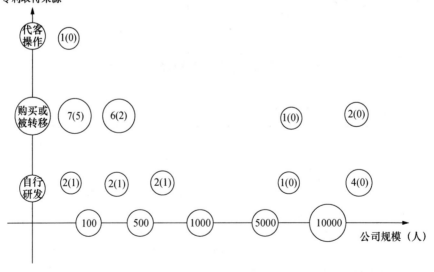

图 2-5　公司规模与专利取得来源之群组分析

人数少于 100 人者为最多，其中 10 家中有 7 家是以"购买或被移转"的方式取得专利，且该 7 家中有 5 家为非专利实施实体。其次则为员工人数 101—500 人者，而同样地，亦是以"购买或被移转"的方式取得专利为最多。相反地，员工人数为 5000 人以上者，大多以"自行研发"方式取得专利，且 5 家中皆有从事制造生产，不是非专利实施实体。因此由图 2-5 中，本书得出以下结论：

（1）无从事制造生产的非专利实施实体大多为公司规模小（员工数 500 人以下）者。

（2）非专利实施实体的公司规模越小，越会以"购买或被移转"的方式取得专利；非专利实施实体的公司规模越大，越会以"自行研发"的方式取得专利。

表 2-7   公司规模与专利取得来源之群组分析统计

群组	名称（公司规模）	家数
代客操作型 （公司规模 < 100 人）	Pat - rights Limited（未知）	1 （NPEs：0）
购买或被移转型 （公司规模 < 100 人）	（1）Mercexchange LLC（3） （2）Patriot Scientific Corporation（19） （3）Scientigo, Inc.（21） （4）C2 Global Technologies Incorporated（5） （5）Competitive Technologies Incorporated（5） （6）DataTreasury Corporation（2） （7）Acacia Research Corporation（45）	7 （NPEs：5）
购买或被移转型 （公司规模 101—500 人）	（1）Ampex Corporation（112） （2）SCO Group Incorporated（115） （3）British Technology Group Ltd.（180） （4）Asure Software（原 Forgent Networks）（189） （5）Conversant Intellectual Property Management, Inc.（257） （6）J2 Global, Inc.（410）	6 （NPEs：2）
购买或被移转型 （公司规模 5000—10000 人）	Broadcom Limited（6193）	1 （NPEs：0）
购买或被移转型 （公司规模 > 10000 人）	（1）Agilent Technologies Incorporated（19400） （2）Alcatel - Lucent（76410）	2 （NPEs：0）
自行研发型 （公司规模 < 100 人）	（1）Mercexchange LLC（3） （2）NeoMedia Technologies Incorporated（25）	2 （NPEs：1）

续表

群组	名称（公司规模）	家数
自行研发型 （公司规模 101—500 人）	（1） Power Integrations Incorporated（385） （2） Rambus Inc.（430）	2 （NPEs：1）
自行研发型 （公司规模 501—1000 人）	（1） Semiconductor Energy Laboratory Co.，Ltd.（706） （2） M／A – Com Technology Solutions Holdings，Inc.（527）	2 （NPEs：1）
自行研发型 （公司规模 5000—10000 人）	Creative Technology Ltd.（5800）	1 （NPEs：0）
自行研发型 （公司规模 >10000 人）	（1） Texas Instruments（30175） （2） Pitney Bowes Incorporated（36165） （3） Alcatel – Lucent（76410） （4） BTExact（111858）	4 （NPEs：0）

五 以有无制造与专利取得来源分类

该群组分析图 2 – 6 中，X 轴为有无制造，Y 轴为专利取得来源（自行研发、购买或被移转、代客操作），由图 2 – 6 可明显地看出无从事制造

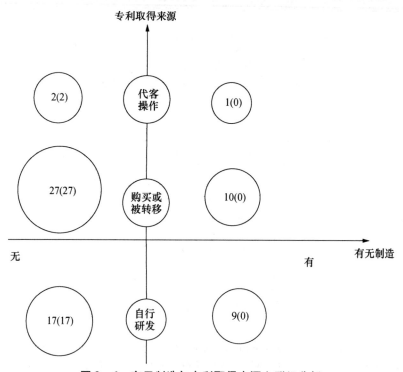

图 2 – 6 有无制造与专利取得来源之群组分析

生产的非专利实施实体，也就是图形的左半边，占的比例多于右半边。其中，又以"购买或被移转"方式取得来源者为最多，其次为以"自行研发"取得专利者。由此可见，无从事制造生产的非专利实施实体，多以"购买或被移转"方式取得来源。另可得知，无从事制造生产的非专利实施实体亦有不少为以"自行研发"取得专利者。

表 2 - 8　　　　　　有无制造与专利取得来源之群组分析统计

群组	名称	家数
代客操作型；无制造	（1）Traffic Information LLC （2）Mitchell A. Medina	2 （NPEs：2）
购买或被移转型；无制造	（1）Sisvel International S. A. （2）Rembrandt IP Management，LLC （3）North Peak Wireless，LLC （4）Stragent LLC （5）Mercexchange LLC （6）Eolas Technologies Incorporated （7）Minerva Industries Incorporated （8）Broadcom Limited （9）Asure Software（原 Forgent Networks） （10）Acacia Research Corporation （11）Anascape Limited （12）British Technology Group Ltd. （13）C2 Global Technologies Incorporated （14）Competitive Technologies Incorporated （15）DataTreasury Corporation （16）Guardian Media Techologies Limited （17）Information Protection and Authentication of Texas LLC （18）Innovative Patented Technology LLC （19）Lonestar Inventions LP （20）Altitude Capital Partners （21）IPNav （22）TPL Group （23）Transpacific IP Limited （24）Wells Fargo & Company （25）Wi - LAN Inc. （26）Media Digital （27）Wall Wireless	27 （NPEs：27）

续表

群组	名称	家数
自行研发型；无制造	（1）Helferich Patent Licensing LLC （2）Mercexchange LLC （3）NTP Incorporated （4）Semiconductor Energy Laboratory Co. , Ltd. （5）Rambus Inc. （6）George B. Selden （7）Thomas Edison （8）Gertrude Neumark Rothschild （9）SP Technologies LLC （10）Walker Innovation Inc. （11）Jerome H. Lemelson （12）Asure Software（原 Forgent Networks） （13）Ronald A. Katz （14）Nathan P. Myhrvold （15）IPNav （16）Media Digital （17）M/A – Com Technology Solutions Holdings，Inc.	17 （NPEs：17）
代客操作型；有制造	Pat – rights Limited	1 （NPEs：0）
购买或被移转型； 有制造	（1）Conversant Intellectual Property Management，Inc. （2）Seoul Semiconductor Company Limited （3）Alcatel – Lucent （4）Agilent Technologies Incorporated （5）All Computers，Inc. （6）Allvoice Developments US LLC （7）Ampex Corporation （8）Burst. com （9）Immersion Corporation （10）SCO Group Incorporated	10 （NPEs：0）

续表

群组	名称	家数
自行研发型；有制造	（1） Pitney Bowes Incorporated （2） CPUMate Incorporated （3） Alcatel – Lucent （4） Power Integrations Incorporated （5） Alphabet Inc. （6） Texas Instruments （7） BT Exact （8） Creative Technology Ltd. （9） Immersion Corporation	9 （NPEs：0）

六 以有无制造与有无研发分类

该群组分析图2－7中，X轴为有无制造，Y轴为有无研发，由图2－7可以明显地看出，无从事制造生产的非专利实施实体，也就是图形的左半边，占的比例多于右半边。其中，又以既无制造生产亦无从事研发活动者为最多，有25家。其次为无制造生产但有从事研发活动者，有22家。由此可以看出，其实无从事研发活动并非是成为非专利实施实体的必要条件。

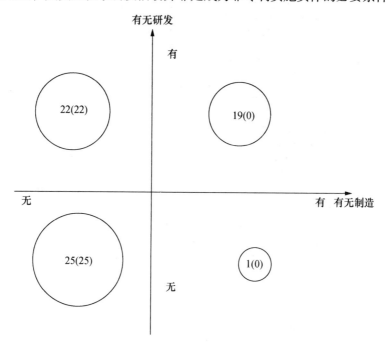

图2－7 有无制造与有无研发之群组分析

表 2 - 9　　　　　　　　有无制造与有无研发之群组统计

群组	名称	家数
无制造；有研发	（1）Asure Software（原 Forgent Networks） （2）British Technology Group Ltd. （3）Broadcom Limited （4）California Institute of Technology （5）DataTreasury Corporation （6）George B. Selden （7）Gertrude Neumark Rothschild （8）Intellectual Ventures LLC （9）IPCom GmbH & Co. KG （10）Jerome H. Lemelson （11）M/A - Com Technology Solutions Holdings, Inc. （12）Mercexchange LLC （13）Minerva Industries Incorporated （14）Nathan P. Myhrvold （15）NTP Incorporated （16）Parallel Processing Corporation （17）Patriot Scientific Corporation （18）Rates Technology, Inc. （19）Ronald A. Katz （20）SP Technologies LLC （21）Thomas Edison （22）Wi - LAN Inc.	22 （NPEs：22）
无制造；无研发	Altitude Capital Partners （2）Competitive Technologies Incorporated （3）Eolas Technologies Incorporated （4）Guardian Media Techologies Limited （5）Helferich Patent Licensing LLC （6）Information Protection and Authentication of Texas LLC （7）Innovative Patented Technology LLC （8）IPNav （9）Lonestar Inventions LP （10）Media Digital （11）Mitchell A. Medina （12）North Peak Wireless, LLC （13）Panip LLC （14）Papst Licensing GmbH & Company Kg （15）Rambus Inc. （16）Rembrandt IP Management, LLC （17）Semiconductor Energy Laboratory Co. , Ltd. （18）Stragent LLC （19）Think Fire （20）TPL Group （21）Traffic Information LLC （22）Transpacific IP Limited （23）Wall Wireless （24）Wells Fargo & Company （25）WIAV Solutions LLC	25 （NPEs：25）

续表

群组	名称	家数
有制造；有研发	（1）Agilent Technologies Incorporated （2）Alcatel - Lucent （3）Alphabet Inc. （4）Ampex Corporation （5）BT Exact （6）Burst. com （7）Conversant Intellectual Property Management, Inc. （8）CPUMate Incorporated （9）Creative Technology Ltd. （10）DEKA Research and Development Corp. （11）Immersion Corporation （12）NeoMedia Technologies Incorporated （13）Pitney Bowes Incorporated （14）Power Integrations Incorporated （15）SCO Group Incorporated （16）Seoul Semiconductor Company Limited （17）TELES AG （18）Texas Instruments （19）Walker Innovation Inc.	19 （NPEs：0）
有制造；无研发	Pat - rights Limited	1 （NPEs：0）

七　以有无研发与公司类型分类

该群组分析图 2 - 8 中，X 轴为有无研发，Y 轴为公司类型，由图 2 - 8 可以明显地看出，无从事研发活动的知识产权控股公司占的比例最高，且 19 家中有 18 家为非专利实施实体。其次为有从事研发活动的知识产权控股公司，12 家中有 11 家为非专利实施实体。此外，有从事研发活动的小公司有 10 家，其中有 4 家为非专利实施实体，该 4 家主要是以"类个人"所成立的小公司。由此可见，许多非专利实施实体是以知识产权控股公司的形式所成立，其中有不少投入研发活动者。而在图 2 - 8 的右半边，即有从事研发活动者，各公司类型的分布较为平均，由此可知有从事研发活动的非专利实施实体较无偏向特定的公司类型。

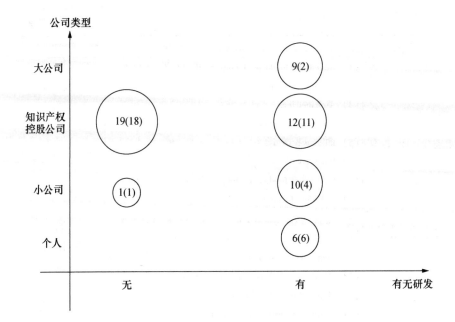

图 2 - 8　有无研发与公司类型之群组分析

表 2 - 10　　　　　　有无研发与公司类型之群组统计

群组	名称	家数
无研发之知识产权控股公司	（1）Altitude Capital Partners （2）Competitive Technologies Incorporated （3）Guardian Media Techologies Limited （4）Helferich Patent Licensing LLC （5）Information Protection and Authentication of Texas LLC （6）Innovative Patented Technology LLC （7）IPNav （8）Lonestar Inventions LP （9）Media Digital （10）Papst Licensing GmbH & Company Kg （11）Pat - rights Limited （12）Rembrandt IP Management，LLC （13）Stragent LLC （14）Think Fire （15）TPL Group （16）Traffic Information LLC （17）Transpacific IP Limited （18）Wells Fargo & Company （19）Wi - LAN Inc.	19 （NPEs：18）

续表

群组	名称	家数
无研发之小公司	Panip LLC	1 （NPEs：1）
有研发之大公司	（1）Agilent Technologies Incorporated （2）Alcatel – Lucent （3）Broadcom Limited （4）BT Exact （5）Creative Technology Ltd. （6）Pitney Bowes Incorporated （7）Semiconductor Energy Laboratory Co.，Ltd. （8）Seoul Semiconductor Company Limited （9）Texas Insthiments	9 （NPEs：2）
有研发之知识产权控股公司	（1）British Technology Group Ltd. （2）Competitive Technologies Incorporated （3）DataTreasury Corporation （4）Intellectual Ventures LLC （5）IPCom GmbH & Co. KG （6）M/A – Com Technology Solutions Holdings，Inc. （7）Minerva Industries Incorporated （8）NTP Incorporated （9）Patriot Scientific Corporation （10）Rambus Inc. （11）Walker Innovation Inc. （12）Wi – LAN Inc.	12 （NPEs：11）
有研发之小公司	（1）Ampex Corporation （2）Asure Software（原 Forgent Networks） （3）Conversant Intellectual Property Management，Inc. （4）Eolas Technologies Incorporated （5）Mercexchange LLC （6）NeoMedia Technologies Incorporated （7）Parallel Processing Corporation （8）Power Integrations Incorporated （9）SCO Group Incorporated （10）TELES AG	10 （NPEs：4）

群组	名称	家数
独立发明者	（1）George B. Selden （2）Gertrude Neumark Rothschild （3）Jerome H. Lemelson （4）Nathan P. Myhrvold （5）Ronald A. Katz （6）Thomas Edison	6 （NPEs：6）

八　群组分析之结论

本书认为 7 个群组分析图中，以研发密度与专利取得来源分类的图 2 - 3；以公司规模与专利取得来源分类的图 2 - 5；以有无制造与有无研发分类的图 2 - 7；以有无研发与公司类型分类的图 2 - 8，这四个群组分析图较具分类价值。

由前面的群组分析图中，本书归纳出以下几项结论：

（1）非专利实施实体中，尤其是无投入研发活动者，专利取得来源大多以"购买或被移转"为主。且公司类型多以知识产权控股公司形式来成立，其次则为小规模的公司。

（2）公司规模小，且研发密度低者的家数稍微高一些。

（3）非专利实施实体的公司规模越小，越会以"购买或被移转"的方式取得专利；非专利实施实体的公司规模越大，越会以"自行研发"的方式取得专利。

（4）无从事制造生产的非专利实施实体大多为公司规模小（员工数 500 人以下）者。

（5）无从事制造生产的非专利实施实体，多以"购买或被移转"方式取得专利。

（6）无从事研发活动并非是成为非专利实施实体的必要条件。

（7）许多非专利实施实体是以知识产权控股公司的形式所成立，其中有不少投入研发活动者。

依据上述 7 项结论，第 1 项与第 5 项中说明非专利实施实体大多以"购买或被移转"的方式取得专利，且其中多数为无投入研发活动者及无从事制造生产者。这点与文献中所描述的非专利实施实体特征相同。

第 3 项说明公司规模大小与专利取得来源间的关系，且在第 4 项中可得知无从事制造生产的非专利实施实体多为员工数低于 500 人以下的小公司。而在第 6 项与第 7 项中，可得知有从事研发活动的非专利实施实体其实并不少，这点便可验证本书于第一章中提及"将研发、发明及发展技术纳入非专利实施实体可能从事的行为"。

第三章　非专利实施实体的攻击策略

非专利实施实体的兴起和发展对生产厂商构成了严重的威胁。本章首先探讨攻击策略，并对构建与命名做出了详细的说明，然后以非专利实施实体案例的方式进行探讨。最后，针对不同的攻击策略提出了相应的应对建议，旨在给厂商提供参考，帮助厂商迅速地防御非专利实施实体的攻击。

第一节　专利攻击策略

根据非专利实施实体在发动诉讼时所运用的攻击策略，本书一共归纳统计为六种策略，分别是：潜水艇专利、以战逼和、攻敌必救、标准中埋地雷、养小鬼、攻其不备，以下分别对六种策略的构建与命名进行详细的说明。

一　"潜水艇专利"

"潜水艇专利"指专利权人通过简单而又廉价的后续申请，申请的专利内容最好囊括整个产品现在或未来的发展，并尽可能地拖延申请期间，让该专利申请一直处于审核状态中。在审核状态中的美国专利是保密的，就像潜入水中的潜水艇一样，顾名思义，将之命名为"潜水艇专利"。案例见表3-1。

"潜水艇专利"的特点是专利权人尽可能地把专利申请期延长，等到运用该专利产品的技术已经在市场被广泛地使用，且市场成熟、稳定后，才突然核准，以借此对厂商发动攻击。正在使用刚核准之专利的厂商必须支付授权金给该专利权人或厂商，否则将面临专利权人提出的专利诉讼。

表 3 - 1 潜水艇专利案例

专利权人	专利号	内容	申请日	授权日	潜水时间
Lemelson	USP4,118,730	Machine vision and bar code technologies	1954 - 12 - 24	1992 - 09 - 01	38 年
Hyatt	USP4,942,516	Application for Micro computerbasic technology	1969 - 11 - 24	1990 - 07 - 17	21 年
Williamson	USP4,621,410	Automated machine installation and method	1966 - 09 - 09	1986 - 11 - 11	20 年
Gould	USP4,704,583	Light amplifiers employing collisions to produce a population inversion	1959 - 04 - 06	1986 - 11 - 03	28 年

资料来源：Ohkuma Y., Sahashi M., Hsueh H - W, Joe Brennan," Patent Trolls in the US, Japan, Taiwan and Europe", *CASRIP Newsletter*, 2006, 13 (2)：73 - 88.

"潜水艇专利"策略可以达到以下目的：

（1）当专利潜伏在水下时，厂商因为无法检索到专利内容，所以无法进一步研究，因此能阻止厂商研发出更先进的技术与制造更进步的产品，且能享有领先者的优势，并等待厂商侵权。

（2）厂商不易回避设计来避免侵权。由于专利尚未公之于世，厂商无从得知专利范围，如果厂商进行相同的研发，产生的结果可能会构成专利侵权。除此之外，如果厂商已将产品推向市场，技术在市场被广泛使用，此时，专利权人的谈判能力大幅提升，专利权人可向厂商狮子大开口，赚进高额权利金。

这种做法通常只有在美国的专利制度中才有可能发生。在1995年美国专利法把专利权期限改为申请日之后的20年之前，所有美国专利的专利期限都是领证后的17年。这就会产生一个严重的漏洞，即申请者在最初提交专利申请时尽量让专利内容广泛，之后根据市场产品的变化和发展状况，再提交一连串对权利内容的修改，重新提出延续案，使该申请一直处于审核状态中，故意拖延专利申请，让别人无法推断专利的范围，使得厂商不易使用回避设计来避免侵权。这种专利即为"潜水艇专利"，即本书定义为专利权人攻击的策略之一，其关键词可标记为"潜水艇专利"、"Submarine Patent"、"经过 n 年的申请"，n 年通常是 5 年以上。

二 "以战逼和"

"以战逼和"指专利权人的态度强硬，逼迫厂商妥协让步。专利权人提出专利侵权诉讼来当作威胁对方的方式，借此让厂商和解并给付授权金，即所谓"以战逼和"。

从厂商的角度而言，专利权人采用以战逼和策略能取得成功，有两点原因：

（1）专利诉讼旷日费时。在专利纠纷案件中，一般不适用"谁主张，谁举证"的原则。由于专利权人通过正常的渠道无法了解他人使用的方法，只能从其产品上推定其使用了专利，法律将举证的责任直接加在被告一方的身上，这就意味着被告厂商需要提供详尽的产品技术信息。对于企业而言，这无疑是一项非常烦冗的工作，卷入这类专利诉讼案件中是非常不经济的。此类案件周期漫长、牵扯精力大，无论胜负与否，都将对企业业务产生巨大影响，耗费大量金钱、时间与精力。因此，被告往往在权衡利弊后匆匆就范，向专利权人支付高额权利金。

（2）诉讼费用相当庞大（Miller，2014）。① 进行一场专利诉讼所需要的费用成本是非常高的，但若在提起诉讼之前，专利权人先拿了专利找上门，声称厂商侵犯他们的专利，要求付出比诉讼费低的赔偿金，否则将对簿公堂。考虑成本利益，对厂商来说，和解是比较有利的做法。

由于不进行实际生产，非专利实施实体不会被对方反诉侵权，这就意味着如果厂商不愿和解，除支付诉讼成本之外，其没有损失多少的概率，只有赢多少的概率，而这正是其显著优势所在。正因如此，专利权人可以借由专利侵权诉讼威胁厂商。因此，其关键词可标记为"侵权诉讼"或"诉讼威胁"等与诉讼相关的词汇。

在数据库的整理结果中，大部分都是提起诉讼的个案，也发现有私下和解或法庭和解的个案。可以推测专利权人以提出专利侵权诉讼来逼使厂商就范，虽然有的和解内容不公开，这也是本书的研究限制之一，但是可以想象得到，这是他们常用的策略。

---

① Miller S, P., "What's the Connection Between Repeat Litigation and Patent Quality?: A (Partial) Defense of the Most Litigated Patents", *Stanford Technology Law Review*, 2014, 16（2）: 313 - 348.

三　"攻敌必救"

"攻敌必救"指专利权人威胁厂商的客户或其产品，连带地使厂商与客户的商业名誉以及经济产生损失，厂商为了捍卫与客户的合作关系，使专利权人的策略奏效。《孙子兵法》有云："故我欲战，敌虽高垒深沟，不得不与我战者，攻其所必救也。"专利权人正是利用了厂商非救不可的要害之处达到目的，故命名为"攻敌必救"策略。

"攻敌必救"的特点是专利权人为获得权利金，会连带控告与厂商合作的客户侵权或是产品侵权。专利权人强势展现，逼迫厂商妥协、让步，利用并攻击厂商的要害，使厂商不得不前来营救。当使用攻敌必救策略时，厂商担心专利权人向其客户提告，以至于吓退客户，导致经济上的损失。在这样的情况下，若专利权人提出的权利金小于经济上的损失，那么厂商极有可能愿意付出权利金，与专利权人求得和解。

为达到获取权利金的目的，运用此策略，专利权人在发出警告信时会一起发送至厂商客户，警告疑似侵权行为人，制止其侵权行为的继续。警告信的另一目的则是为了对客户与厂商的关系造成一定的影响，迫使与侵权厂商达成和解，进入谈判协商程序。若此法未奏效，专利权人在提起诉讼时，将相关产业的上、下游的厂商同时列为报告，更有甚者，向法院申请将侵权产品下架，通过骚扰、威胁以及攻击厂商的客户迫使厂商和解。因此，其关键词可标记为"对其客户发警告信"、"把客户列为被告"、"逼迫客户产品下架"等相关词汇。

四　"标准中埋地雷"

"标准中埋地雷"指专利权人参与制定或是征集一种市场上所认同的专利，把自己有的专利技术融合到国际标准、国家标准、市场标准中，通过标准这个武器，专利权人可以放大自己专利的权利效应，收取更多的授权金，筑起更高的防御型攻击壁垒。标准中的专利就好像隐藏的地雷，当数量积累越来越多后，被踩到的可能性就越来越大，故命名为"标准中埋地雷"。

在市场上，许多硬件产品标准都不是公有的，例如家用录像系统（Video Home System，VHS）、数字多功能光盘（Digital Versatile Disc，DVD）、运动图像专家组（Moving Picture Experts Group，MPEG）、蓝光光盘（Blu‐ray Disc，BD）等，都是领导厂商所制定，领导厂商便会向使用此标准、规格的单位收取授权费。虽然其他厂商可通过做出不同规格的产品轻易回避此类专利，但以光盘为例，特殊规格的光盘缺乏相应的光驱，因而难以被市场所接受。利之所趋，厂商只能生产相同规格的产品。因此，厂商只得生产标准规格的产品，无法逃避交纳权利金。

在标准规格里，会让厂商发展他们产品也比较方便，现在也有不同的标准出现，如高清（High Definition，HD）的标准、蓝光光盘（Blu-ray Disc，BD）的标准等。但由于标准不同，如果不知道遵从哪一个标准，对于产品的发展也比较麻烦。专利权人正是利用了这一点，参与标准制定，精心安排令此标准侵犯其专利，但并不告知参与者。待市场产品皆采用该标准之后，再开始主张其专利权。此时，厂商便只得交付巨额的授权金。

因此，标准中埋地雷的关键词标记为：某专利权人"参与某一标准制定"或"征集、购买某一标准专利"，即用利益来引诱厂商，迫使其必须生产相同规格的产品，交纳权利金，而使专利权人仅靠制定规格即可坐享其利。

五 "养小鬼"

"养小鬼"意指专利权人大量授权给多家厂商，即用最少的费用，在最短的时间内获取最多的收入（Ludlow，2010）。[①] 专利权人从专利发明人、小公司或破产公司手中收购专利控制权，而其专利最好是可用于非常庞大的市场及多家公司。通过这些专利，专利权人可广泛地对大量厂商提出权利主张，故命名为"养小鬼"。

最开始，专利权人会采取妥协姿态，向多家厂商发出没有太多事实根据的权利主张信件。最初的授权费用比较低，使被告厂商愿意和解。此时，在小金额的吸引力之下，考虑到有可能会触犯到专利权人专利，且授权费用并不昂贵，通常厂商会接受与专利权人妥协授权。不过，如果专利权人能拿出较多的数据，授权金就会设得比较高，甚至达到对方能够承担的极限，从而得到较高的获利。例如，专利权人的手中有与大厂商或是多家厂商诉讼并胜诉的案例，这就意味着专利权人的专利是基础专利、优质专利，且专利是有效的，所以专利权人拥有这样的谈判筹码，使得其在授权时无往不利。所以，专利权人尽可能地打赢官司，并建立起名声，先打击大鲸鱼（大厂商），再看小虾米（小厂商）如何落

---

① Ludlow T.：《应对专利屠夫与专利钓饵公司》，《经理人内参》2010 年第 2 期。

入陷阱。此外，专利权人的专利也有可能是在一个市场标准规格之下（请参照标准中埋地雷），如果厂商想要在此领域获利的话，势必要取得授权。

另外，专利权人可能为了累积自己的资源，加强自己的谈判能力，采取"养小鬼"的策略，通过成功的大量授权件数，增加自己的名声，连带也增强了与厂商谈判的能力。因此，养小鬼的关键词标记为该某专利权人向"n 家"公司"提供授权"。在诉讼时，"n 家"泛指 10 家以上的数量。

六　"攻其不备"

"攻其不备"是指在起诉之前，专利权人以"限制令"为武器，使厂商的产品在进出美国海关之前就被阻挡。这样，专利权人可以在厂商毫无准备的情况下进行攻击，让其无法从容准备，而迫使厂商和解。

禁制令共分为 3 种：（1）临时禁制令（Temporary Restraining Order）。临时禁制令之目的系于初步禁制令听证时保持物的原状，因此法院可单方面地许可临时禁制令。（2）初步禁制令（Preliminary Injunction）。初步禁制令，在审理过程中核发，目的是保护专利权人在诉讼期间之权利。（3）永久禁制令（Permanent Injunction）。永久禁制令在审讯程序结束后判专利权人胜诉时核发，效力是永久的。

初步禁制令之请求在实务上极为常见，显示有部分专利权人会向法院申请禁制令，以保障自己的权利。陈郁婷（2006）[1] 认为，初步禁制令的优点在于：（1）申请快速，可在短时间内达到效益。（2）用最少花费达到目的。（3）可造成突袭被告效果，让其无法从容准备。（4）保护自己，防止他人继续侵权。（5）促进和解，增加谈判筹码。

不论是初步禁制令还是临时禁制令，其主要目的都是在法院最后决定出永久性的救济方式前，防止情势的改变而造成原告受到不可弥补之损害。其核发依据四要素原则来决定，即（1）诉讼主体本身有合理胜诉之可能性。（2）若没有经法院判发之临时禁制令，专利权人将遭到无可弥补之损害。（3）衡量所有之弊端均倾向于对请求人有利。（4）禁制令是否对公众利益产生影响。

eBay 案给广大企业带来的福音是：永久禁制令比较不容易核准，

---

[1]　陈郁婷：《跨国专利侵权诉讼之管理》，台湾政治大学智慧财产研究所，2006 年。

利用永久禁制令来谈判之能力已经大为削弱，在 2007 年 eBay 案，美国最高法院在听取双方意见并考虑具体事实后，做出最后裁决为专利侵权成立与否不直接导致永久性禁制令的发布，而是要依据四要素测试的衡平原则来决定，包括：（1）原告已经遭受不可挽回的损害。（2）法律上的救济方式（如金钱损害赔偿）无法适当地补偿此损害。（3）在考虑原被告双方的利弊得失比较下，此项衡平法的救济方式是有正当理由的。（4）公共利益不会因禁制令的发布而遭到损害。

禁制令对专利权人而言是一大利器，可以大幅地提升谈判能力。运用禁制令，专利权人可以提升谈判能力，因而其关键词为：向法院"申请了禁制令"、法院"核发了禁制令"等有关申请与核发禁制令的词汇。所谓"攻其不备，出其不意"，专利权人正是利用突袭而使疑似侵权厂商措手不及，故将此种攻击策略命名为"攻其不备"。

表 3-2　　　　　　　　　　　　　专利攻击策略

攻击策略	特点	目的	关键词
1. 潜水艇专利	尽可能地把专利申请期延长	阻止厂商研发出更先进的技术与制造更进步的产品，且能享有领先者的优势，等待厂商侵权	Submarine Patent；经过 n 年的申请
2. 以战逼和	以专利侵权诉讼当作威胁方式	威胁厂商，逼迫其妥协让步	诉讼威胁
3. 攻敌必救	利用厂商与客户的关系，连带威胁厂商的客户或其产品	利用并攻击厂商的要害，使厂商不得不接招	对其客户发警告信、把客户列为被告、逼迫客户产品下架
4. 标准中埋地雷	通过标准放大专利的权利效应	用利益引诱厂商，迫使其必须生产相同规格的产品，收取更多的授权金	参与某一标准制定或征集、购买某一标准专利
5. "养小鬼"	将专利大量授权给多家厂商	以最小的费用获取最大的利益	向"n 家"公司提供授权
6. 攻其不备	以"限制令"为武器，对厂商进行突袭	提升谈判能力，对厂商进行有效的威胁，获取不合理权利金	申请、核发了禁制令

在诉讼过程中，当侵权明显成立时，专利权人可向法院申请禁制令。禁制令的目的是在实质争议解决前，防止侵权行为的重复或预期发生，保护当事人正当权益，这是英美法系国家在知识产权诉讼中常用到的救济手段，初始含义是停止侵权。如果向法院请求禁制令的请求得以核准，则会对侵权方造成巨大影响。一旦作出禁制令，法院可以采取查封、扣押、冻结等措施制止和限制被申请人相关产品或权利的转移和交易，使产品无法在境内进行贩卖、制造及使用等行为，给其造成巨大损失。正因为禁制令的严重后果，专利权人也因此对被告厂商取予求。当禁制令被核发时，被告厂商将面临更多的和解金，因此多半的厂商为了避免日后更多的诉讼费用及禁制令等问题，而支付不合理的权利金。

第二节　非专利实施实体攻击策略案例探讨

由上述讨论可知，非专利实施实体使用的专利攻击策略共有六种。其中，"以战逼和"是专利权人在利用专利攻击时常用的策略。一般而言，非专利实施实体是以提出诉讼作为威胁的，且被告通常都包含了相关产业的上、下游，这也符合"攻敌必救"专利攻击策略。此外，"攻其不备"更是专利权人在专利侵权诉讼中常用的方式，故本书不再讨论这两种策略。以下分别对4种攻击策略案例分析进行详细的说明，并总结如表3-3所示。

一　"潜水艇专利"：以 Jerome H. Lemelson 为例

Lemelson Foundation 创始人 Jerome H. Lemelson 是美国历史上发明最多的发明家之一，其拥有超过 500 件美国专利。但同时，Jerome H. Lemelson 也是所谓"潜艇式专利"的第一高手。Jerome H. Lemelson 第一次进行专利侵权诉讼是关于谷类制品盒子的发明，当初拒绝其发明的谷类制造商却在 3 年后在产品上采用该发明，致使 Jerome H. Lemelson 开始积极地寻求基于其专利所应得的利益。自此，Jerome H. Lemelson 致力于专利授权工作，以至于涉及多起专利侵权诉讼。

"潜水艇专利"使 Jerome H. Lemelson 扩大权利范围，甚至纳入他人所发明及商业化的技术。其中，使其获利最多的是关于机器视觉和条形码技术的专利。该专利由 Jerome H. Lemelson 于 20 世纪 50 年代提出最

初申请，但直到 1963 年才被授予专利权，其他附加专利则直到 1980 年
才被授权。通过一系列后续申请，该专利的垄断权期限得以延长，并新
添加入其原始专利到期后多年才出现的商业技术的权利要求。因此，在
该技术已经被广泛应用的情况下，Jerome H. Lemelson 及其继承人获得
了巨额的许可使用费，直到 2004 年 1 月其专利被宣布无效（张伟君和
单晓光，2006）。[①]

表 3 - 3   非专利实施实体攻击策略案例

攻击策略	案例	目的	效果
潜水艇专利	Jerome H. Lemelson	通过后续申请使专利垄断权期限得以延长	获得了巨额专利许可使用费
攻敌必救	Semiconductor Energy Laboratory Co., Ltd.	请求禁止销售搭载有奇美电子液晶面板的液晶电视以威胁奇美电子	使奇美电子商业名誉和经济受到严重损害
	Rambus Inc.	起诉 NVIDIA 合作客户华硕、技嘉、微星及同德等厂商使 NVIDIA 应诉	NVIDIA 不得不采取措施应对
标准中埋地雷	Sisvel International S. A.	通过把 MP3 标准植入专利控告 MP3 大厂侵犯其专利并寻求赔偿	导致制造厂商的产品和名誉受损
养小鬼	Asure Software（原 Forgent Networks）	以拥有的 JPEG 文件格式专利技术向多家计算机及电子厂商提出专利侵权诉讼并要求其支付授权金	获得巨额授权金

二 "攻敌必救"：以 Semiconductor Energy Laboratory Co., Ltd. 和 Rambus Inc. 为例

Semiconductor Energy Laboratory Co., Ltd. 是一家集中于研究液晶显
示技术（TFT - LCD 与 OLED）的日本研发公司。该公司不生产制造产
品，但其员工多为研发人员，这便有利于创新的加速发展，同时也有利
于通过研究对方的技术，找出对方侵权的证据。

Semiconductor Energy Laboratory Co., Ltd. 引起关注是源于其所持有

---

① 张伟君、单晓光：《滥用专利权与滥用专利制度之辨析——从日本"专利滥用"的理
论与实践谈起》，《知识产权》2006 年第 6 期。

的抗静电专利（JP3241708）。2004 年，Semiconductor Energy Laboratory Co.，Ltd. 以该专利被侵权为由，起诉了全球最大连锁零售企业沃尔玛（Wal‐Mart Stores，Inc.）的日本子公司西友百货（Seiyu）、日本著名量贩店饭山株式会社（Iiyama）以及网络零售商 ByDsign，并请求法院禁止销售搭载有奇美电子（Chi Mei Optoelectronics Corporation，CMO）液晶面板的液晶电视。因此，西友等被告厂商被迫将搭载奇美电子液晶面板的产品下架，导致奇美电子虽未被 Semiconductor Energy Laboratory Co.，Ltd. 直接起诉，但其商业名誉和经济仍受到严重损害。Semiconductor Energy Laboratory Co.，Ltd. 采取的以威胁客户来逼迫厂商接受授权的方式，即典型的"攻敌必救"攻击策略。

Rambus Inc. 是一家专门从事高速芯片接口的发明及设计的技术授权公司，其技术与产品主要帮助客户解决复杂的芯片级和系统级的界面，使运算、通信和消费性电子应用的性能提升，应用范围极广。

2008 年 7 月，Rambus Inc. 控告英伟达（NVIDIA Corporation）侵犯其所持有的 17 项专利技术。为达到赔款目的，获取巨额许可费，除起诉英伟达（NVIDIA Corporation）外，Rambus Inc. 一同起诉其合作客户华硕（ASUS）、技嘉科技（GIGABYTE）、微星（Micro Star International，MSI）及同德（Palit Microsystems）等厂商，并向美国国际贸易委员会（United States International Trade Commission，UCITC）申请禁止涉及侵权产品进口美国。因此，英伟达（NVIDIA Corporation）不得不采取措施应对 Rambus Inc. 。可以看出，Rambus Inc. 采用的策略同样属于"攻敌必救"攻击策略。

三　"标准中埋地雷"：以 Sisvel International S. A. 为例

Sisvel International S. A. 是一家专门负责管理来自各家公司的运动图像专家组（Moving Picture Experts Group，MPEG）、音讯专利权的意大利公司，其主要职能在于为专利持有人代为收取专利费。通过收集专利，并对可能落入其专利范围的公司索取授权金或提出损害赔偿诉讼，Sisivel 获取了极大的利益。

Sisvel International S. A. 代理了包括 Matsushita 和日本胜利公司（Victor Company of Japan，JVC）等公司 MPEG 音频标准的相关专利组合，即平常所说的 MP3 专利，所以它在世界各国都有控告 MP3 大厂侵犯其专利并寻求赔偿的案例。2008 年 3 月的德国汉诺威计算机展上，

Sisvel International S. A. 认为部分厂商的参展产品侵犯了其 MP3 专利，便利用展览到处收集证据，然后向德国法院提出强制执行申请，造成相关参展厂商无法参展或商誉受损。同样，在 2008 年 8 月德国柏林的国际消费性电子展（International Funkausstellung Association，IFA）上，Sisvel International S. A. 认为部分厂商产品侵犯其专利权或未付专利权金，使许多厂商的展示商品在开幕不久后便被没收（Pohlmann and Opitz，2013）。①

Sisvel International S. A. 通过把 MP3 标准植入专利，导致制造厂商的产品和名誉受到影响，这便是典型的标准中埋地雷案例。在这样的情况下，制造商除担心生产营销外，还需担心专利地雷问题，造成了严重的损失。

四 "养小鬼"——以 Asure Software（原 Forgent Networks）为例

Asure Software（原 Forgent Networks）于 2001 年开始专注于软件开发，其前身是一家专注于通讯技术的公司，同时也是视讯会议设备与服务的技术领导者。除了针对旗下所有的 40 项专利进行维护，Asure Software（原 Forgent Networks）也通过这些专利相关的技术发展产品与软件的应用。

2002 年，Asure Software（原 Forgent Networks）主张自己拥有 JPEG（Joint Photographic Experts Group）文件格式专利技术。2004 年，Asure Software（原 Forgent Networks）针对 31 家计算机及电子厂商提出专利侵权诉讼，认为其侵犯了该技术专利并要求其支付授权金。数年之后，Asure Software（原 Forgent Networks）终于与多家被告结束了侵权官司，结果是多家厂商向其支付赔款金。此外，在发起诉讼之前，Asure Software（原 Forgent Networks）就已与 60 多家公司和解，获得了高额专利费用。Asure Software（原 Forgent Networks）通过与大量厂商和解或诉讼而获取巨额的授权金，该攻击策略即典型的"养小鬼"策略。

---

① Pohlmann T.，Opitz M.，"Typology of the Patent Troll Business"，*R&D Management*，2013，43（2）：103 - 120.

第三节 非专利实施实体之专利
攻击策略使用统计

非专利实施实体借由专利致富演化成一种新的营运模式，虽然不被国际所接受，但是却没有消退的迹象，根据本书研究整理的结果，有诸多专利攻击策略，从数据库中依本书所命名的专利攻击策略，在内容上做标记，整理与统计的结果，详见表 3 - 4。

表 3 - 4　　　　　非专利实施实体专利攻击策略使用统计

攻击策略	NPEs	次数
潜水艇专利	（1）Jerome H. Lemelson （2）Minerva Industries Incorporated	2
攻敌必救	（1）Gertrude Neumark Rothschild （2）Jerome H. Lemelson （3）Rambus Inc. （4）Semiconductor Energy Laboratory Co. , Ltd.	4
标准中埋地雷	（1）Asure Software （2）Rambus Inc. （3）Rembrandt IP Management, LLC （4）Sisvel International S. A.	4
养小鬼	（1）IPNav （2）Jerome H. Lemelson （3）Sisvel International S. A.	3
攻其不备	（1）British Technology Group Ltd. （2）Eolas Technologies Incorporated （3）Gertrude Neumark Rothschild （4）Helferich Patent Licensing LLC （5）IPCom GmbH & Co. KG （6）M/A - Com Technology Solutions Holdings, Inc. （7）Mercexchange LLC （8）Minerva Industries Incorporated （9）NTP Incorporated （10）Rambus Inc. （11）Semiconductor Energy Laboratory Co. , Ltd.	11

可以发现不同类型的非专利实施实体比较常用"攻其不备"专利攻击策略，因为申请限制令、禁制令时间快速、花费少，可以阻止厂商的产品进入海关与销售，而被查抄，对厂商的信誉、营运影响极大，可以使得厂商无法从容准备，且有助于非专利实施实体谈判力量的提升，可以促进与厂商和解的筹码，也可以压迫厂商接受高额权利金，对非专利实施实体是非常实用的策略，也是法律赋予的一种救济权利。

"以战逼和"策略没列入表 3 - 4 的原因为其数据库上揭露并不明显，没有明显的关键词供作标记，但是经过整理可以发现其也是非专利实施实体常用的策略，因为从数据库可以发现大部分的攻击个案都是有起诉的，可以想象得到，非专利实施实体是以提告来做威胁，且个案多以和解收场，或是私下和解信息没有公开，所以"以战逼和"策略没有列入其中，但却是符合现状的非专利实施实体常用的策略。

第四节　不同类型非专利实施实体之专利攻击策略个案介绍

依据前文提到的专利攻击策略的关键字做标记，归纳其所用的专利攻击策略分别有哪些，观察不同类型的非专利实施实体所使用专利攻击策略上的不同。

一　类型 5 个案介绍

根据张克群、夏伟伟、袁建中、陈静怡和耿筠（2015）[①] 定义：类型 5 为借由购买或被移转所取得的专利，以进行专利授权或诉讼之行为且本身为不从事研发、制造、行销的法人。

个案 1：TPL Group

"2008 年 12 月 22 日，TPL Group 宣布台湾华硕电脑（ASUS）购买名为 Moore Microprocessor Patent（MMP）之专利组合授权，并成为获得 Moore Microprocessor Patent（MMP）专利组合授权之第 52 家公司后。2009 年 1 月 5 日，TPL Group 宣布华硕电脑已购买得 CORE Flash™专利

---

① 张克群、夏伟伟、袁建中、陈静怡、耿筠：《非专利实施实体的定义、形态与特征研究》，《科技管理研究》2015 年第 15 期。

组合授权，成为取得 CORE Flash™ 授权之第 7 家厂商。"

根据 TPL Group 提供专利授权，华硕电脑购买名为 Moore Microprocessor Patent（MMP）之专利组合授权，并成为获得 MMP 专利组合授权之第 52 家公司，故归纳为本书命名的"养小鬼"策略。代表此非制造型公司的专利组合范围广，专利组合在侵权诉讼运用上相当灵活，华硕和这些获得授权的厂商之动作，后续可能会给其他厂商带来一些压力，因为连华硕电脑也弃械投降了。厂商更应积极解剖专利组合实际技术内涵，并在后续谈判中取得更多攻防筹码。

个案 2：Altitude Capital Partners

"位于美国得克萨斯州的 Altitude Capital Partners 公司要求禁止 Research in Motion，Ltd.（RIM）、Palm Computing 和诺基亚（Nokia Corporation）等 6 家公司的掌上设备进入美国，声称这些公司的产品侵犯了它的专利。"

根据 Altitude Capital Partners 要求禁止 Research in Motion，Ltd.（RIM）、Palm Computing 和诺基亚（Nokia Corporation）等 6 家公司的掌上设备进入美国，故归纳为本书命名的"攻其不备"策略，除了阻止商品进出海关，还造成突袭的效果，有利于非专利实施实体在和解时，增加谈判的筹码。

二　类型 7 个案介绍

根据张克群、夏伟伟、袁建中、陈静怡和耿筠（2015）① 定义：类型 7 为借由自行研发的专利，以进行专利授权或诉讼之行为，且本身为有从事研发，但不从事制造、行销的个人。如 Thomas Edison、Gertrude Neumark Rothschild、Jerome H. Lemelson 等。此类型的诉讼最后多半以和解收场。

个案 1：Gertrude Neumark Rothschild

"Gertrude Neumark Rothschild 递状控告索尼（Sony）、摩托罗拉（Motorola）、日立（HITACHI）等共 34 家公司侵犯她 1 项与发光二极体（Light – Emitting Diode，LED）和激光二极管（Laser Diode）有关的专利，Gertrude Neumark Rothschild 请求美国国际贸易委员会（United

① 张克群、夏伟伟、袁建中、陈静怡、耿筠：《非专利实施实体的定义、形态与特征研究》，《科技管理研究》2015 年第 15 期。

States International Trade Commission，UCITC）下令禁止侵犯她专利的产品销售到美国。"

根据 Gertrude Neumark Rothschild 请求美国国际贸易委员会（United States International Trade Commission，UCITC）下令禁止侵犯其专利的产品销到美国来，禁止产品的销售，故归纳为本书命名的"攻其不备"策略，除了阻止商品进入美国海关，还造成突袭的效果，有利于非专利实施实体在和解时，增加谈判的筹码。

个案2：Jerome H. Lemelson

"Lemelson Foundation 的机器视觉（machine vision，亦即 bar code）与 Ronald A. Katz 关于电话与电脑界面之专利技术，这两个专利权人都利用一般业者不愿意进行专利诉讼之弱点，而以申请临时禁制令（temporary restraining order）之方式获得数以十亿美元计之权利金收入。"

根据 Jerome H. Lemelson 申请临时禁制令，故归纳为本书命名的"攻其不备"策略，除了阻止商品销售，还造成突袭的效果，有利于非专利实施实体在和解时，增加谈判的筹码。

"Jerome H. Lemelson 在20世纪50年代就提出了机器视觉专利的最初申请，而他的第1个专利直到1963年才授权，附加的专利直到20世纪80年代才授权，而那时该技术已经被广泛地应用了。通过将近40年的后续申请，其专利垄断权的期限得以延长，而且在其后续申请中还添加了覆盖其原始专利到期后多年才出现的商业技术的新的权利要求。"

根据 Jerome H. Lemelson 通过将近40年的后续申请，才得以核发，故归纳为本书命名的"潜水艇专利"策略。

"而 Lemelson Foundation 为大约800家公司提供授权，同时针对多个被告提出超过15项诉讼。"

根据 Lemelson Foundation 为大约800家公司提供授权，故归纳为本书命名的"养小鬼"策略，借以增加专利的支持度。

个案3：NTP Incorporated

"加拿大 Research in Motion，Ltd.（RIM）公司也以侵害了美国 NTP Incorporated 公司的专利技术而遭其诉讼；2003年8月地方法院对 Research in Motion，Ltd. 做出5300万美元之惩罚性损害赔偿并发出禁制令。"

根据法院发出禁制令，故归纳为本书命名的"攻其不备"策略，除了阻止商品销售，还造成突袭的效果，有利于非专利实施实体在和解时，增加谈判的筹码。

三　类型 10 个案介绍

根据张克群、夏伟伟、袁建中、陈静怡和耿筠（2015）[①] 定义：类型 10 为借由自行研发的专利，以进行专利授权或诉讼之行为，且本身为有从事研发，但不从事制造、行销的法人。

个案 1：Semiconductor Energy Laboratory Co.，Ltd.

"Semiconductor Energy Laboratory Co.，Ltd. 已经向东京地方法院申请禁制令，并要求禁止相关厂商在日本贩售内含奇美电子（Chi Mei Optoelectronics Corporation，CMO）27 吋 LCDTV 面板的显示器。"

根据 Semiconductor Energy Laboratory Co.，Ltd. 申请禁制令，故归纳为本书命名的"攻其不备"策略，法院许可后除了阻止商品销售，还造成突袭的效果，有利于非专利实施实体在和解时，增加谈判的筹码。

个案 2：Rambus Inc.

"联邦贸易委员会（Federal Trade Commission，FTC）的指控电子工程设计发展联合协会（Joint Electron Tube Engineering Council，JEDEC）采用同步动态随机存储器（Synchronous Dynamic Random Access Memory，SDRAM）为记忆体标准，但此一记忆体规格专利权后来却属于 Rambus Inc. 所有，Rambus Inc. 也因此得以向厂商索取权利金。"

根据采用同步动态随机存储器（SDRAM）为记忆体标准，但此一记忆体规格专利权后来却属于 Rambus Inc. 所有，Rambus Inc. 拥有同步动态随机存储器（SDRAM）记忆体标准的专利，故归纳为本书命名的"标准中埋地雷"策略，等待厂商侵权。

"Rambus Inc. 为令英伟达（NVIDIA Corporation）尽快让步和解，且达到赔款目的，近日已向美国国际贸易委员会（United States International Trade Commission，UCITC）申请，禁止涉及侵权的英伟达（NVIDIA Corporation）产品进口美国，且更将英伟达（NVIDIA Corporation）的板卡合作客户一起列为被告，包括了华硕（ASUS）、技嘉科技

---

① 张克群、夏伟伟、袁建中、陈静怡、耿筠：《非专利实施实体的定义、形态与特征研究》，《科技管理研究》2015 年第 15 期。

（GIGABYTE）、微星（MicroStar International，MSI）及同德（Palit Micro-osystems）等台湾主要主机板卡厂商。"

根据 Rambus Inc. 禁止涉及侵权的英伟达产品进口美国，且更将英伟达的板卡合作伙伴一起列为被告，包括华硕、技嘉科技、微星及同德等台湾主要主机板卡厂商，除了禁止侵权的产品进口外，也对其合作的客户提告，故归纳为本书命名的"攻其不备"与"攻敌必救"策略，系两种策略的搭配使用。

四　类型 11 个案介绍

根据张克群、夏伟伟、袁建中、陈静怡和耿筠（2015）[①] 定义：类型 11 为借由购买或被移转所取得的专利，以进行专利授权或诉讼之行为，且本身为有从事研发，但不从事制造、行销的法人。

个案 1：Eolas Technologies Incorporated

"Eolas Technologies Incorporated 公司向法院声请永久禁止微软（Microsoft）Internet Explorer 浏览器的发行。"

根据 Eolas Technologies Incorporated 向法院声请永久禁止微软（Microsoft）Internet Explorer 浏览器的发行，使用了策略"攻其不备"，阻止了产品的销售，厂商已投入大量资源，如果不能销售对厂商损害极大。

个案 2：IPCom GmbH & Co. KG

"IPCom GmbH & Co. KG 是一家以管理先前技术资料库为主的公司，2007 年时向诺基亚（Nokia Corporation）要求支付使用行动通讯技术的专利金 177 亿美元。但诺基亚拒绝支付，IPCom GmbH & Co. KG 于是决定控告诺基亚，并要求法院对其颁发禁制令。"

"IPCom GmbH & Co. KG 更找上宏达电（HTC Corporation），从德国法兰克福法院取得一纸禁制令，打算让宏达电的产品进不了德国当地市场。"

根据 IPCom GmbH & Co. KG 要求法院对其禁制令和 IPCom GmbH & Co. KG 取得一纸禁制令，故归纳为本书命名的"攻其不备"专利攻击策略，阻止了产品进入市场，对厂商来说损失惨重。

---

① 张克群、夏伟伟、袁建中、陈静怡、耿筠：《非专利实施实体的定义、形态与特征研究》，《科技管理研究》2015 年第 15 期。

个案 3：Asure Software（原 Forgent Networks）

"Asure Software（原 Forgent Networks）针对 31 家电脑/电子厂商提出专利侵权官司，要求赔偿侵犯 JPEG 档案格式的技术。Asure Software（原 Forgent Networks）在官司中宣称由于该公司握有 JPEG 专利技术，因此使用到该技术的软硬件厂商应该给付使用权利金。"

根据 Asure Software（原 Forgent Networks）宣称拥有 JPEG 专利技术，故归纳为本书命名的"标准中埋地雷"专利攻击策略，提供授权或等待厂商侵权。

"Asure Software（原 Forgent Networks）已经向 38 家公司发放了专利授权，其中包括索尼（Sony）、诺基亚（Nokia Corporation）、夏普（Sharp）、日立（HITACHI）、奥多比（Adobe）、Macromedia 和日本电气股份有限公司（NEC Corporation）。通过这些交易，Asure Software（原 Forgent Networks）总共获得了超过 1 亿美元的专利费。"

Asure Software（原 Forgent Networks）向 38 家公司提供授权，获利超过 1 亿美元，故归纳为本书命名的"养小鬼"策略，借以增加专利的支持度，并取得授权金。

第五节　非专利实施实体之诉讼行为特征

非专利实施实体若欲投入诉讼，找其最合适的策略，使自己的利益最大化，寻求最有效的诉效，从整理的结果发现有以下六种共同的行为：

（1）同时起诉多家企业，美国的司法系统允许专利权人在同一个诉讼中起诉数百个公司且起诉费不会增加。

（2）针对 1 个或 2 个市场领导者提出诉讼，属于赌博中的博头彩的方式，只要在诉讼时在任一家上取得胜诉就可以回收成本，并制造高额利润。黄紫旻（2008）[①] 认为大多数非专利实施实体特别热衷于在得克萨斯州东区联邦法院（Eastern District of Texas）提起专利诉讼，表 3 - 5 显示，在 2008 年的专利诉讼比例上，得克萨斯州东区联邦法院（East-

---

① 黄紫旻：《专利地痞与企业因应策略》，台湾政治大学智慧财产研究所，2008 年。

ern District of Texas）最多，因为该法庭对所支持其专利的原告在判予高额赔偿金上享有盛誉，法官非常支持专利权人所进行的取证努力。另外在特拉华州联邦法院（District Court of Delaware），法官熟悉专利诉讼并且在支持专利方面享有盛誉，且有良好教育的陪审团队，在有些时候的判决会有利于专利权人；加利福尼亚州北区联邦法院（Northern District of California）有关专利案件的特殊规定，要求被告提早公开其抗辩；威斯康星州西区联邦法院（Western District of Wisconsin）以能迅速处理案件著称，诉讼在9—15个月内就会进入审判程序，对提出诉讼的非专利实施实体非常有利，可以缩短被告厂商的准备时间，且快速审判也迫使许多被告寻求和解。

表3-5　　　　非专利实施实体常用管辖法院暨案件量统计

法院	诉讼案件数	被告数量	NPEs（比例）
得克萨斯州东区联邦法院 （Eastern District of Texas）	343	1320	140（40%）
加利福尼亚州中区联邦法院 （Central District of California）	251	647	14（7%）
新泽西州联邦法院 （District Court of New Jersey）	176	329	13（7%）
特拉华州联邦法院 （District Court of Delaware）	128	310	16（13%）
加利福尼亚州北区联邦法院 （Northern District of California）	127	240	19（15%）
伊利诺伊州北区联邦法院 （Northern District of Illinois）	125	231	23（18%）
纽约南区联邦法院 （Southern District of New York）	95	244	13（14%）

资料来源：黄紫旻：《专利地痞与企业因应策略》，台湾政治大学智慧财产研究所，2008年。

（3）选择有利于非专利实施实体的法院，目前全美共有94个联邦地方法院，由于每个法院对于专利侵权诉讼案的审理程序、审案速度和审理结果不尽相同，因此专利权人在提起专利侵权诉讼之初，确实积极刻意地选择某特定法院为其专利侵权诉讼之管辖法院，以便在诉讼程序和判决结果上，取得有利的优势。

（4）非专利实施实体通常总在提起诉讼之后立刻联系被告要求进行和解，提出的和解费用远低于诉讼费用和支出，且对先与之和解的被告提供优惠的条款，以对其他被告造成和解动力。

（5）与著名的被告达成和解以打响自己的知名度，再陆续以此为招牌找上其他厂商收取保护费。

（6）为避免被告基于程序理由进行的反击与拖延进入审判的机会，非专利实施实体将专利所有权移转给在该法院辖区成立的空壳公司，以便减少被告要求将该案移转给其法院的争辩。

第六节　结论与应对

非专利实施实体本身不制造生产，而是利用专利四处去索取授权金、和解金。专利从保护目的转变成为致富手段，成为非专利实施实体的一种策略性资源。本章中所探讨的非制造型公司专利攻击策略也是完全在现行专利制度框架下得以实施，其行为不仅没有违法，而且恰好受到了很强的法律保护。然而，这些策略虽然让非专利实施实体受益，却使企业创新动力降低，创新风险增加，也使消费者利益受损，阻碍了社会福利向最大化的方向发展，有悖于专利制度设计的初衷。

通过研究，可以发现非专利实施实体在捍卫专利时，其所使用的专利攻击策略与一般的专利权人的行为大同小异。从知识产权管理的视角来看，非专利实施实体对厂商构成了最大的威胁，其兴起和迅速发展毋庸置疑增加了厂商研发、生产、销售等各个环节的风险，对其业务产生了很大的影响，也使厂商名誉遭受了巨大的损失（Reitzig，Henkel and Schneider，2010）。[1] 本章先从一般专利权人角度归纳六种专利攻击策略，再以非制造型公司的个案来探讨之。针对本章上述归纳出来的专利

---

[1]　Reitzig M.，Henkel J.，Schneider F.，"Collateral Damage for R&D Manufacturers: How Patent Sharks Operate in Markets for Technology"，*Industrial and corporate change*，2010，19（3）：947 – 967.

攻击策略，提出如下相应的应对建议。

（1）完善专利制度，健全专利数据库。我国现有的专利制度仍存在许多不足之处，如专利审查质量较低、政策导向重数量轻质量等，这就给非专利实施实体可乘之机，使其低价购买的专利能够得到专利保护并能寻求巨额收益。此外，我国的专利数据库信息并不完备，缺乏相应的互相引证信息，造成厂商难以了解产品使用的专利是否引证其他专利。

（2）完善我国产品标准规范体系。对于落入标准规范里的专利，由于其标准化的关系，掉入该权利范围里的厂商会随着市场的扩大而不断增多，使得非专利实施实体使用标准中埋地雷与养小鬼策略奏效，以积少成多的方式累积金钱。因此，完善产品标准规范体系，制定合理科学的产品标准，以有效防止非专利实施实体利用参与标准制定或以标准专利获取不恰当利益。

（3）做好专利检索与专利监视，审视专利布局。面对非专利实施实体的以战逼和攻击，厂商应该思考的是如何反守为攻，且尽可能地把伤害降到最低（詹爱岚，2012）。[①] 在非专利实施实体发起攻击时，厂商第一步应先判断有无侵权。若确定未侵权，那么不必理会其骚扰。若真的侵权，厂商应该审视公司本身的专利布局与专利质量，找出问题，设法回避设计，设计出更好的技术，并改善专利质量，创造出成本更低的商品，成为侵权诉讼的受益者而不是受害者。除此之外，面对攻敌必救策略，还可请求关系企业或其他良好的合作伙伴提供已经获得合法授权的产品（Pénin，2012）。[②]

（4）巧妙应对专利诉讼，增强诉讼管理能力。非专利实施实体利用攻其不备策略，申请禁制令，其特点在于快速和突袭。因此，厂商在平时就应该有所准备，增强企业内部的诉讼管理能力。另外，厂商可以最大限度地利用程序上的可能性，设法拖延原告的申请，一方面除了拖延达成申请禁制令的程序，另一方面增加己方准备证据与规划的时间，以便能有效应对非专利实施实体的攻击。

---

① 詹爱岚：《企业专利战略理论及应用研究综述》，《情报杂志》2012 年第 5 期。

② Pénin J.，" Strategic Uses of Patents in Markets for Technology: A Story of Fabless Firms, Brokers and Trolls"，*Journal of Economic Behavior & Organization*，2012，84（2）：633 – 641.

第四章　非专利实施实体案例分析

第一节　eBay Inc. v. MercExchange, L. L. C. 案[1][2][3][4][5]

在专利侵权诉讼案件中，非专利实施实体除了想要获取损害赔偿金外，更希望法院能够颁布禁制令，禁止企业在日后继续从事与该专利技术有关的产品。一旦法院颁布该禁制令，非专利实施实体便可向目标企业漫天要价，进行更严重的威胁。因此，请求法院颁布禁制令对于非专利实施实体来说尤为重要。禁制令（Injunction）起源于衡平法中的特别救济程序，分为暂时禁制令（Preliminary Injunction）和永久禁制令（Permanent Injunction）两种。前者指的是禁止被告方在侵权诉讼案结束之前对标的物进行任何不当处理，后者指的是禁止被告方日后继续从事与标的物有关的生产制造、销售等活动。美国联邦上诉巡回法院之前关于禁制令的核发程序为一旦被告构成专利侵权，禁制令便自动核发。而2006 年发生的 MercExchange 公司控告 eBay 公司专利侵权案（以下简称 eBay 案）[6] 彻底打破了这一惯例。在 eBay 案中，美国最高法院（Su-

---

① 黄心怡：《论专利滥用与非专利实施体》，硕士学位论文，台湾东吴大学，2013 年。

② 李明峻：《从 Patent Trolls 议题看美台专利改革与解决之道》，台湾政治大学法律科际整合研究所，2010 年。

③ 余俊琏：《从美国联邦法院 Microsoft v. I4I 案论跨国企业专利保护与创新之衡平》，硕士学位论文，台湾东吴大学，2013 年。

④ 林建铭：《Patent Troll 对企业之影响及防范建议》，高雄第一科技大学，2013 年。

⑤ 杨孟凡：《美国法上先使用权抗辩——以专利流氓为主》，台湾中正大学财经法律学研究所，2014 年。

⑥ *eBay, Inc. v. MercExchange, L. L. C.*, 547 U. S. 388（2006）.

preme Court）虽未就此案件指出具体应对非专利实施实体的措施，但最终做出了关于禁制令核发依据，即回归到传统的衡平法（Traditional Principles of Equity）四要素判定标准（four - factor test），只有原告自己举证有符合四要素的证据才能够核发禁制令。这使 eBay 案的判决结果不仅仅适用于日后的专利侵权案，也同样适用于如著作权、商标权等其他无形资产类案件。

一 案例背景

被告方 eBay 是 1995 年成立于美国加州的一家知名线上拍卖公司，其搭建了一种网络上的交易性平台，使得卖家可以将自己的产品通过拍卖竞价或以固定价格出售给买家。其中固定价格交易即采用"Buy it Now"（立即购）的购物模式。而原告方 MercExchange 是一家拥有三个关于网上拍卖技术专利的美国公司，被视为非专利实施实体①，其发现 eBay，Half. com（eBay 的子公司）以及 ReturnBuy 三家公司涉嫌使用其拥有的中央授权提供线上拍卖参与者信任机制的商业方法专利（U. S. Patent No. 5，845，265），进而认定 eBay 等公司侵权并与其协商专利授权事宜，但最终未达成一致意见。因此 MercExchange 公司于 2001 年在弗吉尼亚州东区联邦地方法院（US District Court for the Eastern District of Virginia）向 eBay 等三家公司发起专利侵权诉讼②，并要求其赔偿损害以及向法院请求颁发永久禁制令（Motion for Entry of a Permanent Injunction Order）。然而，在案件受理之前，ReturnBuy 公司宣布破产并与 MercExchange 公司达成授权和解，故此案件被告只涉及 eBay 及其子公司。

二 诉讼判决过程

联邦地方法院于 2003 年 5 月经过五周时间的陪审团开庭审判之后作出判决，认定 MercExchange 公司拥有的该项专利有效，并判决 eBay 与其子公司专利侵权事实构成，需支付损害赔偿金共计 3500 万美元。但对于本案中最为关键的永久禁制令核发问题，联邦地方法院经审议后拒绝了原告关于永久禁制令的申请问题③，并表示依据美国专利法相关

---

① *MercExchange*，*L. L. C. v. eBay*，*Inc.*，500 F. Supp. 2d 556，587（2007）. "Company with two Employees that work out of their home and appear to specialize in litigation and obtaining royalties for licenses based on the threat of litigation. "

② *eBay*，*Inc. v. MercExchange*，*L. L. C.*，271 F. Supp. 2d 789，790（2002）.

③ *eBay*，*Inc. v. MercExchange*，*L. L. C.*，271 F. Supp. 2d 695（2003）.

规定，地方法院在核实原告专利权有效以及被告专利侵权事实成立之后，并非一定要批准关于禁制令颁发的申请，地方法官对于永久禁制令的颁发与否拥有一定的裁量权。对于禁制令的核发问题，地方法院遵照了传统的衡平法（Traditional Principles of Equity）四要素准则，即（1）禁制令申请人是否会因未颁发永久禁制令而受到了无法弥补的损害（irreparable injury）；（2）该项损害依据法律现有的救济方式是否无法弥补（adequate remedy at law）；（3）权衡被告与原告双方各自面临的困境（public interest）；（4）禁制令的颁发是否对公众利益产生了危害（balance of hardships between plaintiff and defendant）。① 在审视以上四项原则后，地方法院做出如下考量：（1）案件中涉及的原告专利确实具备有效性。（2）如果颁发永久禁制令，eBay 公司可能会进行回避设计，这使法院需要再次审理专利是否侵权问题，这将耗费大量的资源。（3）MercExchange 发起侵权诉讼的目的是为了获取金钱上的利益，法院有实质性证据证明该公司之前有与 eBay 达成专利授权的意图，其没有任何与该专利有关的商业行为，只有将专利授权给他人使用。并且在法院审理期间，该公司已经在媒体公开表示过并不会禁止 eBay 的商业活动，而只是想要得到合理的赔偿金额。（4）MercExchange 公司并未在一开始提出暂时禁制令的申请，如果其考虑到会因永久禁制令的驳回而受到不可弥补的损害，理应先行提出此种禁制令申请。综上因素分析，联邦地方法院认定 MercExchange 公司并不会因永久禁制令的驳回而受到不可弥补的损害。除此之外，联邦地方法院考虑到核准永久禁制令会对被告利益造成重大损害，进而对公众利益造成损害，此种因素也不利于核准永久禁制令。考虑综上诸多因素，联邦地方法院驳回了关于永久禁制令的申请。

　　MercExchange 公司因不服地方法院关于永久禁制令的判决，故向美国联邦上诉巡回法院（United States Court of Appeals for the Federal Circuit，CAFC）提起上诉。美国联邦上诉巡回法院推翻了地方法院作出的

---

　　① Issuance of injunctive relief against〔the defendants〕is governed by traditional equitable principles, which require consideration of（ⅰ）whether the plaintiff would face irreparable injury if the injunction did not issue,（ⅱ）whether the plaintiff has an adequate remedy at law,（ⅲ）whether granting the injunction is in the public interest, and（ⅳ）whether the balance of the hardships tips in the plaintiff's favor.

判决①，主张在专利侵权事实已构成的情况下，除非有例外情况，如为了保护社会公众的利益，才有理由拒绝颁发永久禁制令。而在此案件中，地方法院并未给出有说服力的理由证明该案件的特殊性。地方法院在美国联邦上诉巡回法院出台审理意见后表示，从公众利益的角度考虑确实不应当颁发永久禁制令，这主要是鉴于核发商业方法专利有效性的争议，不仅仅是美国专利商标局对此提出了两阶段审查，美国国会立法提案更是取消了此种关于专利有效性的判定，然而美国联邦上诉巡回法院提出所谓的商业方法专利不属于对公众利益有重大影响的专利类型，故没有正当理由驳回禁制令的申请要求。此外，美国联邦上诉巡回法院法官 Bryson 表示，地方法院表述的关于回避设计的理由不可靠，因为被告方在判决之后采取的后续行为属于四项要素之外的判定依据，不足以作为拒发永久禁制令的理由。② 此外，地方法院将 MercExchange 公司在大众媒体面前做出的专利授权意愿作为考虑要素之一，而美国联邦上诉巡回法院表示，原告的这一表示不应当成为禁止其提出禁制令申请的理由，因为永久禁制令的申请不仅仅属于有意愿实施专利权的个人或公司，也同样属于那些选择将专利授权给他人使用的专利权人，专利的排他权主张在这两类人中应当是平等的。最后，美国联邦上诉巡回法院关于原告之前未作出暂时禁制令申请的行为给予了支持，其表示无论是暂时禁制令还是永久禁制令都是专利权人寻求司法救济的合理途径，专利权人有权根据自身情况予以裁定。基于上述理由，联邦上诉巡回法院于2005 年 3 月 16 日推翻了地方法院关于不依据一般性原则而驳回永久禁制令申请的判决。

三　判决结果

美国联邦最高法院（Supreme Court）于 2005 年 11 月 28 日受理了 eBay 案③，2006 年 5 月 15 日，美国联邦最高法院法官 Clarence Thomas 做出了两项判决：④（1）美国联邦最高法院在判决是否颁发永久禁制令

---

① *MercExchange*, *L. L. C. v. eBay*, *Inc.*, 401 F. 3d 1323, 587（2005）.

② *MercExchange*, *L. L. C. v. eBay*, *Inc.*, 401 F. 3d 1323, 587（2005）. "Because the right to exclude recognized in a patent is but the essence of the concept of property, the general rule is that a permanent Injunction will Issue once infringement and validity have been adjudged."

③ *eBay*, *Inc. v. MercExchange*, *L. L. C.*, 546 U. S. 1029, 126 S. Ct. 733（2005）.

④ *eBay*, *Inc. v. MercExchange*, *L. L. C.*, 547 U. S. 388, 126 S. Ct. 1837（2006）.

时，必须要遵从衡平法下的四要素判定标准；（2）在专利侵权诉讼案中，无论专利权人是否有专利授权意愿以及是否缺乏与专利有关的商业活动，都不影响其申请永久禁制令的权利。也就是说，美国联邦最高法院既驳回了地方法院以专利权人未从事实际商业活动为由而禁发禁制令的判决，又否决了美国联邦上诉巡回法院按照一般性原则颁发禁制令的判决。同时，美国联邦最高法院表示关于衡平法的四要素测定仍然行之有效，但举证责任转移到了原告一方，即原告需要举证：（1）未核发永久禁制令会对己方造成不可弥补的损失；（2）法律上的救济方式，如损害赔偿金不足以弥补其损失；（3）衡量双方利益的平衡需要衡平的救济方法；（4）核发永久禁制令并不会对公众利益造成损害。① 这些要件在专利侵权案件中也应该同样适用。也就是说，按照美国专利法的相关规定，如果各项事实都符合衡平法下的四项原则，法院是可以颁发禁止令的。在先前的判决中，联邦上诉巡回法院认为由于专利具有动产的性质，即具有将生产、使用、销售等排除在外的权利，因此一旦专利认定有效且侵权事实成立，则可按照排他权的一般性原则颁发永久禁制令。而美国联邦最高法院认为因为专利所具有的排他权是法律赋予的权利，这与禁制令中侵害专利权的救济途径是有着本质性的区别。

总而言之，在对于本案件的处理中，无论是地方法院还是联邦上诉巡回法院都未能正确使用传统衡平法下的四项要素原则来决定是否颁发永久禁制令。地方法院虽然依照了四要素原则，但似乎扩大了对该项原则的解释，具体表现为地方法院以"原告先前有专利授权意愿"和"原告并未将该专利用于商业活动中"为由来解释专利权人未必会因不核发禁制令而受到不可避免的损害，这种依据似有牵强，而且扩大了四要素原则的解释范围。例如，一些独立发明人或大学教授等专利权人，他们更倾向于将专利授权于他人，而不会自行从事与专利有关的商业活

---

① *eBay*, *Inc.* v. *MercExchange*, *L. L. C.*, 547 U. S. 388, 126 S. Ct. 1837 (2006). "In an opinion by Thomas, J., expressing the unanimous view of the court, it was held that: (1) In disputes arising under the Patent Act (35 U. S. C. S. § § et seq.) — no less than in other cases governed by the standards of equity — a prevailing plaintiff seeking a permanent injunction must demonstrate that (a) the plaintiff has suffered an irreparable injury; (b) remedies available at law, such as monetary damages, are inadequate to compensate for that injury; (c) considering the balance of hardships between the plaintiff and defendant, a remedy in equity is warranted; and (d) the public interest would not be disserved by a permanent injunction. "

动，这些专利权人有可能是符合衡平四要素原则的测试。因此，如果按照地方法院对于衡平四要素的扩大化解释而否定这些专利权人因侵权受到的损害是不合理的。而联邦上诉巡回法院就此案的裁决恰恰违反了四要素原则。其采用了专利案件中使用的一般性原则，即一旦认定专利侵权即颁发永久禁制令。而且美国联邦上诉巡回法院表明只有在一些特殊情况下，才能够拒发禁制令。这就如同地方法院错误地将其归于拒发永久禁制令之列，美国联邦上诉巡回法院也错误地将其归于颁发永久禁制令之列。

最终，美国联邦最高法院以下级法院没有合理使用衡平四要素原则为由，驳回了美国联邦上诉巡回法院关于此案件的判决。但其实，美国联邦最高法院并未就该案件产生的关于禁制令核发的争议性问题给出立场判断，而只是裁决了美国联邦上诉巡回法院的不合理判决，并赋予地方法院关于禁制令核发的自由裁量权。因此，美国联邦最高法院最终裁定该案件应发回原地方法院再审。地方法院于 2007 年二次审理后，再度驳回了 MercExchange 公司关于禁制令的申请，认为其获得的损害赔偿金已足够弥补损失，最终在 2008 年 eBay 公司与 MercExchange 公司达成侵权和解，eBay 购买了所有与本案争议有关的专利作为 MercExchange 撤诉的条件。本案件虽以双方和解收场，但最终非专利实施实体方并未取得永久禁制令。自此次案件后，非专利实施实体再也无法能够从判决中绝对取得永久禁制令，这对于专利侵权方不得不说是一个重要的转折。

四 结果分析

eBay 案在非专利实施实体实务案件中占据重要地位，除了其是非专利实施实体兴起以来的第一件重大专利侵权案件，也是因为这是第一次最高法院针对非专利实施实体案件的相关争议做出了指标性见解。由于当时对于非专利实施实体的认识尚不清晰，美国联邦最高法院并未就此案件指出具体应对非专利实施实体的措施，但是这一案件并不是对解决非专利实施实体毫无帮助。因为，在 eBay 案中，美国联邦最高法院已经明确表示，在专利侵权发生后并不是按照一般性原则（general rule）随即颁发禁制令，而是给予地方法院自由裁量权，只要他们不扩张相关解释，都可以让他们遵照衡平四要素原则裁决是否要颁发永久禁制令。也就是说，禁制令的颁发有了不确定性，这对于非专利实施实体的相关案件影响意义重大。专利侵权诉讼中永久禁制令对于目标公司的风险太大，如果由于永久禁制令而使公司尚在生产或已经流入市场的产品无法继续出售，这对于公司的损害可能要远高于诉讼所付出的资源。而非专利实施实体正是看中这一点，常常利用永久禁制令作为筹码，向目标公司索取高额授权金。而 eBay 案之后，永久禁制令的核发不再与专利侵权事实挂钩，这大大降低了目标企业所要面临的法律风险，也使得日后非专利实施实体意图通过永久禁制令获取巨额利益的手段不再能够畅行无阻，同时关于禁制令核发与否的举证责任也转由原告方举证，这无疑也加大了非专利实施实体的诉讼负担。

此案例的不足之处在于，美国联邦最高法院对于非专利实施实体的处理问题并未做出统一见解，这使得目标公司在面对专利侵权诉讼中仍面临着永久禁制令的风险，这也使得非专利实施实体仍可运用诉讼手段对目标企业造成威胁，而大多数的目标公司往往无法承担由于永久禁制令核发而造成的巨大损失，往往在诉讼前迫于此种压力与非专利实施实体达成诉讼前和解。换言之，美国联邦最高法院关于永久禁制令的核发问题给非专利实施实体提供了一种与目标企业在诉讼前进行庭外和解的手段，且在和解谈判中，非专利实施实体实质上拥有着更有利的谈判优势，其可能的结果是非专利实施实体以永久禁制令为谈判筹码威胁目标企业支付远高于专利价值的授权金。另外，禁制令核发的举证问题也需浪费更多的诉讼资源，可能会加大法院进一步审理的负担。因此，美国联邦最高法院修改关于永久禁制令的核发问题，反而可能会产生不良后果。据统计，97%的专利侵权案件都会在诉讼前达成庭外和解，其和解的主要原因即在于永久禁制令对专利侵权人造成的巨大威胁。而如果没有永久禁制令的这一威胁，目标企业或许可以依靠自身财力资源上的优势，以拖慢诉讼进度为策略逼迫非专利实施实体放弃诉讼，或者加大目标企业进行回避设计的可能性。因此，未来关于永久禁制令的核发问题，法院方还有需要斟酌改进的地方。

第二节 In Re Seagate 案[1][2][3][4][5]

在专利侵权诉讼案件中，对于被告人而言，如何证明自己不存在故意侵权行为是重中之重，因为被告一旦被法院认定故意侵权（Willful Infringement），除了会被判处 3 倍的损害赔偿金外，还有可能需要负担原告部分或全部的律师费用（35 U. S. C. §284[6] 及 §285[7]）。因此，加重的损害赔偿金以及律师费用的转移加重了被告方的经济负担，也使得如何防御专利故意侵权的指控变得尤为重要。美国在过去的专利侵权案中，有近 60% 的案件被判定为被告故意侵权，且以往判例法中关于"故意侵权"的行为认定是依据 1983 年的 Underwater Devices Inc. v. Morrison - Knudsen Co. , Inc. [8]（以下简称 Underwater Devices Inc. 案）中的见解，即如果被告方收到由专利权人发出的关于告知其有侵害专利行为的通知时，被告需要寻找相关咨询律师出具一份关于专利未侵权的意见书（non - infringement opnion），才能够证明自己无故意侵权，也即是说被告负有举证自己无故意侵权行为的责任。而在 2007 年的 In Re

---

① 黄心怡：《论专利滥用与非专利实施体》，硕士学位论文，台湾东吴大学，2013 年。

② 李明峻：《从 Patent Trolls 议题看美台专利改革与解决之道》，台湾政治大学法律科际整合研究所，2010 年。

③ 余俊琏：《从美国联邦法院 Microsoft v. I4I 案论跨国企业专利保护与创新之衡平》，硕士学位论文，台湾东吴大学，2013 年。

④ 林建铭：《Patent Troll 对企业之影响及防范建议》，高雄第一科技大学，2013 年。

⑤ 何瑾瑜：《非专利实施公司权利滥用问题之比较研究》，硕士学位论文，台湾东吴大学，2012 年。

⑥ 35 U. S. C. 284 (Damages) provides that "Upon finding for the claimant the court shall award the claimant damages adequate to compensate for the infringement, but in no event less than a reasonable royalty for the use made of the invention by the infringer, together with interest and costs as fixed by the court. When the damages are not found by a jury, the court shall assess them. In either event the court may increase the damages up to three times the amount found or assessed. Increased damages under this paragraph shall not apply to provisional rights under section 154 （d）. The court may receive expert testimony as an aid to the determination of damages or of what royalty would be reasonable under the circumstances. "

⑦ 35 U. S. C. 285 (Attorney fees) provides that "The court in exceptional cases may award reasonable attorney fees to the prevailing party. "

⑧ *Underwater Devices Inc. v. Morrison - Knudsen Co. , Inc. ,* 717 F. 2d 1380 (1983) .

Seagate 案①（以下简称 Seagate 案）中，联邦巡回上诉法院一改以往关于故意侵权的判定标准，其认为先前订立的"类似疏忽"的判定标准门槛较低应予以废弃，并将故意侵权的判定标准修改为"客观重大疏忽"。还将故意侵权的举证责任由被告方转移至专利权人。除此之外，联邦巡回上诉法院对于被告诉讼工作成果的免于揭露权与被告为防御故意侵权而揭露咨询律师的意见书之间的关系做出了新的判断。此案提高了专利故意侵权的判定门槛，对于非专利实施实体来说，日后意图通过专利故意侵权的指控获取更多利益将变得更加困难。在非专利实施实体不当使用专利侵权的情形中，此案被认为是平衡目标企业权益的标志性案件。

一　案例介绍

原告 Convolve，Inc. 与麻省理工学院（Massachusetts of Technology）（以下合称 Convolve 企业）于 2000 年 7 月 13 日向纽约联邦南区地方法院主张 Seagate Technology，L. L. C. 公司（以下简称 Seagate 公司）故意侵害其拥有的 635 号（U. S. Patent No. 4，916，635）以及 267 号（U. S. Patent No. 5，638，267）等关于稳定提供动力并减少振动的优化硬碟动力系统技术专利。2001 年 11 月 6 日，由于 Convolve 企业的 473 号专利（U. S. Patent No. 6，314，473）得到授予，故其将 473 号专利也纳入专利侵权诉讼中。按照 Underwater Devices Inc. 案②的传统惯例，被告方承担证明自己无故意侵权行为的责任，因此 Seagate 公司在诉讼开始前聘请了专利律师 Gerald Sekimura 出具关于是否故意侵权的法律意见书，内容涉及专利是否有侵权行为、涉讼专利的有效性以及专利的可实施性等问题③。2003 年初，纽约联邦南区地方法院受理该案件，Seagate 公司在诉讼中便披露了之前专利咨询律师出具的法律意见书用于抗辩原告关于故意侵权的指控。Convolve 企业指出 Seagate 公司在披露前述专利咨询律师法律意见书的同时，就等于自动放弃了其与诉讼律

---

① *In Re Seagate*, *L. L. C.*，497 F. 3d 1360（2007）.

② *Underwater Devices Inc. v. Morrison - Knudsen Co.*，*Inc.*，717 F. 2d 1380（1983）.

③ Seagate 公司在 2000 年 7 月 24 日收到该律师的第一份意见书。该意见书分析了 635 号专利和 267 号专利，并且认为对当事人所提出的多项请求均无效，以及 Seagate 公司的产品并未侵权。2000 年 12 月 29 日，Gerald 律师向 Seagate 公司提供了第二份意见书，该意见除了在补充先前之结论外，指出 267 号专利可能不具可实施性（Unenforceable）。2003 年 2 月 21 日，Seagate 公司收到了第三份意见书，内容涉及当时已授予的 473 号专利的效力和侵权问题。

师之间的通信保密权（attorney – client privilege），也即是诉讼工作内容的免于揭露权（work product protection）。因此 Convolve 企业认为 Seagate 公司应当披露其与诉讼律师之间所有的通信记录以及与此次诉讼有关的所有工作内容。2004 年 5 月 28 日，地方法院同意了 Convolve 企业关于披露问题的主张，认定被告出具咨询律师意见书的行为视同为放弃了诉讼律师的相关意见，即关于专利侵权（infringement）、专利有效性（in-validity）和可实施性（enforceability）问题的免于披露权。① 故裁定 Seagate 公司应披露从第一次取得与此次诉讼相关专利信息到本次专利侵权诉讼结束期间的所有与其诉讼律师之间的通信记录及其他与本次专利侵权有关的所有诉讼工作内容。

二 联邦上诉巡回法院关于此案的判决过程

Seagate 公司因不服地方法院关于信息披露问题的裁决，故向美国联邦上诉巡回法院（United States Court of Appeals for the Federal Circuit，CAFC）提起中间上诉，请求法院以执行令撤销地方法院之前的判决。美国联邦上诉巡回法院在经全院法官联席审理后中止了地方法院要求被告披露相关文件的命令，并针对以下问题作出探讨：② （1）上诉法院关于先前 Underwater Devices Inc. 案③中设立的合理注意义务（due care）的标准是否应当重新考量？（2）如果当事人披露咨询律师的法律意见作为对故意侵权指控的抗辩，是否应当视为放弃与诉讼律师之间的诉讼工作内容的免于披露权？（3）放弃免于披露权是否会对当事人造成影响？针对以上存在的诸多争议，美国联邦上诉巡回法院在此次案件中做出了明确判决。

首先，第一个争议点在于故意侵权的认定标准，最重要在于"故意"（Willful）这一概念的认定。美国联邦上诉巡回法院表示故意二字并非是专利法中所独有的概念，这早在美国民法中就有确定性的概念。比如，其他的巡回上诉法院就采用了"重大疏失"（Recklessness）的标准来裁决是否应当加重对著作权侵权的惩罚；在版权法的相关规定中，地方法院有权在法定的最高限额内对故意侵犯版权者增加其损害赔偿金

---

① *In Re Seagate*, *L. L. C.*，497 F. 3d 1360，1374 – 1376（2007）.

② Ibid. .

③ *Underwater Devices Inc. v. Morrison – Knudsen Co.*，*Inc.*，717 F. 2d 1380（1983）.

（Statutory damages），虽然在版权法中并未就故意的概念做明确定义，但重大疏失行为一直被认为包含其中。在 Safeco 案①中，联邦最高法院也曾表示过，故意是承担民事责任及赔偿损害责任金的法定情形，同时也表示故意这一概念于民事术语中也包括重大疏失行为。在专利侵权诉讼案件中，一旦被告有故意侵权行为，则可能需要支付最高 3 倍于原损害赔偿金的加重损害赔偿金。在之前的 Underwater Devices Inc. 案②中法院将"合理注意"作为对故意侵权判定的标准，这显然使得故意侵权的门槛变得很低，对于被指控专利侵权人来说极为不利，而且这也不符合民事法中对故意这一概念的理解。因此在此次案件审理中，美国联邦上诉巡回法院废除了 Underwater Devices Inc. 案所确立的合理注意标准，并将专利侵权案件中的故意概念与美国民法中关于故意的认定概念改为一致，故意侵权的认定应遵从一般民事案件中的侵权认定。另外，认定故意侵权并不意味着一定要支付加重赔偿金，法律上也只是允许而已而没有明确定义相关准则。鉴于缺乏相关法律规定，美国联邦上诉巡回法院认为，如果要判定加重损害赔偿金就必须先证明被告人有故意侵权行为。因此，美国联邦上诉巡回法院认为在加重损害赔偿金上，地方法院应依其职权及事实依据是否存在故意侵权行为而裁定。除此之外，先前的专利侵权诉讼案件大多依照 Underwater Devices Inc. 案中所做的判决，即被指控专利侵权人应当证明自己履行了合理注意义务，并确认企业的行为没有侵害到他人专利。而这种义务的有效履行还需依赖于咨询律师的法律意见。因此，以往的被指控专利侵权人在诉讼开始前往往会寻求专利咨询律师就其涉讼专利的侵权情况、专利的有效性及可实施性做出支持意见，并以此意见作为向审理法院证明其尽到注意义务的证据。而一旦被指控专利侵权人无法出具咨询律师的相关意见书，则被认定有故意侵权专利的事实。这种传统的做法无疑大大增加了被指控侵权人的负担。而上述法院将专利故意侵权的概念与民法中的故意概念修改一致后，就意味着将故意侵权的举证责任由专利侵权人转移到专利权人身上。也就是说，如果非专利实施实体指控目标企业有故意侵权行为，除了参与诉讼之外，还应当找出确实可信的证据，证明目标企业客观上有

①　*Safeco Insurance Co. v. Charles Burr*, 551 U. S. 47（2007）.

②　*Underwater Devices Inc. v. Morrison - Knudsen Co. , Inc.*, 717 F. 2d 1380（1983）.

故意侵权的行为，同时还要证明目标企业主观上也明确知道存在专利侵权的风险。最终，美国联邦上诉巡回法院驳回了 Convolve 企业要求重审故意原则的抗辩，也意味着这一案件最终的争议点聚焦在免于披露权的问题上。尽管先前审理过程中，地方法院也未就专利的故意侵权与否做出裁决，但是故意侵权的标准界定却能够帮助法院明确与这一争议相关的证据。

其次，案件中另一个争议点就在于当事人与其诉讼律师之间的通信保密特权（attorney - client privilege），即免于披露权。传统案例上关于专利故意侵权的举证责任，也会连带影响当事人与其律师之间的通信保密权。当事人与律师之间的通信保密权的作用在于促进当事人与其律师之间能够完全真诚地沟通，从而在遵守法律和实践正义的同时促进公众利益。这是一种属于当事人的权利，他们可以自由决定是否放弃或者片面放弃。由于缺乏任何指导性的判定标准来决定什么情况下被告人可以选择放弃行使该权利以及弃权的范围，因此实际处理中，不同的地方法院对于弃权范围的理解各有不同。有些地方法院认为弃权的范围应包括诉讼律师，有些则持反对意见。这种在见解上存在的分歧使判决结果也各有不同。因此，在此次案件中，上诉法院对于弃权范围作出了统一性的见解。其认为咨询律师与诉讼律师在专利侵权诉讼中的职责和作用不尽相同，咨询律师的作用在于诉讼前做出正确的商业决定并提供对于专利客观的评估；而诉讼律师的作用则是亲自参与诉讼抗辩过程，并争取在诉讼过程中向法院呈现最有利于当事人的证据。另外，对于专利的故意侵权行为往往是发生在诉讼开始前，因此关于专利故意侵权的行为主张也只能针对被告人在诉讼前发生的行为，而诉讼律师的诉讼工作内容与这类主张的关联性很低。因此，美国联邦上诉巡回法院认为当被告人为了抗辩专利故意侵权而选择披露专利律师意见时，并不能等同于被告人同时放弃了与诉讼律师之间的通信保密权，但这并不是一项绝对性的准则，美国联邦上诉巡回法院表示，在一些特殊情形下，如诉讼律师存在欺诈行为时，地方审理法院有权根据具体诉讼情况，将弃权范围延伸至诉讼律师。因此，最终 Seagate 公司的上诉得到了联邦巡回上诉法院的支持，地方法院应根据美国联邦上诉巡回法院的裁决意见重新进行审理关于免于披露权的相关问题。

最后，本案件的最后一个争议点在于诉讼律师的工作内容保护

（work product protection）。美国诉讼实务上有所谓的诉讼律师工作内容保护理论，即诉讼律师在诉讼过程中所有的信息资料、工作内容都应享有不公开披露的权利。在过去的诉讼判决中，只有诉讼律师的某些工作内容是当事人作为诉讼防御的不可替代的证据时，法院才能例外批准其披露相关工作内容。在本次案件中，美国联邦上诉巡回法院认为当事人对于与律师之间的通信保密权的放弃范围不应该无限涉及诉讼律师的工作内容上。至于在何种情形下能够使诉讼律师放弃对其工作内容的保护，美国联邦上诉巡回法院表示这需要日后其他地方法院依具体案情判定。

三　结果分析

2007 年的 Seagate 案①彻底改变了美国联邦上诉巡回法院在 1983 年 Underwater Devices Inc. 案②中确立的一项原则，即将原先以合理注意作为判定专利故意侵权的标准更改为以客观重大疏失为标准，同时将专利故意侵权的举证责任由被控专利侵权人转向专利权人。同时，美国联邦上诉巡回法院也明确了关于通信保密权的弃权范围，使被告在诉讼中不再因披露咨询律师的法律意见而视同放弃与诉讼律师工作内容的免于披露权。这一改革对于非专利实施实体有重要影响，使得非专利实施实体不再能够随便滥用诉讼，或是在诉讼过程中要求诉讼律师将其全部工作内容披露给公众。举证责任的转移减轻了目标企业的举证负担，也能够有效抵制非专利实施实体恶意利用专利故意侵权来威胁目标企业的行为。总而言之，美国联邦上诉巡回法院的这些判决都倾向于限制专利权人的权利，这不仅增加了申请专利的难度，还使得维护专利权变得更加困难，专利被提起无效之诉的可能性也大大增加，专利损害赔偿金额进一步降低。也即是说，在专利侵权诉讼中，目标企业有了更多的防御措施来面对非专利实施实体的攻击，而非专利实施实体则不再有更多的谈判筹码和获取更多授权金的可能性。Leahy – Smith 美国发明法案（Leahy – Smith America Invents Act，AIA）在 2011 年推动立法时，即纳入本

---

① *In Re Seagate，L. L. C.，497 F. 3d 1360（2007）．*
② *Underwater Devices Inc. v. Morrison – Knudsen Co.，Inc.，717 F. 2d 1380（1983）．*

案美国联邦上诉巡回法院判决，修正专利法第 298 条构成要件①，明订凡未事先征询法务顾问意见者不构成故意侵权；今后欲证明专利故意侵权，需证明被告系因客观重大疏失（Objective recklessness）导致故意侵权之情形，即增加搜证之负担及不确定性，而应免予加重损害赔偿，或 3 倍的损害赔偿金；对于非专利实施实体案件之攻防地位，对于企业拟定对付非专利实施实体有所影响。

第三节　MedImmune Inc. v. Genentech Inc. 案②③④⑤

在竞争日益激烈的市场环境中，专利权人往往通过专利的排他权将竞争对手排除在自身所处的市场领域中，而专利诉讼作为保护专利排他权的手段就成了专利权人对抗竞争对手的合法武器。先前的专利诉讼法大多维护专利权人的合法权益，因此在遭受专利侵权时，专利权人便可通过提起专利侵权诉讼维护自己的合法权益。而在有些情况下，为了刻意打压竞争对手，专利权人可能会故意指控那些产品并未构成专利侵权的竞争者，这些被指控侵权的竞争者往往缺乏足够的法律保护而无反击的对策，从而无法将自己的产品投入市场或为了继续运营而被迫支付巨额专利授权金。随着非专利实施实体的兴起，许多被非专利实施实体指控专利侵权的企业由于缺乏法律支持而遭受了严重的损失，为此美国的诉讼制度开始出现了一些保护专利侵权人利益的准则，比如"确认之

---

① 35. U. S. C. §298（2011）. "The failure of an infringer to obtain the advice of counsel with respect to any allegedly infringed patent, or the failure of the infringer to present such advice to the court or jury, may not be used to prove that the accused infringer willfully infringed the patent or that the infringer intended to induce infringement of the patent. "

② 黄心怡：《论专利滥用与非专利实施体》，硕士学位论文，台湾东吴大学，2013 年。

③ 李明峻：《从 Patent Trolls 议题看美台专利改革与解决之道》，政治大学法律科际整合研究所，2010 年。

④ 林建铭：《Patent Troll 对企业之影响及防范建议》，高雄第一科技大学，2013 年。

⑤ 何瑾瑜：《非专利实施公司权利滥用问题之比较研究》，硕士学位论文，台湾东吴大学，2012 年。

诉"（Action for Declaratory Judgment）。① 确认之诉指的是当专利权人与专利侵权人之间存在实质性争议（Actual Controversy）② 时，侵权人可以主动向联邦地方法院提起确认之诉，请求法院判决专利无效（Invalid）、不具有可实施性（Unenforceable）或确认其产品无侵权行为（Non‐infringement）。而所谓的实质性争议尚没有明确的定义。提起确认之诉所要具备的条件是双方当事人所争执的专利必须是明确且具体的，且判决结果会与在法律上受到不利的一方存在法律关系。在专利被授权人不违背专利授权契约且继续支付权利金的情况下，被授权人不可以对专利的有效性提出质疑，这主要是为了避免被授权人在享受专利授权所获得的利益的同时，又对专利权人专利的有效性造成损害。因此，只有在被授权人主动终止授权契约或拒付权利金时，才能够提起确认之诉。对于质疑专利有效性、可实施性或是否存在专利侵权行为的被授权人来说，是否能够在不冒着违约或日后被认定存在恶意侵权行为而被处以 3 倍损害赔偿金的风险下主动提起确认之诉是一个非常重要的问题，对于拟定应对非专利实施实体恶意指控的策略而言也是一个重要事项。为此，2007 年美国联邦最高法院在 MedImmune Inc. v. Genentech Inc. 案③中对于确认之诉提出了新的标准，这对于企业日后制定专利应对策略具有高度重要性。

一　案例背景

本案原告 MedImmune Inc.（以下简称 MedImmune 公司）是一家生产名为 Synagis 药品的公司，该药品可以用来预防婴幼儿呼吸道疾病。1997 年，因该药品所使用的专利侵犯了被告 Genentech Inc.（以下简称

---

① U. S. C. 28 § 2201（a），"In a case of actual controversy within its jurisdiction, except with respect to…, any court of the United States, upon the filing of an appropriate pleading, may declare the rights and other legal relations of any interested party seeking such declaration…"

② Actual controversy is also termed controversy. "A controversy in this sense must be one that is appropriate for judicial determination. A justiciable controversy is thus distinguished from a difference or dispute of a hypothetical character; from one that is academic or moot. The controversy must be definite and concrete, touching the legal relations of parties having adverse legal interests. It must be a real and substantial controversy admitting of specific relief through a decree of conclusive character, as distinguished from an opinion advising what the law would be upon a hypothetical state of facts. (Aetna Life Ins. Co. v. Haworth, 300 U. S. 227)", Black's Law Dictionary Delux Seventh Ed.

③ *MedImmune Inc. v. Genentech Inc.*, 549 U. S. 388, 127 S. Ct 764, 166 L. Ed2d 604 (2007).

Genentech 公司）与 City of Hope 公司共同利用细胞培育制造人类抗体的技术①，故双方就此专利技术签订了一份专利授权合约，该合约包括一项有关生产嵌合抗体（Chimeric Antibody）且已取得的专利（即 Cabilli Ⅰ）（U. S. Patent No. 4，816，567）和一项与免疫蛋白在重组宿主细胞中的共表现相关且尚在审查阶段的专利（即 Cabilly Ⅱ）。MedImmune 公司同意就其所出售的产品支付权利金，而 Genentech 公司则授权 MedImmune 公司使用该专利继续生产、销售和使用该类产品，并表示未经授权契约同意而随意生产、销售和使用该类产品则构成侵权。

2001 年 12 月 18 日，由于授权契约中说明的 Cabilly Ⅱ 专利审核通过（U. S. Patent No. 6，331，415）②，故 Genentech 公司向 MedImmune 公司致函表示其生产的 Synagis 药品也包含了 Cabilly Ⅱ 专利，因此要求其从 2002 年 3 月 1 日起就该专利加付权利金。MedImmune 公司在经过详细审查后发现 Cabilly Ⅱ 专利无效且不具有可实施性，其生产的 Synagis 药品也并未侵犯 Cabilly Ⅱ 专利。然而，MedImmune 公司认为该信函表面上是通知，实质上是向其提出威胁警告，如若不按要求支付权利金，Genentech 公司很有可能终止双方于 1997 年签订的专利授权契约并向其提起侵权诉讼。一旦法院认定其产品有专利侵权事实，则可能会禁止 Synagis 药品的继续生产和销售甚至要支付高达 3 倍的损害赔偿金和相关律师费，这对于 MedImmune 公司而言将是一个巨大的损失。因为自 1999 年以来，Synagis 药品为 MedImmune 公司带来了 80% 以上的利润。因此，为了避免遭受专利侵权诉讼所带来的巨大风险，MedImmune 公司选择了继续履行专利授权契约，并同意支付要求的专利授权金，随后向加州中区地方法院（District Court for the Central District of California）

---

① 此技术于 1983 年 4 月 8 日提出专利申请，并获准为美国专利 U. S. 4，816，567（以下简称母案）。

② 于母案申请过程中 Genentech 公司又于 1988 年 6 月 10 日再申请该案之美国连续案（continuation application，以下简称连续案）。因在连续案的审查中，审查委员发现相同的技术有另一家公司 Celltech 公司在美国提出专利申请（以下简称 Boss 专利），并主张享有英国优先权日 1983 年 3 月 25 日；按美国的专利制度采先发明原则，于同一技术有两个不同的申请人提出申请，需进行所谓的专利冲突程序（interference），以决定前后专利申请案之发明人何者是最先发明人。本案历经缠讼 11 年后，最后 Genentech 公司与 Celltech 公司达成协议，同意 Genentech 公司连续案的发明完成日早于 Boss 专利的申请日期而为最先发明，且两方亦同意进行包括分享专利授权金之交互授权，Genentech 公司连续案在 2001 年 12 月 18 日获证为美国专利 U. S. 6，311，415。

提起了确认之诉，要求地方法院判决 Cabilly Ⅱ 专利无效或不具有可实施性。

二　诉讼判决过程

本案的争议之处在于被授权人能否在未确认终止授权契约并继续支付权利金的情况下，就该专利的有效性向地方法院提起确认之诉。地方法院依照了先前联邦上诉巡回法院（United States Court of Appeals for the Federal Circuit，CAFC）在 Gen‑Probe，Inc. v. Vysis，Inc. 案①中的判决。在该案件中，联邦上诉巡回法院认为在一份专利授权契约执行良好的情况下，被授权人不能就契约涉及专利的有效性、可实施性等问题提起确认之诉，因为该授权契约本身消除了被授权人被控告专利侵权这一事实。因此地方法院认为在专利授权契约存续期间且被授权人仍然继续支付权利金的情况下，双方不存在实质性争议，故不予受理该案件。MedImmune 公司因不服判决提起上诉。美国联邦上诉巡回法院也给出了同样的判决，即一旦被授权人同意履行专利授权契约就被认定为放弃与该专利有关的诉讼，在被授权人终止履行或违反授权契约前，因双方不存在实质性争议而无法就该专利是否有效进行裁决。总而言之，地方法院和联邦上诉巡回法院均认定专利授权契约的存在消除了被授权人在未来可能遭受的被指控专利侵权的风险，因此被授权人就该专利的有效性和可实施性提出的确认之诉不满足确认之诉的要求条件，即要具备实质性争议。

三　诉讼判决结果

因原告 MedImmune 公司声请（petition）诉讼移审请求（writ of certiorari）于 2006 年 2 月 21 日被准许，美国联邦最高法院（Supreme Court）于 2007 年 1 月 9 日重新审理了此案件，根据当事人双方之间的主张，确认了该案件的争议点。Genentech 公司认为既然被授权人继续支付权利金并履行专利授权契约就意味着双方就侵犯 Cabilly II 专利不

---

　　① *Gen‑Probe*, *Inc. v. Vysis*, *Inc.* , 359F. 3d. 1376（2004）. "Patent licensee was not required, by constitutional caseor controversyrequirement, to terminate or breach license agreement prior to seeking declaration, under Declaratory Judgment Action, that underlying patent was invalid, unenforceable, and not infringed, and licensee's continued payment of royalties under agreement did not negate existence of actual controversy, in view of potential consequence that, absent such payment, licensor would bring infringement suit seeking treble damages and injunction prohibiting licensee from selling its product…"

存在争议，且根据授权契约的规定，只要专利尚未失效或未经美国专利商标局和法院宣告无效，被授权人就必须就该专利支付权利金。但美国联邦最高法院不同意 Genentech 公司主张本案的争议点与契约上的义务无关。而 MedImmune 公司的声明中请求确认关于授权契约上的权利义务并在诉状中主张其产品并未侵犯 Cabilly II 专利，因此其主张由于不存在专利侵权事故不具有支付权利金的义务。但美国联邦最高法院也认为这一主张毫无意义。因此，双方就契约义务是否存在的主张即意味着实质性争议的存在。

本案中，MedImmune 公司虽然主张专利无效、无侵权行为而不用支付权利金，却仍然继续支付权利金。MedImmune 公司虽辩称其是受到 Genentech 公司的诉讼威胁，如果不支付权利金将有可能遭到 Genentech 公司的侵权诉讼，但 MedImmune 公司既然已经支付权利金，就意味着这种遭受诉讼的威胁不存在。在这种情况下，当事人双方是否具有实际的争执，需要具备法院受理确认之诉的法定要件，才是本案的重心。首先，专利权人主张被授权人与其之间已签订专利授权契约，只要被授权人继续支付权利金就意味着该契约持续有效，且被授权人不能就该专利提起确认之诉，专利权人也不会就该专利向被授权人提起侵权诉讼，这是一个双方利益相互平衡的局面。而如果被授权人可以在不终止授权契约的前提下向法院提起确认之诉，那么专利授权契约的内容就会因此而改变，从而损害到专利权人的利益。但最高法院对此有不同的见解，其认为如果契约涉及专利具备有效性，则被授权人主张确认之诉并不会改变授权契约的内容，也就不存在损害专利权人利益的情况；反之，如果该专利是无效的，情况就大不一样。并且在本案中，授权契约中被授权人承诺的内容是：如果所生产的产品未被授权，则会侵害一项尚未失效且未被美国专利商标局宣告无效的专利，而这一承诺并不代表被授权人不能就该专利的有效性提出质疑。其次，专利权人主张被授权人不能在从授权契约中受益的同时又对契约中的专利提出质疑，这对于专利权人有失公平。最高法院对此也有不同的见解，其认为契约中只对被授权人生产的产品做了限定说明但并未标明被授权人不可以针对专利的有效性提出质疑，也没有要求被授权人必须支付专利未涵盖的产品的权利金或无效专利的权利金。

总而言之，美国联邦最高法院关于此案件的观点是确认之诉的关键要件在于双方当事人的争执点是明确且具体的，且这一争执具有充分的迫切性和真实性证明救济是必要的，而且判决结果会与法律上不利的一方有一定的法律关系。① 美国联邦最高法院考虑到 MedImmune 公司有可能是因为无法承担侵权诉讼造成的重大损失，且授权契约中并未承诺对无效的专利支付权利金等事项而提起确认之诉，因此认定本案件确实存在实质性争议②，故符合提起确认之诉的必要条件。而联邦地方法院和联邦上诉巡回法院认定此案件无实质性争议的判决是不合理的，故美国联邦最高法院判决此案件应发回重审。

四　判决结果分析

本案件是美国联邦最高法院所判决的直接涉及专利授权纠纷的案件，因此具有重要的参考价值。案件涉及的争议点在于美国确认判决法中第 3 条 ［28U. S. C. §2201 （a）］③ 关于联邦事务管辖权的问题。按

---

① U. S. Constitution Article III Section 2. "The judicial power shall extend to all cases, in law and equity, arising under this Constitution, the laws of the United States, and treaties made, or which shall be made, under their authority; —to all cases affecting ambassadors, other public ministers and consuls; —to all cases of admiralty and maritime jurisdiction; —to controversies to which the United States shall be a party; —to controversies between two or more states; —between a state and citizens of another state; —between citizens of different states; —between citizens of the same state claiming lands under grants of different states, and between a state, or the citizens thereof, and foreign states, citizens or subjects. "

② *MedImmune Inc. v. Genentech Inc.* , 549 U. S. 388, 127 S. Ct 764, 166 L. Ed2d 604 (2007) at 126 – 127 "The Declaratory Judgment Act provides that, "［i］n a case of actual controversy within its jurisdiction... any court of United States... may declare the rights and other legal relation of any interested party seeking such declaration, whether or not further relief is or could be sought. " 28 U. S. C. §2201 （a）. These was a time when this court harbored doubts about the compatibility of declaratory Judgment actions with Article III's case or controversy requirement. We dispelled those doubts, however, In Nashville, C. & St. L. R. Co. v. Wallace, 288 U. S. 249, 53 S. Ct. 345, 77 L. Ed. 730 (1933), holding (in a case involving a declaratory Judgment rendered in state court) that an appropriate action for declaratory relief can be a case or controversy under Article III.

③ In a case of actual controversy within its jurisdiction, except with respect to Federal taxes other than actions brought under section 7428 of the Internal Revenue Code of 1986, a proceeding under section 505 or 1146 of title 11, or in any civil action involving an antidumping or countervailing duty proceeding regarding a class or kind of merchandise of a free trade area country (as defined in section 516A (f) (10) of the Tariff Act of 1930), as determined by the administering authority, any court of the United States, upon the filing of an appropriate pleading, may declare the rights and other legal relations of any interested party seeking such declaration, whether or not further relief is or could be sought. Any such declaration shall have the force and effect of a final judgment or decree and shall be reviewable as such.

照该条规定，只有存在实质性争议时，法院才具备受理该案件的管辖权。而在专利授权问题上，是否要求被授权人必须在终止或违反专利授权契约之后，才能就专利的有效性、可实施性以及是否有侵权行为等问题提起确认之诉。换言之，如果被授权人继续支付权利金以表示其继续履行授权契约，是否就意味着其放弃了与该专利有关的争执，从而法院对此类确认之诉不具备管辖权。美国联邦最高法院根据本案涉及的事实依据，即 MedImmune 公司是在受到被指控专利侵权以及 3 倍损害赔偿金的威胁下，不得不在继续履行专利授权契约的同时提出确认之诉的请求。联邦最高法院认为在这种情况下，被授权人继续支付权利金本身并不意味着关于该契约所涉及的专利有效性的争执不存在。该案件的意义在于，不再简单地以专利授权契约有效而驳回被授权人关于确认之诉的请求。当然，地方审理法院也可就个案进行自由裁量。本案件的特殊之处在于双方当事人在 1997 年签订的授权契约中包含了一项正在审理中的专利，而在 2001 年该专利申请被核准后，被授权人认定该专利无效，并在可能遭受侵权诉讼和 3 倍损害赔偿金的威胁之下，选择了继续支付权利金并同时向法院提起确认之诉。

联邦最高法院明确表示不会根据自由裁量权而认定该诉讼是否应被驳回，而是要求联邦下级审理法院应在考量自由裁量权的前提下决定是否审理该类案件。这反映了美国联邦最高法院给予专利被授权人挑战专利有效性时最大限度的救济可能性。同时这一判决结果增加了专利有效性的风险，也降低了被授权人提起确认之诉的门槛，也就是说，已经签约专利授权契约的被授权人仍然能以诉讼的方式质疑已获得授权专利的有效性，因此，本案件的判决结果对于未来企业制定专利应对策略具有深远影响。如果目标企业在生产制造之前无法掌握与该产品有关的专利的有效性，但基于该产品对企业运营、形象、顾客资源等的影响而被迫与非专利实施实体签订专利授权契约时，无须先行终止双方的授权契约便可向有关地方法院提起确认之诉以判决该专利是否具备有效性，从而达到防御侵权诉讼的目的。因此，本案件的判决对于企业拟定应对非专利实施实体的诉讼策略具有重要影响。

第四节　Teleflex Inc. v. KSR Intl Inc. 案[1][2][3][4]

专利制度通过给予专利发明人在一定时期内拥有该项发明的排他性权利而鼓励发明人继续从事发明创造。在此专利期间内，发明人享有该专利的独占权，他人如果想要使用该专利必须要得到发明人的授予，从而有效保障了发明人利用该专利获得的竞争优势，使发明人有动力继续从事发明创新，进而促进整个产业的持续发展。然而，如果对专利的定义过于宽泛，导致专利的取得过于简单，甚至通过对先前专利的一些简单的改良即可获得新专利，将会使一些研发者专注于对先前已存在的技术做轻微的改良而获得专利并从中获利，从而阻碍了真正的发明创新，不利于产业的发展与进步。并且广泛地授予专利将会使本应该可以在公共领域自由流通的技术变成私有财产，对整个经济产业都会造成极为不利的影响。

美国专利法第 103 条明确规定了专利的三个要件：实用性（utility）、新颖性（novelty）和非显而易见性（non - obviousness）[5]，其中非显而易见性是一项专利能否取得专利权的最大关键。该条文指出，当申请专利的发明与先前已有技术存在显著性差异时才有可能获得专利。所

---

① 黄心怡：《论专利滥用与非专利实施体》，硕士学位论文，台湾东吴大学，2013 年。

② 李明峻：《从 Patent Trolls 议题看美台专利改革与解决之道》，台湾政治大学法律科际整合研究所，2010 年。

③ 余俊琏：《从美国联邦法院 Microsoft v. I4I 案论跨国企业专利保护与创新之衡平》，硕士学位论文，台湾东吴大学，2013 年。

④ 何瑾瑜：《非专利实施公司权利滥用问题之比较研究》，硕士学位论文，台湾东吴大学，2012 年。

⑤ 美国专利法第 103 条（35 U. S. C. §103）规定："可专利性之条件：非显而易知之主体标的的发明虽无依第 102 条规定，相同的被揭露或叙述之情事，惟请求专利主要标的与先前技术之差异，为申请时熟悉该项技术具有通常技艺人士所显而易知者，该申请案仍未能获取专利，可专利性不可因为实施该发明之方式而遭否定。"其原文为："A patent for a claimed invention may not be obtained, notwithstanding that the claimed invention is not identically disclosed as set forth in section 102, if the differences between the claimed invention and the prior art are such that the claimed invention as a whole would have been obvious before the effective filing date of the claimed invention to a person having ordinary skill in the art to which the claimed invention pertains. Patentability shall not be negated by the manner in which the invention was made."

谓显著性差异指的是这种差异对于相同技术领域具有一般技术水平的人而言是非显而易见的。因此一般而言，诸如颜色、大小的替换和变更因不具有非显而易见性而不具备可专利性。然而条文并未对非显而易见性作出更为明确的定义，在实务操作中常常需要审理法院进行进一步的解释说明。美国联邦最高法院在 1966 年的 Graham v. John Deere Co. 案中提出了关于判定非显而易见性的 Graham 法则，即法院或美国专利商标局在判定专利是否具备非显而易见性时，需要认定以下事实：先前技术的范围和内容；先前技术与申请专利范围间的差异性；该技术领域中的一般技术水平。根据 Graham 法则，在审查申请专利的发明是否具备非显而易见性时，应当在该发明完成后，由该领域中具有一般技术水平的人员进行判断。然而在判断的过程中，由于判断人员会同时接触到该申请专利与先前技术，因此会很容易找出两者存在的相似之处，并认为该发明的差异是显而易见的，这被称为"后见之明"。为了避免这种"后见之明"所引起的偏差，使非显而易见性的审查更具有客观性和真实性，美国联邦上诉巡回法院（United States Court of Appeals for the Federal Circuit，CAFC）采用了"教导—启示—动机"准则（Teaching – Suggestion – Motivation Test，TSM），该准则的要点在于只要申请专利的范围请求权未受到先前技术的教导、启示和动机指引，就被认定为具有非显而易见性。美国关于专利要件审查的实务操作上始终遵循的是联邦上诉巡回法院的 TSM 准则，直到 2007 年的 KSR 案件，美国最高法院（Supreme Court）对联邦上诉巡回法院采用的 TSM 标准进行了纠正，使其由以前判断专利非显而易见性的唯一标准变成了标准之一。虽然这一判决之后不久，美国法院并未大幅提高专利非显而易见性的标准，但 KSR 案仍然可以说是一个巨大的转折点，它为以后的专利侵权案件提供了推翻专利有效性的更为有利的证据。

一 案例介绍

本案原告 Teleflex Inc. 及 Technology Holding Co.（以下简称 Teleflex 公司）是一家位于美国特拉华州（State of Delawar）的公司，其拥有的 565 号专利（U. S. Patent No. 6，237，565），是一种装有电子位置感测器的调整式踏板结构（position – adjustable pedal assembly），该结构用于汽车的油门踏板后可用于调整踏板位置，踏板结构的其中一个枢轴点固定，而有一个电子踏板感应器与该枢轴点相连，从而达到用电子讯号控制油门开启程度的目的。被告 KSR International Inc.（以下简称 KSR 公司）是一家加拿大汽车零部件供应商，其生产的汽车零部件中包括前面所说的可调整式油门及刹车等装置，在其为通用汽车（General Motors）设计新款汽车时，使用了 Teleflex 公司拥有的该项专利。在与 KSR 公司协调达成专利授权协议失败后，Teleflex 公司于 2002 年 11 月 18 日在美国密歇根州东区联邦地方法院（United States District Court, E. D. Michigan）提起诉讼①，控告 KSR 公司制造并销售给通用汽车公司 GMT－800 和 GMT－360 两款车型中使用了可调整式车用踏板元件，故侵犯了其拥有的 565 号专利（U. S. Patent No. 6, 237, 565）。而 KSR 公司表示565 号专利（U. S. Patent No. 6, 237, 565）对于设计可调整式车用踏板零件技术领域中具有一般技术水平的人都能轻易完成，因此具有显而易见性，故该项专利应被认定为无效。

二　诉讼判决过程

密歇根州东区联邦地方法院审理此案件时认为，Teleflex 公司拥有的 565 号专利（U. S. Patent No. 6, 237, 565）是否具备有效性是确定KSR 公司有无侵害专利行为的决定性因素，而挑战专利有效性的一方负有专利无效的举证责任并需提供明确有效的证据。根据美国专利法第103 条规定，证明专利不具备非显而易见性需要弄清以下几个问题：先前技术（prior art）的内容和范围；该技术领域具有的一般技术水平；先前技术与申请专利范围的差异；其他因素证明非显而易见性的程度。

首先，就 565 号专利（U. S. Patent No. 6, 237, 565）而言，与之相关的先前技术是美国 782 号专利（U. S. Patent No. 5, 010, 782），该专利是与一可调整式车用踏板元件有关，当踏板元件固定于汽车的某个固定元件时，借由踏板手臂可以前后移动以调整踏板位置。原告Teleflex 公司认为 782 号专利（U. S. Patent No. 5, 010, 782）所揭示的是一项较为复杂的车用踏板元件专利，而本公司拥有的 565 号专利（U. S. Patent No. 6, 237, 565）则是为了设计一个便宜而又简单的车用踏板元件，因此与 782 号专利（U. S. Patent No. 5, 010, 782）有着本质上的不同。而被告 KSR 公司则抗诉称原告所说的 565 号专利

---

① Telefex Incorporated, and Technology Holding Company v. KSR International Co., 298 F. Supp. 2d. 581 (2003).

（U. S. Patent No. 6，237，565）的发明特色是设计一项便宜而又简单的
车用踏板元件，但并未规范于其申请专利范围的文字内容中，因此，原
告提出的专利特色与专利是否有效无关。地方法院经审理后认为782号
专利（U. S. Patent No. 5，010，782）确实包括了565号专利
（U. S. Patent No. 6，237，565）所要改良的技术领域，因此属于与565
号专利（U. S. Patent No. 6，237，565）相似的先前技术。其次，就该
技术领域一般技术水平的人员标准，原告 Teleflex 公司认为应当是具备
机械工程研究所学历或具有一定工作经验的人员，他们应当熟悉汽车的
踏板控制系统；而被告 KSR 公司则认为该技术领域一般技术水平人员
应该指的是至少有两年以上大学程度的机械工程训练以及至少2—3年
的相关工作经验的人员，他们了解完整的踏板设计流程。地方法院最后
给出的见解是一般技术水平人员应当是具备机械工程研究所以下学历人
员或具备一定工作经验而熟悉汽车踏板控制系统的相关人员。再次，关
于该申请专利与先前技术的范围差异，地方法院认同了被告的见解，认
为565号专利（U. S. Patent No. 6，237，565）与先前的782号专利
（U. S. Patent No. 5，010，782）仅存在细微差异，且782号专利
（U. S. Patent No. 5，010，782）对于该申请专利的申请范围具有教导、
启示作用。最后，关于其他因素证明非显而易见性的程度，即考虑是否
存在第二考量因素。所谓第二考量因素，具体包括非预期性结果
（skepticism and unexpected results）、商业上的成功（commercial suc-
cess）、解决产业界的长期需求（long - left need）以及其他人的失败
（failure of others）等。原告 Teleflex 公司认为利用该专利设计的产品在
商业上具有成功性，这一点足以能够证明专利的非显而易见性。而地方
法院则认为证明专利在商业上取得成功的前提条件是在商业上取得成功
的产品和该申请专利范围所保护的内容相同或相关。尽管 Teleflex 公司
提供了与可调整式车用踏板元件有关的销售情况，但 KSR 公司指出565
号专利（U. S. Patent No. 6，237，565）所涉及的两个实施例中，有一
项并未受到该专利申请范围的保护，因此不应包括在内。而由于 Tele-
flex 公司无法提供其他第二考量因素予以佐证，故地方法院认为565号
专利（U. S. Patent No. 6，237，565）在某些方面具备显而易见性，从
而该专利无效。

原告 Teleflex 公司因不服地方法院判决，故上诉至美国联邦巡回上

诉法院。联邦上诉巡回法院认为地方法院在判决过程中并未严格使用 TSM 准则来分析该专利请求项的显而易见性。地方法院主要以显而易见性为判定专利无效的依据，但并未发现并解释以该技术领域一般技术水平人员的知识或动机使一个不了解该专利技术内容的人相信其与先前技术之间具有的相似性。

　　判决该显而易见性为一法律问题，如同地方法院所述，必须厘清几个事实问题：（1）先前技术之内容与范围；（2）该技术领域具有通常技术水平（ordinary skill）之人的程度；（3）先前技术和系争专利申请专利范围之差异；（4）其他因素证明非显而易见性之程度。另外，将相关先前技术建议（suggestion）或者有动机（motivation）组合起的理由，可明示或暗示于：（1）先前技术本身；（2）依该技术领域具有通常知识水平之人所拥有的知识，部分文献，或文献中的揭露对于该技术领域具有特别的利益或重要性（special interest or importance）；（3）从待解决问题之本质（nature of the problem）导致发明人会阅览与该问题可能解决方案有关之相关文献。依照过去的判例原则，联邦上诉巡回法院表示先前技术 782 号专利（U. S. Patent No. 5，010，782）所要解决的问题与 565 号专利（U. S. Patent No. 6，237，565）所解决的问题并不相同。565 号专利（U. S. Patent No. 6，237，565）的目的在于设计一项简单、体积小、费用低的车用踏板元件；而 782 号专利（U. S. Patent No. 5，010，782）的主要目的则是解决固定比例问题。因此，联邦上诉巡回法院撤销了地方法院关于此案的判决，并将本案发回地方法院重新审理，要求其针对非显而易见性的争议进行进一步的调查审理。

三　诉讼判决结果

　　KSR 公司因不服联邦上诉巡回法院的判决，遂上诉至美国联邦最高法院（Supreme Court）。① 美国联邦最高法院首先指出，对于联邦巡回上诉法院处理此案过于死板僵硬的方法不予认同，并表示这与美国专利法第 103 条的规范目的及最高法院过去判决意图不符。最高法院表明 1966 年的 Graham v. John Deere Co. of Kansas City 案所确立的 Graham 法则是判断非显而易见性所采取的较为广泛且具有弹性的解决方法，这不同于联邦上诉巡回法院使用的 TSM 准则。把熟悉的元件与众所周知的

―――――――――――

① KSR International Co. v. Telefex, Inc. et al., 126 S. Ct. 2965 (2006).

方法相结合产生的新技术由于能够产生可预期的效果而可能被认定为具有显而易见性。也就是说，当某一个技术领域改善进步的方向和结果是人们众所周知的时候，则设计的诱因及市场上的其他力量就会自觉地促进某种技术的改进，此时无论是同一技术领域还是不同技术领域中具有一般技术水平的人员，都可以实施这一可预见的改进。此时，这种技术的改进由于具备显而易见性就不能被申请为专利。因此，最高法院认为在分析专利的非显而易见性时，TSM 法则只是一种参考性标准，而不是唯一标准。关于非显而易见性的分析，不能够局限于教导、启示、动机的字面理解上，或是过于强调已经公开的文献或核准的专利内容的重要性。在现在的许多技术领域中，往往是市场的需求诱导了技术的发明创新，如果以专利来保护这些众所周知的轻微的技术改良，将会剥夺先前专利的价值，也会阻碍技术的推广应用，从而阻碍整个产业经济的发展。因此，在考虑专利的非显而易见性时，不仅要考虑是否存在与该专利有关的先前技术的精确指导，还要考虑在该技术领域中具有一般技术水平的人员如何利用其创意，以避免产生仅通过将先前技术与众所周知的知识结合而不具备创新性的专利。

当然，最高法院并未完全否决 TSM 准则的运用，而是指出联邦上诉巡回法院在运用这一准则时存在以下几种理解上的误区：一是法院及专利审查委员不应注意专利权人所面临的问题，而是要考虑该专利所面对的技术性问题；二是法院不应当假设拥有一般技术水平的人员只会被限制在只能解决相同问题的先前技术上，而是应当考虑常识可以使他们了解到，该熟悉的元件与其他显而易见的知识相结合的可能性；三是法院不能仅仅因为发明的显而易见的尝试而拒绝其可能的显而易见性；四是法院不能为了避免出现后见之明而排除一般技术水平人员使用常识的机会。

综上所述，美国联邦最高法院于 2007 年 4 月 30 日推翻了联邦上诉巡回法院关于此案的判决，并将此案发回重审。

四 判决结果分析

先前联邦上诉巡回法院严苛地使用 TSM 准则判断专利的非显而易见性，从而错误地保护到结合先前技术的普通改良，剥夺了先前专利的价值，并阻碍了技术的发明创新。在 KSR 案中，最高法院推翻了联邦上诉巡回法院过去判决采用的 TSM 准则，实质上降低了非显而易见性的判定门槛，使得 TSM 准则不再是判定的唯一标准，同时也提高了专利申请的难度。这在某种程度上缩小了专利权人的利益保护范围，也防止了某些非专利实施实体持有一些无效专利或专利有效性存疑的问题专利，并利用法院核发禁制令为威胁手段，胁迫目标公司达成专利授权协议从而进行获取利益的不良目的。此案之后，目标公司不必受限于严苛的 TSM 准则，若经企业内部评估，认为该产品所属技术领域中具有一般技术水平的人可以判断该专利技术为显而易见，便能够积极地对该专利进行举证程序，或者在专利侵权诉讼前就该专利的无效性向法院提出确认之诉。因此，本案的判决结果对于企业制定应对非专利实施实体的诉讼策略具有重要影响。

第五章 企业面对非专利实施实体的应对策略

由于非专利实施实体的基本商业模式是首先广泛获取有价值的专利，然后再锁定目标公司，最后通过谈判或者诉讼获取授权金。在以上三个不同的阶段中，非专利实施实体采取的手段和目的有所不同，因此企业在考虑应对非专利实施实体的相关策略时需从以上三个阶段制定不同的应对策略。

第一节 专利累积期的应对策略

在专利累积期间，非专利实施实体的主要手段在于以尽可能低的成本广泛获取专利以便能够在后续阶段针对多个目标公司发起攻击，也就是说非专利实施实体获取专利的目的并不是从事制造生产，而是借由专利收取授权金或和解金。因此，企业在考虑应对策略时需要明确非专利实施实体的真实目的，并在非专利实施实体发起攻击之前便采取防御措施，这是最为有效的应对方式。基于此，本书认为在专利累积期企业的应对策略有以下几种：

一 加强专利资讯管理

专利管理策略的制定需要取决于企业所处行业特征、自身规模大小以及企业自身的竞争能力，其目的在于增加专利未来发展效益、降低专利遭遇侵权诉讼的可能性以及减少在诉讼过程中产生的诉讼成本。作为一种防御性策略，企业必须要提前了解自己生产产品所涉及的专利是否有侵权行为，并分析这些专利对于产品生产是否足够重要，而这些判断能力则需要企业平时建立完整的专利资讯库。由于专利资讯管理有不同的阶段，这也决定了企业需要有不同的应对措施：在专利申请阶段，企业需要提高研发人员对于专利的敏感度，在进行研发之前进行专利检索，避免研发与其他企业重复的专利造成不必要的浪费。同时，企业需要累计足够多的专利以防御可能发生的专利侵权；在专利管理阶段，企业应当建立专利资料库、专利地图、研发人员的研发日志等检索文件并时刻关注与本产业相关专利的最新动态，一方面可以加强企业对专利的管理和分析，对存在潜在性风险的专利提前做好防御措施。另一方面，也可以有效避免无意中侵犯他人专利；在专利分析阶段，企业可以利用自身建立的专利资料库了解专利发展趋势，分析专利的危险程度并制定进一步的研发策略；在专利部署阶段，把企业内部所有的专利进行组合，并构建企业自身的专利网络（林立峰，2014）。① 除了加强对专利资讯的管理，企业也应当加强对专利的监控，尤其是对一些大型企业而言，在平时就应当加强对竞争对手的专利监控，因为非专利实施实体瞄准的专利往往具备以下三个特点：专利应用于竞争性行业、专利涉及范围广泛、收购专利成本较低。因此，满足以上三个特点的产业中的企业应当加强平时的专利监控工作，及时检索出与企业产品有关且可能会被非专利实施实体收购利用的问题专利。然后，经由企业内部研发人员和专利人员评估，如若对企业现有的产品运营产生重大影响，则可通过行政举发手段进行专利举发，使该问题专利涉及的范围缩减或失去有效性（李明峻，2010）。②

二　引入专利方面的法律人才

传统的企业观点认为引入与专利相关的法律人才只会增加企业的费用，对企业毫无裨益。这种观点往往使企业在面对非专利实施实体的侵权诉讼时无法提前做出防御措施，在诉讼过程中也由于缺乏专利方面的法律知识陷入被动局面，因此引入专利方面的法律人才对企业专利的保护十分必要。这种法律人才主要包括两种类型：一是专利管理人才，这些人主要负责企业的专利管理、专利新颖性分析与评价、专利购买与行销，并负责加强企业内部人员对专利的认知以及培养研发人员对于专利信息的敏感度；二是企业内部的法律人才，这些人一方面负责向外部的

① 林立峰：《专利制度对专利蟑螂之管制》，台湾中正大学法律学系研究所，2014 年。
② 李明峻：《从 Patent Trolls 议题看美台专利改革与解决之道》，台湾政治大学法律科际整合研究所，2010 年。

专业律师进行咨询，另一方面负责建立企业内部的专利管理法律部门，凭借自身对于专利技术的了解以及对法律知识的熟悉，与专利管理人员共同承担企业专利管理的责任，同时根据对专利制度的了解制定相关法律策略，在研发阶段即进行分析，确保专利没有侵权或违反国家相关制度规定，并确保企业能够尽早取得专利权。

三　善用专利交互授权

专利交互授权指的是专利市场中的参与者为了降低研发过程中的风险或减少由于诉讼所带来的损害而与竞争对手签订授权契约。其中，专利授权人同意将专利授权与对方使用，而被授权人则需支付一定的授权金。专利授权契约对于双方是一个共赢的结果，授权人可以获取一定的授权金并能减少新产品进入市场的威胁，而被授权人降低了研发的风险与费用，提早进入产品市场，避免了被诉讼的威胁，还可能使企业获得比竞争对手更强的竞争优势（Olsson and McQueen，2000）。[1] 总而言之，专利交互授权能够使企业以较低的成本快速进入某一技术领域，而且不必担心受到该专利持有者的侵权攻击。在一些技术比较复杂的行业中，专利交互授权使用频繁，因为这不仅可以避免侵犯其他企业的专利权，而且相对于非专利实施实体更容易取得授权和解。

四　加强对问题专利的审查

首先，我们需要明确的是非专利实施实体之所以如此猖獗，原因之一在于：他们持有的专利大多为品质不佳的问题专利，即这些专利往往在新颖性、专利范围等方面存在问题，如影响专利新颖性先前技术的专利、专利申请范围不明确或范围过大的专利、太过于显而易见的专利等（林建铭，2013）。[2] 这些品质不佳的问题专利往往被很多企业所忽视，也因此成为诸多非专利实施实体收购的对象，之后他们再以这些问题专利为由向目标企业发起侵权诉讼。比如对于新颖性存疑的问题专利，很多企业由于忽视这些问题专利而将大量资源投入与该专利技术有关的产品生产上，一旦被非专利实施实体攻击，他们往往迫于禁制令的威胁而选择支付授权和解金；而对于专利申请范围存疑的问题专利，会使企业

---

① Olsson H．，McQueen D. H．， "Factors Influencing Patenting in Small Computer Software Producing Companies"，*Technovation*，2000，20（10）：563 – 576.

② 林建铭：《Patent Troll 对企业之影响及防范建议》，高雄第一科技大学，2013 年。

为避免侵权诉讼而选择放弃相关专利技术领域的进一步研发。由于以上这些问题专利核发得过于泛滥，使非专利实施实体有了更多的机会通过各种渠道收购这些品质不佳的问题专利并依此迫使正在从事生产制造的企业支付专利授权金。例如，George Selden 在 1895 年曾申请到一项专利，该专利的申请范围描述为"在底盘放置汽油引擎以制造出一辆汽车"，这一显而易见的专利几乎涵盖了所有的汽车产品，但几乎所有的汽车制造商并未意识到这项专利，这也使 George Selden 因此获得巨额的权利金，这种情况一直延续到 1911 年福特及其他汽车制造商通过司法程序挑战该专利的有效性，法院才将该专利的申请专利范围进行缩减（李明峻，2010）。[1] 因此，如果想要解决这些问题专利对企业造成的威胁，就需要提前审查这些问题专利，充分利用专利资料库或专利审查高速公路，及早发现这些问题专利的存在并选择有效的回避方式。而更为彻底的解决方法是处理那些专利新颖性、专利申请范围等存疑的问题专利，这有赖于国家对于专利各项审查制度和申请准则的完善。

五　提前购买所需专利

非专利实施实体所拥有的专利数量并不是很多，但往往是一些产品的关键性专利，凭借这些少数专利，他们足以攻击到诸多大公司获取足够多的利益。因此，为了避免成为非专利实施实体的攻击对象，企业可以提前购买所需专利或者密切关注非专利实施实体在该产业领域中参与的专利公开交易活动。购买专利的方式有多种，除了在专利公开交易平台上进行购买之外，企业还可以通过并购取得专利授权。例如，台湾的大多数高新技术厂商早年间往往是做专利代工，他们自身缺乏相关的专利技术，往往会与大企业签订专利授权契约，以防止未来会受到专利权的追索，这种方式可以有效地保护企业自身的权利。当然，在签订专利授权契约前，企业必须要明确该契约的时效性和涵盖范围问题，即授权专利是否会随着并购的产生而终止，授权范围是否包含未来企业生产的产品。

六　加入专利联盟或防御性专利集合体

在面对非专利实施实体的潜在威胁时，企业可以选择性加入一些专

---

① 李明峻：《从 Patent Trolls 议题看美台专利改革与解决之道》，台湾政治大学法律科际整合研究所，2010 年。

利联盟以求得保护。通过专利防御联盟，企业之间不仅可以共享专利、分享关键性技术、降低研发成本、分散风险，还可以在面对非专利实施实体的侵权诉讼时共同承担诉讼费用或专利授权金。目前，已经出现了一些国际性的专利防御联盟，如 2008 年成立的 Rational Patent Exchange（RPX）公司即是专门应对专利侵权的防御性专利联盟，该公司包括微软、IBM、英特尔、戴尔、三星、诺基亚、HTC、松下、索尼等 49 家会员企业，主要业务是尽可能降低会员企业被侵权诉讼的可能性。这些企业通过缴纳会员费的形式受到公司保护，并同时拥有 RPX 拥有的所有专利的授权。会员费一般介于 6.5 万—6500 万美元，且往往低于进入诉讼程序所花费的诉讼费或授权和解金，具体数额需要依据企业规模大小制定（林立峰，2014）。① 这些会员费主要是为了集资为会员企业购买所需专利，并授权给所有会员企业使用，这样就可以有效避免专利被非专利实施实体收购。除此之外，RPX 公司也会为会员企业提供保险，当会员企业必须进入侵权诉讼环节时，公司会利用自己对专利的熟悉程度和对诉讼流程的了解帮助会员企业进行专利维权，并最小化会员企业的损失。除此之外，还存在一些防御性专利集合体，他们主要是由一些受到非专利实施实体集中攻击的企业组成的非专业集合体，这些企业彼此之间分担技术研发成本并分享专利资源，在遭遇诉讼前订立联合防御契约，共同承担诉讼费用和分担败诉风险。

七　加入专利侵权诉讼保险或提取专利准备金

专利对于高新技术产业尤为重要，而目前国内许多企业专利保护意识淡薄、专利申请不及时、专利无意识侵权问题严重，也使这些企业面临诸多专利风险。这种专利风险主要是由于忽视专利制度的相关规定而招致的风险，如美国颁布的禁制令对那些涉及侵犯他人专利权的企业影响重大，很可能导致已经生产出的产品无法进入市场，这种影响对企业来说非常致命，使企业不得不重视专利风险的存在。就转移风险的方式而言，最有效的方式之一就是加入专利侵权诉讼风险。专利保险制度在美国专利市场已经应用得非常成熟，我国也已经引入专利保险制度。目前存在的专利保险包括专利执行保险和专利侵权责任保险，前者是为了保障投保企业在诉讼过程中产生的调查费用和诉讼费用，后者则是为投

---

① 林立峰：《专利制度对专利蟑螂之管制》，台湾中正大学法律学系研究所，2014 年。

保企业在侵权诉讼中需支付的专利授权金或和解金给予保障。企业可以评估自身情况，以决定自己投保的专利保险类型，这种专利保险制度有效地降低了由于侵权诉讼所可能造成的损失。此外，企业也可以提取专利诉讼的准备金以备不时之需，避免企业出现财务危机导致专利权无法得到有效保障。

八　提升自身研发能力

避免被非专利实施实体攻击的最根本的解决方式就是提升自身的研发创新能力，自己发明专利，这样生产出的产品可以有效避免被非专利实施实体提起侵权诉讼。但需要注意的是，企业在进行研发之前必须要做好充分的专利检索工作，确保将要研发的技术是新颖的，以避免不必要的资源浪费。如果企业觉得研发出的新技术没必要申请专利，如该项技术很容易被回避设计，企业可以将该项技术发表于公开期刊，使之可以被大众使用，丧失技术的新颖性，从而避免了其他企业将该项技术申请成专利的可能性。

九　进行回避设计

专利回避设计是一种常见的专利被动防御策略，即研究他们的专利，然后设计出一项不同于他人的且不受专利法保护的新专利，以规避他人的专利权。进行专利回避设计的目的是设法通过改变、消除或取代专利权利要求中的某一关键要素，以避免新技术或新产品对该专利构成侵权。从目标企业的角度来看，专利回避设计节约了大量的设计成本并有效避免了非专利实施实体的侵权诉讼。进行专利回避设计的第一步是分析需要回避专利的保护范围，对保护范围最大的权利要求项进行分析，并整理出该权利要求的必要技术要素；第二步是在整理出需要回避的专利技术特征后，借鉴专利文件中的内容和具体实施方案进行有针对性的回避设计。专利的保护范围是以权利要求为基准，这表明了有些专利内容可能包含了技术发明的理论基础、原理及方案，但这些内容并不表现在权利要求中。这样企业就可以针对专利权利要求进行回避设计。总之，专利回避设计是企业专利战略中的一部分，也不失为一种面对专利侵权的保护措施。

第二节 授权协商期的应对策略

非专利实施实体在收集到足够多的专利后，便会开始寻找潜在目标公司并向其提起侵权诉讼。因为非专利实施实体的目的在于以最低的成本获取最大的利益，因此他们选定的目标公司往往是一些大肥羊类型的公司。且为了节约成本，非专利实施实体并不愿意进入诉讼程序，他们往往更希望和这些目标公司在诉讼前达成和解，以获取授权和解金。针对非专利实施实体的这些特点，本书认为企业的应对策略有以下几种：

一 及时回复警告函并进行专利评估

由于非专利实施实体意在获取授权和解金而不是进入诉讼程序，因此他们在一开始会采取协商的态度向目标公司发出专利侵权的警告函，最初的警告函中并不会有大量的侵权依据，索要的权利金也比较少，这一用意是为了与目标公司尽快达成和解。因此企业在收到警告函后，无论是否能够确认侵权，都应当及时回复。信函中应说明本公司正在分析专利侵权是否存在，并委托相关法律人员进行侵权分析，如有结果会立即回复，但细节方面的信息可以不用提供给非专利实施实体，以免其找出破绽，产生适得其反的效果。这一策略有两个目的：一是暗示非专利实施实体公司对此侵权诉讼的重视，使其嚣张的气焰逐渐冷却；二是尽可能拖延时间，以便有充足的时间进行专利侵权分析及后续诉讼的处理策略。在回复警告函之后，企业应当立即进行专利评估，分析专利是否侵权。这一阶段应由企业研发人员及法律人员进行分析处理，其过程分以下三个阶段：一是审查自身产品技术是否真的发生侵权。二是分析专利侵权的范围有多大。在这一阶段中，还可以委托外部专利律师出具法律意见书，以驳斥非专利实施实体的诉讼请求。在 2007 年的 In Re Seagate 案① （以下简称 Seagate 案），Seagate 公司被指控其出具了专利律师的法律意见书用于抗辩，这一行为本身等同于放弃了与诉讼律师的沟通特权。但最终美国联邦上诉巡回法院 （United States Court of Appeals for the Federal Circuit，CAFC） 驳回了这一控诉，认为专利律师与诉讼

---

① *In Re Seagate*, *L. L. C.*, 497 F. 3d 1360 (2007).

律师本身的职责不同，因此专利律师的法律意见书可以作为被告公司的举证证据。虽然最终美国联邦上诉巡回法院并未将这一意见确定为新的准则，但外部专利律师意见也不失为使法院形成无故意侵权之证的证据（何瑾瑜，2012）。三是分析非专利实施实体经常主张的或自身拥有的其他专利有哪些。这一举措主要是避免后续公司的其他专利再次遭受非专利实施实体的攻击，从而造成公司耗费资源进行多次授权和解或诉讼。

　　二　辨别非专利实施实体的特征

　　不同类型的非专利实施实体有不同的特点，因此企业在面临不同类型的非专利实施实体时，也应当采取不同的应对策略。在诉讼开始之前，充分了解非专利实施实体的特征再考虑不同的策略才是明智之选。非专利实施实体的类型主要有以下三种：第一种是之前从未经历诉讼程序的非专利实施实体，其特点表现为缺乏诉讼经验，拥有的专利数量较少并且没有足够的资金应对诉讼。一旦专利被判无效，他们的诉讼活动也到此终止。因此，针对这一类型的非专利实施实体，目标公司应当在诉讼前收集充分证据证明专利无效或提起复审以拖延诉讼时间，以使这些非专利实施实体无招架之力。第二种是有过诉讼经历并且在这些诉讼中胜诉次数较多的非专利实施实体，其特点在于诉讼经验相对较为丰富，掌握的证据也较多。此时目标公司应当搜集与该专利相关的诉讼案件，分析在之前的判决中有哪些争议点没有被讨论过，并由这些没有讨论过的争议点作为切入点并制定相对应的策略。如果确实没有应对之策，公司应当尽快与非专利实施实体达成和解意向，尽量减少诉讼成本。第三种是拥有大量专利、资金富足且有大量诉讼经验的非专利实施实体。这种类型的非专利实施实体也是企业重点关注的类型，由于其具有较高的危险性，企业应慎重对待，除非有十分确凿的证据可支持无侵权主张，否则应当尽快与其进行授权谈判，尽早达成授权和解。

　　三　做好谈判前的准备工作

　　谈判前的准备工作主要包括以下两个步骤：第一步是选择合适的律师，所选律师除具备基本的专业素质外，还应当考虑其收费的合理性、在涉讼专利上的了解以及对企业所在产业的熟悉程度。即使是在专利诉讼方面的律师，其具体分工也有所区别，比如在美国，一些律师专门负责诉讼前的专利授权谈判工作，他们除了具备对专利的了解之外，还具备专业的谈判技巧，对谈判时间、节奏都有很好的掌控能力，如若该律师是谈判圈内的专家，还会对非专利实施实体造成一定的压力，使其不得不压低权利金以达成和解。如果涉讼专利发生在美国，除需聘用对美国诉讼熟悉的美国律师外，还应当聘请国内律师作为辅助，因为国内的律师对于企业的行业背景、企业战略、国家政策等更加了解，他能够作为中介协调中外文化差异，并给美国律师提供更多的信息方便其理解。第二步是搜集信息并进行各项评估，在找到合适的律师之后，企业应协助律师广泛搜集专利信息，并进行评估，具体表现为：（1）评估非专利实施实体提出的权利金是否在企业可承受的范围之内，具体需要分析该涉讼专利的剩余有效期、应用该专利技术的产品销售价格趋势、该专利技术价值在产品总价值中所占比例等。如若该涉讼专利即将到期，或应用该专利的产品已经步入衰退期，那么企业则可以利用这一特点压缩专利授权金。（2）了解授权金的行业支付标准，如果此前有关于其他目标企业对该专利的授权支付，企业则可以此为参照标准，以减少不必要的支付。（3）及时搜集企业公开的历史信息，因为非专利实施实体在发起侵权攻击之前往往会提前搜集目标企业公开的信息，根据涉讼产品相关生产和销售情况制定授权金额，因此企业应及时将公开信息进行整理分析，以避免在谈判或诉讼时处于不利地位。

四　提起确认之诉

目标企业在面临非专利实施实体的侵权威胁时，可选择提前向法院提起确认之诉。为了避免被告企业由于专利权人发起侵权消息而处于劣势，从而在未进入诉讼前就造成企业负面影响，美国于 1934 年就制定了确认诉讼法以保护被告企业的合法权益。具体来说，确认之诉指的是当事人要求法院确定某种法律关系存在或不存在的诉讼，这种诉讼起因于双方当事人对于法律关系的认知不同，无法解决产生的争议，需要法院予以裁决双方是否存在某种法律关系。这类诉讼不需要当事人双方履行民事义务，一旦法院做出裁决，案件即告结束。用在专利侵权案件中，即是目标企业先行向法院提起确认之诉，由法院裁决非专利实施实体的专利是否具备有效性以及目标企业的行为是否构成侵权，确认之诉的存在平衡了目标企业与非专利实施实体的权益，避免了目标企业受到更大的利益损害。目标企业提出确认之诉时，务必保证两点主张：一是请求法院判决非专利实施实体所拥有的专利无效；二是如果非专利实施实体的专利具备有效性，则请求法院判决企业产品并没有发生侵权事实。确认之诉的应用可以使目标企业转守为攻，从而达到掌控局势的目的，而一旦法院判决该专利无效，企业便可免予侵权诉讼的威胁。与此同时，目标企业在提起确认之诉时，可有选择法院的机会。企业可选择更加有利于自己的法院以求得保护。

五 利用谈判达成协商和解

双方达成的专利侵权和解契约中，侵权人做出的让步是不再就是否侵害他人专利的事实进行调查取证并向专利权人支付一定的授权和解金；而专利权人所做的让步是撤回向侵权人发起的侵权诉讼并保证日后不再就该专利向同一侵权人再次起诉，也有可能会就损害赔偿金额做出让步。因此，一个有效的和解契约应包含专利权人和专利侵权人双方的让步事项。双方达成和解的好处在于：首先，一旦双方进入诉讼程序，往往需要投入大量资源，这些支出相对较为昂贵，而如果能够在诉讼前达成和解，则可以省下不少费用，一般来说，授权和解金往往远低于为诉讼而支出的费用。其次，企业可以借由和解延迟潜在的专利诉讼，和解可以为企业拖延时间，他们可以借此评估其他专利是否有被诉讼的可能性，并在和解谈判时一并解决，以避免未来再次被攻击。此外，对于和解契约中的授权内容，企业应注意对产品主要销售区域进行评估，而不必一次性完成全球授权。在与非专利实施实体谈判和解的过程中，企业需要重视的是尽量获取非专利实施实体提供的相关信息以及开价结果。企业雇用的谈判律师可借此获取非专利实施实体开价的计算依据以及授权金的相关依据，如授权金是否有上下限，是不是根据产品的数量不同而变化，是否呈逐年递减趋势，等等。如果一开始提出的授权金额即低于企业预计的诉讼费用，那么企业应当确认继续进行谈判，并以尽可能压低授权金为目标。同时谈判律师应提前了解非专利实施实体对目标企业的了解程度，并适当向非专利实施实体提供企业更多信息以说服非专利实施实体降低其授权金开价。在进行和解契约签订前，需要注意的是和解契约的内容除了对授权金进行规定之外，还需包括其他条款内容，具体如下：（1）权利金的计算方式。对于侵权人来说，权利金的包裹式定价更具有确定性。条款中应注明包裹式定价中是否包括对侵权公司关联企业的产品生产、产品数量做出了限定，是否需要对其另行收费等。（2）对授权产品与其生产活动的限定。例如有些出口型企业一般会涉及贴牌生产和自主品牌生产两种生产方式。而贴牌生产有委托代工和设计加工两种加工方式。因此条款中关于这类产品生产方式应当明确是否有限定条件，因为不同的生产方式会对出口型企业的经营战略造成影响。一般来说，非专利实施实体会允许设计加工而排斥委托代工。原因在于，在委托代工的方式中，品牌设计和产品生产均由授权企业的委托方拥有，如果非专利实施实体对这类加工方式不加以限制，这些委托方就会借由被授权企业避免支付原本应向非专利实施实体支付的权利金（林立峰，2014）。① （3）审计条款。审计条款指的是非专利实施实体在和解契约中要求会计师事务所进行审计，且这一高额的审计费用往往由被授权企业承担。审计条款的出现不仅影响了被授权企业正常的生产经营，使其授权金额变相提高，还有可能导致非专利实施实体在签订契约后以此为由对授权金额进行变价。因此，被授权企业的谈判律师应尽量说服非专利实施实体删除相关审计条款，以最大限度地消除契约的不确定性。

第三节　侵权诉讼期的应对策略

当双方对于协商谈判无法达成一致意见时，非专利实施实体便会采取诉讼的方式威胁目标企业。一旦进入诉讼环节，无论是目标企业还是非专利实施实体都必须为此付出高额代价。对于非专利实施实体，诉讼所取得的收益并非只有诉讼后的赔偿金，法院颁布的禁制令对目标企业造成的威胁，仍可作为非专利实施实体要挟目标企业的筹码。目前，世界各国对于专利制度的改善以及专利诉讼判决标准的形成，给予目标企业更多的反击策略和保护策略。这些策略主要包括以下几种：

一　选择对己方有利的法院

如果侵权诉讼发生在美国，目标企业应当聘请美国方面的诉讼律师分析该企业在美国市场的详细情况，尤其是产品销售的途径和售后服务的方式等。这些信息有助于确定美国法院对该侵权案件的管辖权。按照美国的相关法律，管辖权的确定取决于被告方与法院管辖区域是否有足

---

① 林立峰：《专利制度对专利蟑螂之管制》，台湾中正大学法律学系研究所，2014 年。

够的接触，基于此，管辖权主要有以下两种：一是一般管辖权，即被告企业与法院所管辖区域有系统且持续的接触，通常是被告企业在法院管辖区域内持续经营业务；二是特别管辖权，即诉讼产生的原因是由于被告企业与该法院管辖区域的接触，在这种情况下，法院可以就此特定案件取得管辖权。在侵权诉讼案件中，诉讼律师可以通过对具备管辖权的各项条件进行分析找出某一法院不具管辖权的理由，并将其用于谈判的筹码。对于诉讼法院的选择，目标企业可以选择对自身有利的地方法院，如办事处或分公司所在地的地方性法院。这样既可以在诉讼流程中有更加轻松的心态，还可以借助当地公司的名义寻求法院在某种心理上的祖护。即便在诉讼过程中被告提出该地法院不具备管辖权，而使得诉讼必须另选法院进行，但这一过程也足以拖慢整个诉讼流程，不仅可以使非专利实施实体负担更多的成本，还可以借此机会进行回避设计或寻找更多有利于自己的证据。

二　质疑专利有效性

美国联邦巡回上诉法院之前对于专利非显而易见性的检验采取的是"教导—启示—动机"（TSM）标准，这一标准较为宽松，使得目标企业在诉讼中质疑专利有效性时往往处于不利地位。2007 年的 KRS 案件中，美国最高法院（Supreme Court）对美国联邦巡回上诉法院采用的 TSM 标准进行了纠正，使其由以前判断专利非显而易见性的唯一标准变成了标准之一。虽然这一判决之后不久，美国法院并未大幅提高专利非显而易见性的标准，但 KRS 案仍然可以说是一个巨大的转折点，它为以后的专利侵权案件提供了推翻专利有效性的更为有利的证据。对于目标企业来说，在平时就应当建立专利资料库并进行实时专利监控，一旦遭遇非专利实施实体攻击，企业可以快速收集证据向法院驳斥该专利缺乏非显而易见性，这样就有效地把诉讼压力转向非专利实施实体身上，由此非专利实施实体为避免专利丧失攻击他人的功效，而急于与目标企业谈判和解，这样一来，企业由被动方变为主动方，在诉讼上也更具有优势。

三　向法院主张无故意侵权

专利侵权诉讼的损害性赔偿、惩罚性赔偿以及涉及的律师费，都是非专利实施实体用以威胁目标企业的工具，其中惩罚性损害赔偿与律师费的判定必须要有被告故意侵权的证据，在此之前这些都是由被告方证明自身无故意侵权。而在 2007 年的 In Re Seagate 案件①中，美国联邦上诉巡回法院修改了关于无故意侵权的判定准则，由之前的侵权方举证无故意侵权行为变成了由专利权人举证有故意侵权行为。这一准则的修订要求专利权人承担起举证责任，并要求其必须提供确切证据证明专利侵权人故意侵权，这使专利权人申请专利的难度加大，维护专利权的难度也更加艰难。但对于被指控侵权的目标企业来说，则是一个利好消息。举证风险转移到非专利实施实体方，使目标企业被认定故意侵权的可能性大大降低，也使非专利实施实体利用惩罚性赔偿为威胁手段的优势减少。总之，非专利实施实体的目标是以最快的速度获取最大的利益，虽然诉讼程序需要耗费较长时间并浪费大量资源，但近年来由于美国最高法院不再像过去那样完全遵从美国联邦上诉巡回法院的相关专利制度，非专利实施实体便不再能像过去那样利用各种投机取巧的诉讼手段取得有利地位，因此，企业应当审慎评估自己专利强度及利益风险，以选择对自己最有利的方式来应对。

四 争执禁制令核发要件

在专利侵权诉讼案件中，非专利实施实体除了想要获取损害赔偿金外，更希望法院能够颁布永久性禁制令，禁止企业在日后继续从事与该专利技术有关的产品。一旦法院颁布该禁制令，非专利实施实体便可向目标企业漫天要价，进行更严重的威胁。自从 2006 年的 eBay 案②后，联邦最高法院便取消了之前长久以来关于永久禁制令适用的一般性准则，即认定专利侵权即意味着禁制令的生效。法院认为，在侵权事实发生后，禁制令不应当机械式地颁发，而是要经过衡平四要素检验。也相当于给予目标企业四种工具来防止非专利实施实体的恶意攻击。这四个要素是：禁制令申请人是否受到了无法弥补的损害；权衡被告与原告双方各自面临的困境；禁制令申请人未来胜诉的可能性；禁制令的颁发对公众利益产生的影响（何瑾瑜，2012）。③ 对于经常作为专利侵权被告方的生产企业来说，这是一项非常重大的改变。不仅使得禁制令的颁发具有了不确定性，也降低了非专利实施实体利用禁制令向目标企业实施

---

① *In Re Seagate*，*L. L. C.*，497 F. 3d 1360（2007）.

② *eBay*，*Inc. v. MercExchange*，*L. L. C.*，547 U. S. 388（2006）.

③ 何瑾瑜：《非专利实施公司权利滥用问题之比较研究》，硕士学位论文，台湾东吴大学，2012 年。

威胁的程度。因此，目标企业在诉讼期间可以提前进行四要素分析，这将使非专利实施实体重新考虑进行诉讼的回报率，也可以迫使非专利实施实体在诉讼期间趁早和解。

五　善于利用再审程序

再审查程序要求审请再审人明确指出对某一个专利权项进行再审查，并解释该专利引用的先前技术资料以及每一个专利权项的适用性和相关性。再审查程序对于专利权人和专利侵权人的作用不同，前者在于利用该程序保护自己的权益并强化专利效用，以便于在侵权诉讼中有更多的优势；后者在于利用该程序使专利审请范围缩减甚至无效。美国之前的再审查程序分为单方再审和多方再审两种类型。单方再审的审请人只能是专利商标局与专利权人，之后美国诉讼法对多方再审进行了删除，新设多方重审和授权后重审程序（林建铭，2013）。①

授权后重审与多方重审主要区别在于主张要件和时间限制的不同：授权后重审程序规定，核准专利后或再发证后 9 个月内，审请人可以任何判定专利无效的理由提起重审要求；而多方重审程序则规定必须在核准专利后 9 个月后或是授权后重审程序结束后，申请人才能够提出再审要求。以上两种程序都需要经过专利审判及上诉委员会批准之后才能向美国联邦上诉巡回法院提起再审诉讼。而且在提出多方重审后 12 个月内，专利审判及上诉委员会必须就该事项做出裁决。除非有正当理由，才可延长期限，且该期限不超过 6 个月。

专利再审查程序相对于其他应对策略而言，具有较高的风险性。因此如果再审成功，则法院会判决缩小目标企业的专利侵权范围甚至直接判定专利无效。但如若失败，则专利的申请范围及其有效性反而会因为重审而得到强化，非专利实施实体很有可能会借此机会向法院请求更高的赔偿金。同时，进行专利再审查程序需要目标企业耗费更多的时间及资源，加重了目标企业的负担。因此，如若胜诉可能性不大，目标企业应慎重考虑是否选择进入再审查程序。尽管如此，再审查程序仍然是目标企业应对非专利实施实体侵权诉讼的一个非常有效的策略。首先，再审查程序相当于在原本的诉讼程序上又附加了一道诉讼程序，这使非专利实施实体不得不耗费更多的时间和资源来应对诉讼，如果该非专利实

---

① 林建铭：《Patent Troll 对企业之影响及防范建议》，高雄第一科技大学，2013 年。

施实体本身缺乏资金，则有可能会选择放弃之前的起诉。其次，法院允许在再审查程序中停止诉讼，这样就可以避免非专利实施实体利用证据开示程序威胁目标企业。最后，非专利实施实体必须要对再审查程序做出回应，这等于给予企业对抗非专利实施实体的主动权。

六　专利申请懈怠抗辩

专利申请懈怠抗辩原则是目标企业进行抗辩的有效依据，只要被告企业有足够的证据证明专利申请人在其申请过程中有故意拖慢专利申请期的举动，法院即可判决该专利权无效。专利申请懈怠这一概念正式出现是在 1858 年的 Kendall 案，当时美国法院就提出过如专利申请人故意延迟专利通过或者故意将专利保留至市场上出现与该专利技术有关的产品后才将其专利公布，则该专利申请人不得再以该专利主张权利。但这一概念在之后的几十年并未真正纳入美国专利法，直至 2002 年 Lemelson 案中，专利申请人在申请过程中出现了不合理的拖延，因此即使该专利申请的整体流程完全符合规定，但法院还是判决由于专利申请人的无故拖延而导致专利权不能主张。由此专利懈怠抗辩原则被正式纳入专利法（林建铭，2013）。[①]

目标企业利用专利申请懈怠抗辩原则可以有效应对非专利实施实体的一些"潜水艇专利"。这类专利的特点就在于在申请专利过程中通过一些不正当手段故意拖慢专利通过的时间，使专利迟迟不被核准。由于不被核准的专利具有高度保密性，因此企业很难检索到这类专利。一旦企业相关产品进入市场，非专利实施实体便会突然核准专利并进行攻击，使目标企业毫无防备，从而对其造成巨大损失。而专利申请懈怠抗辩原则的出现则有力地打击了非专利实施实体利用"潜水艇专利"攻击企业的手段，这对于目标企业来说是一种非常有效的保护性措施，一旦遭遇"潜水艇专利"的攻击，企业便可以该专利无故拖延核准时间为由主张专利权无效。

七　目标企业集体抗辩

如果非专利实施实体一次性向多个目标企业发起侵权诉讼，这些目标企业则可以利用相互之间的信息交流增加胜诉概率。例如共同寻找公开的先前技术，利用不同企业多元化的战略思维找到更有效的诉讼策

---

① 林建铭：《Patent Troll 对企业之影响及防范建议》，高雄第一科技大学，2013 年。

略，增加谈判成功的筹码，甚至还可以在共同搜集信息并进行充分准备后共同向专利权人提起确认之诉，以达到合纵连横的效果（Olsson and McQueen，2000）。① 例如，美国明尼苏达州多家公司集体对抗 Solaia 公司的侵权诉讼，当时 Solaia 公司分别向这些公司寄警告函并索要 60 万美元的授权金，这些公司最终集体合作，共同诉讼共花费诉讼费 200 万美元，并且由于多方有利资讯的搜集，最终他们成功拒绝了 Solaia 公司的支付授权金要求。这一策略不仅使他们在诉讼中取得胜利，而且有效降低了各自的诉讼费用。基于此，当目标企业所在行业存在多家企业且同时面临侵权诉讼的局面时，这些企业可以选择集体抗辩的方式进行侵权诉讼，此举一方面有助于增加胜诉可能性，另一方面也可以共同分担诉讼费用，减少各自的负担。

八　注意授权合约内容

在 MedImmune Inc. v. Genentech Inc. 案件中②，美国最高法院首次改变以往保护专利权人的立场，而是给予被授权人权利质疑授权合约的有效性。法院认为，即使授权合约已经达成，被授权人仍可寻找证据以确认其产品没有侵权或者该专利权无效。也就是说，被授权人可以在不违约且履行授权契约的条件下，就专利的有效性提出质疑，以改变专利契约中双方的对价关系。因此，被授权人一定要对授权契约的内容加以重视。如当契约中涉及支付权利金或赔偿金时，必须要注意授权金额是否合理，合理授权金指的是在专利权有效的前提下，从侵害专利权开始，有意愿授权的专利权人和有意愿被授权的被授权人之间就该专利的使用拟约定的授权金费率。通常被授权人需考量使用的专利技术与授权金之间的合理匹配。美国联邦上诉巡回法院目前关于授权金的计算方法有两种：解析法和假设协商法。解析法的计算依据是专利侵权者因使用该项专利生产产品预期所获得的利润与如果不适用该专利生产产品所产生的利润之差，即是专利权人应当获得的赔偿金额。这种计算方法需要行业专家对专利侵权人所在行业的预期利率和实际利率做出比较准确的判断，也需要原告负担更多的举证责任以证明被告人的获利情况。而假

---

　　① Olsson H., McQueen D. H., "Factors Influencing Patenting in Small Computer Software Producing Companies", *Technovation*, 2000, 20（10）: 563 - 576.

　　② *MedImmune Inc. v. Genentech Inc.*, 549 U. S. 388, 127 S. Ct 764, 166 L. Ed2d 604（2007）.

设协商法则是利用 Georgia Pacific 案中的 15 项因素作为授权金额的判断依据，这种计算方法不确定性较高。这 15 项因素具体如下：既有权利金、类似之授权、授权限制、保有独占地位、两方商业关系、附随销售、专利典授权期限、专利产品收益、附加价值、发明本质与商品化程度、侵权利益、产业惯例、侵权人贡献、专家意见和合理价位（林建铭，2013）。① 除了注意授权金额的合理性之外，被授权人还需注意专利的回溯期问题，根据美国专利法第 286 条规定，专利侵权事实的追溯期为 6 年，超过此追溯期任何侵权行为都不再追究。因此，目标企业在达成授权合约时需考量专利侵害赔偿金仅从诉讼前 6 年内的损害进行计算，以避免支付法律规定之外的赔偿金，造成不必要的浪费。

---

① 林建铭：《Patent Troll 对企业之影响及防范建议》，高雄第一科技大学，2013 年。

第六章 非专利实施实体的专利特征之研究

第一节 绪论

对于能够深深吸引非专利实施实体的专利到底有何魅力，是否背后深深暗藏相当大的商机，这是一种借由对于专利的认知进而去了解非专利实施实体的方式之一，当然这项研究也能让各个公司了解到自己所处在的产业中，可能也藏有价值相当庞大的"黑金"，只是尚未被发掘，倘若有，那是否也代表着可能将面临到非专利实施实体的攻击，若企业能早一步了解或发掘到该种专利，可能将伤害降到最低，自己也可能成为其受益者，这是在未来相当值得观察的一个环节。

Allison、Lemley、Moore 和 Trunkey（2004）[①] 将涉及诉讼的专利视为价值专利，代表着和一般专利相比，涉讼专利是倾向于有较高的价值，也表示有较高价值的专利，可能遇到诉讼的机会也较高。故本书对于非专利实施实体所掌握的专利中，有实际攻击行动的皆归类为"价值专利"。这些价值专利是本书的主轴，和一般的专利之间是否有着显著的不同点，而导致这些"价值专利"有着无限的潜力，能被非专利实施实体拿来运用作为一种新的生财工具，是本书所要探讨的重点。

本书主要是针对非专利实施实体所掌握的专利有何特色，借由各项专利指标来对其专利做出判断，可能利用有哪种特色的专利来对企业进行攻击，以了解这些被拿来当作武器的有价专利有何种特别的魅力。故

① Allison J. R., Lemley M. A., Moore K. A., Trunkey R. D., "Valuable Patents", *Georgetown Law Journal*, 2004, 92（3）：435–480.

本书的目的主要包含以下各点：

（1）了解具有何种有价值的专利是非专利实施实体所重视的，其和一般的专利是否有着差异，并了解差异点为何。

（2）比较非专利实施实体所掌握的专利中，涉讼专利和未涉讼专利之间的差异为何。

（3）比较非专利实施实体经由自行研发的专利和购买而获得的专利之间，是否存在着不同的差异性，到底是自行研发的专利较有价值，还是购买获得的专利有价值，是本书要探讨的问题之一。

（4）探讨不同类型非专利实施实体之间的专利，来进行分析比较，以探讨不同类型的非专利实施实体是否对于想拥有的专利有着不一样的看法，以分析出是否存在不同的差异性。

第二节　专利评估指标

Allison、Lemley、Moore 和 Trunkey（2004）[①] 认为有价值之专利的评断方法，最容易的方式可从该专利是涉讼来评判。Allison、Lemley、Moore 和 Trunkey（2004）[②] 研究了此种涉讼专利后，归纳出以下 7 种特征，可利用这 7 种特征来判断诉讼专利的重要价值为何，分别说明如下：（1）涉讼专利多数是年纪轻的，获得过后不久就会发生诉讼事件。（2）涉讼专利多数是美国的公司所拥有，而不是外国公司所握有。（3）涉讼专利经常是在个人或是小公司手上，而不是掌握在大公司手上。（4）涉讼专利引用的先前技艺经常多于未涉讼专利，也比未涉讼专利更容易被他人所引用。（5）涉讼专利比起未涉讼专利而言，会花费较长的专利申请时程。（6）涉讼专利比起未涉讼专利而言，会包括更多的范围。（7）涉讼专利的出现在某些技术领域是相当频繁的，涉讼专利在机械、电脑和医学仪器领域出现的频率多于化学和半导体产业。

[①] Allison J. R., Lemley M. A., Moore K. A., Trunkey R. D., "Valuable Patents", *Georgetown Law Journal*, 2004, 92 (3): 435 - 480.

[②] Ibid..

除了以上 7 项特性可供参考外，经过研究结果可归纳出 3 项结论。
（1）涉讼专利，比起专利商标局颁发的一般的专利获得了更多的搜寻
检索；（2）颁发给个人和 500 人以下小企业之专利，比起颁发给 500
人以上大企业之专利更容易涉讼；（3）事实上专利诉讼在某些特定的
产业上，比起其他的产业更为频繁。

Allison、Lemley、Moore 和 Trunkey（2004）[①] 指出专利价值的评估
方式，在传统的评价方式中可归纳出以下 6 项指标，分别说明如下：

1. 权利要求数

权利要求数代表了该专利的广度，若该专利的权利要求数越多当然
也就越有价值。

2. 先前技艺数

引用越多的文献，越能证明专利的有效性，当然专利就更有价值。
涉讼专利比起未涉讼专利而言，明显地引证更多的美国专利，或是更多
的外国专利。这表明专利申请人察觉到更多的价值而投入更多资源，以
日益强大专利，而这些努力会转化为更大的实际价值。

3. 专利被引证数

专利被引用的次数越多，表示该专利越受到其他的发明人重视，也
表明了该专利是相当有价值的。一般而言，如果引证次数高，代表该专
利是属于较基础型的专利或是领先于同分类的其他专利。

4. 普遍性指标

Hall、Jaffe 和 Trajtenberg（2005）[②] 提出的指标，主要是计算某项
专利被不同专利分类的文献引用分散程度，可以评估出某项专利的
广度。

5. 原创性指标

Hall、Jaffe 和 Trajtenberg（2005）[③] 提出的指标，主要是计算某项
专利引用于不同专利分类的文献之分散程度，可以评估出某项专利的重
要程度。

---

①　Allison J. R. , Lemley M. A. , Moore K. A. , Trunkey R. D. , "Valuable Patents", *Georgetown Law Journal*, 2004, 92 (3): 435 – 480.

②　Hall B. H. , Jaffe A. , Trajtenberg M. , "Market Value and Patent Citations", *Rand Journal of Economics*, 2005, 36 (1): 16 – 38.

③　Ibid. .

6. 技术覆盖范围

不管是美国专利分类码（UPC）或是国际专利分类码（IPC），某专利归类于不同的专利分类可代表该专利的广度，故专利被分配到的分类越多，相对其价值也越高。

其中普遍性指标和原创性指标，经由 Allison、Lemley、Moore 和 Trunkey（2004）[①] 的研究分析结果得知，这两项指标在有无诉讼方是不显著的结果，故此两项指标并不列入本书所要探讨的指标项目。

Allison、Lemley、Moore 和 Trunkey（2004）[②] 研究出影响价值专利的评估指标，不只是前述的 6 项指标，Allison、Lemley、Moore 和 Trunkey（2004）[③] 也提出了 3 项新的指标来对专利做评量，分别说明如下：

1. 专利家族数

研究结果显示涉讼专利多数皆来自专利家族，涉讼专利所在的专利家族平均值高于未涉讼专利所在的专利家族，故专利所在的专利家族规模较为庞大也间接表示了该专利的价值较高。

2. 专利申请时程

研究结果显示涉讼专利的申请时间长于未涉讼专利的申请时间，故申请时程的长短也是评估价值专利的一个有效指标。根据 Allison、Lemley、Moore 和 Trunkey（2004）[④] 的研究，涉讼专利平均花费 4.13 年的时间获准核发专利，一般专利平均只需 2.77 年，这结果代表着价值专利的申请时程的确长于一般专利的申请时程。

3. 专利年龄

研究结果显示涉讼专利会随着专利年龄的增长而有所递减，表明了少有涉讼专利是年龄相当大的，故专利的年龄若越年轻其代表的价值也越高。

Harhoff、Schererc 和 Vopeld（2003）[⑤] 对于价值专利评估所汇整的

[①] Allison J. R., Lemley M. A., Moore K. A., Trunkey R. D., "Valuable Patents", *Georgetown Law Journal*, 2004, 92 (3): 435 –480.

[②] Ibid. .

[③] Ibid. .

[④] Ibid. .

[⑤] Harhoff D., Schererc F. M., Vopeld K., "Citations, Family Size, Opposition and the Value of Patent Rights", *Research Policy*, 2003, 32 (8): 1343 –1363.

指标，除了 Allison、Lemley、Moore 和 Trunkey（2004）[①] 所提及的各项指标之外，还包含了"非专利文献"这项指标的探讨。专利可根据部分或全新的科学知识，来对其专利之价值作一评估。该研究指出专利有较高的非专利文献引用时，其专利是有较高的价值。

第三节　研究架构与研究假说

本部分分为五项研究，其内容皆以非专利实施实体的专利为主轴，将运用文献中所整理的专利指标来评估非专利实施实体的专利有何种显著的特性。

一　研究一：一般专利 vs 非专利实施实体专利

在研究一当中，运用美国专利资料库（USPTO）来搜集非专利实施实体所持有的专利，再和一般权利人所持有的专利进行一比较。研究一当中非专利实施实体所握有的专利，并不将其分类为涉讼专利和未涉讼专利，而是合并来做分析研究。进而了解非专利实施实体所持有的专利和一般的专利有何差别。

故此研究重点在于非专利实施实体所掌握的专利和一般专利比较后，有哪些显著的特征，和一般的专利的差异点在何处，将两群专利做一分析比较。在研究一两群体对于各项指标的检定中，其平均数将分别进行相互比较，故研究方法选用 T 检验。

H1 - 1：一般专利和非专利实施实体专利在权利要求数方面有着显著差异。

H1 - 2：一般专利和非专利实施实体专利在独立权利要求数方面有着显著差异。

H1 - 3：一般专利和非专利实施实体专利在先前技艺数方面有着显著差异。

H1 - 4：一般专利和非专利实施实体专利在非专利文献方面有着显著差异。

---

① Allison J. R., Lemley M. A., Moore K. A., Trunkey R. D., "Valuable Patents", *Georgetown Law Journal*, 2004, 92 (3): 435 - 480.

H1-5：一般专利和非专利实施实体专利在专利被引证数方面有着显著差异。

H1-6：一般专利和非专利实施实体专利在专利家族数方面有着显著差异。

H1-7：一般专利和非专利实施实体专利在专利申请时程方面有着显著差异。

H1-8：一般专利和非专利实施实体专利在专利年龄方面有着显著差异。

H1-9：一般专利和非专利实施实体专利在技术覆盖范围（IPC）方面有着显著差异。

H1-10：一般专利和非专利实施实体专利在技术覆盖范围（UPC）方面有着显著差异。

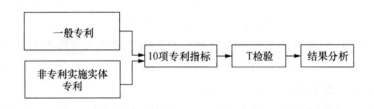

图6-1 一般专利 vs 非专利实施实体专利研究架构

二 研究二：非专利实施实体涉讼专利 vs 非专利实施实体未涉讼专利

研究二主要探讨的问题在于非专利实施实体的眼光是否相当精准明确，其所握有的专利在指标的显著性上并无差别。或者事实上并非如此，非专利实施实体所掌握的专利存在不同的特征，文献中提到专利要归类在"价值专利"或是"一般专利"的主要分野在于专利是否涉讼专利此一特点，所以在研究二当中，研究者将非专利实施实体的专利分类为"涉讼专利"和"未涉讼专利"两大类别来做比较分析。

H2-1：非专利实施实体的涉讼专利和未涉讼专利在权利要求数方面有着显著差异。

H2-2：非专利实施实体的涉讼专利和未涉讼专利在独立权利要求数方面有着显著差异。

　　H2-3：非专利实施实体的涉讼专利和未涉讼专利在先前技艺数方面有着显著差异。

　　H2-4：非专利实施实体的涉讼专利和未涉讼专利在非专利文献方面有着显著差异。

　　H2-5：非专利实施实体的涉讼专利和未涉讼专利在专利被引证数方面有着显著差异。

　　H2-6：非专利实施实体的涉讼专利和未涉讼专利在专利家族数方面有着显著差异。

　　H2-7：非专利实施实体的涉讼专利和未涉讼专利在专利申请时程方面有着显著差异。

　　H2-8：非专利实施实体的涉讼专利和未涉讼专利在专利年龄方面有着显著差异。

　　H2-9：非专利实施实体的涉讼专利和未涉讼专利在技术覆盖范围（IPC）方面有着显著差异。

　　H2-10：非专利实施实体的涉讼专利和未涉讼专利在技术覆盖范围（UPC）方面有着显著差异。

图6-2　非专利实施实体涉讼专利 vs 非专利实施实体未涉讼专利研究架构

三　研究三：非专利实施实体自行研发之专利 vs 非专利实施实体购买之专利

　　探讨了涉讼专利和未涉讼专利的专利之间的差异后，研究者再从另一个方向来研究非专利实施实体的专利有何种差异性。此研究主要探讨的主轴在于非专利实施实体所获得的价值专利也就是涉讼专利。当专利的来源不尽相同的情况下，是否这些专利所表现出来的结果也会有所不同。这项研究将非专利实施实体获得的专利分为"自行研发"和"购买"两种型态，再运用各项专利指标来做研究分析，以找出两种不同获得方式之间的差异性为何。

所以此研究着重探讨非专利实施实体用不同的方法所获得的专利，互相进行分析比较，各种非专利实施实体所掌握的价值专利在自行研发和购买不同的情形下有何差异。

H3-1：不同专利的来源下（自行研发和购买）的非专利实施实体专利在权利要求数方面有着显著差异。

H3-2：不同专利的来源下（自行研发和购买）的非专利实施实体专利在独立权利要求数方面有着显著差异。

H3-3：不同专利的来源下（自行研发和购买）的非专利实施实体专利在先前技艺数方面有着显著差异。

H3-4：不同专利的来源下（自行研发和购买）的非专利实施实体专利在非专利文献方面有着显著差异。

H3-5：不同专利的来源下（自行研发和购买）的非专利实施实体专利在专利被引证数方面有着显著差异。

H3-6：不同专利的来源下（自行研发和购买）的非专利实施实体专利在专利家族数方面有着显著差异。

H3-7：不同专利的来源下（自行研发和购买）的非专利实施实体专利在专利申请时程方面有着显著差异。

H3-8：不同专利的来源下（自行研发和购买）的非专利实施实体专利在专利年龄方面有着显著差异。

H3-9：不同专利的来源下（自行研发和购买）的非专利实施实体专利在技术覆盖范围（IPC）方面有着显著差异。

H3-10：不同专利的来源下（自行研发和购买）的非专利实施实体专利在技术覆盖范围（UPC）方面有着显著差异。

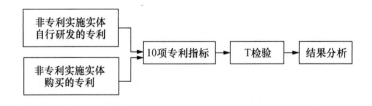

图6-3　自行研发之专利 vs 购买之专利研究架构

四　研究四：不同类型（5、7、10、11）的非专利实施实体之专利比较

此研究对于非专利实施实体的类型进行了详细的区分，运用张克群、夏伟伟、袁建中、陈静怡和耿筠（2015）[1] 所归纳的分类来研究，该研究者将非专利实施实体分为 6 种类型，分别为类型 5（依据购买所取得的专利，以进行专利授权或专利诉讼行为，且其本身为不从事研发、制造行销的法人）、类型 6（依据代理运作的专利，以协助客户进行专利授权或专利诉讼行为，且其本身为不从事研发、制造行销的法人）、类型 7（依据自行研发的专利，以进行专利授权或专利诉讼行为，且其本身为从事研发，但不从事制造行销的个人）、类型 8（依据购买所取得的专利，以进行专利授权或专利诉讼行为，且其本身为从事研发，但不从事制造行销的个人）、类型 10（依据自行研发的专利，以进行专利授权或专利诉讼行为，且其本身为从事研发，但不从事制造行销的法人）、类型 11（依据购买所取得的专利，以进行专利授权或专利诉讼行为，且其本身为从事研发，但不从事制造行销的法人）共 6 种。这种分类是目前探究非专利实施实体分类文献当中尚未提出的类型之一，并且是相当明确的分类之一，故研究四采用此种分类方式来做分析比较。

其中类型 6（依据代理运作的专利，以协助客户进行专利授权或专利诉讼行为，且其本身为不从事研发、制造行销的法人）和类型 8（依据购买所取得的专利，以进行专利授权或专利诉讼行为，且其本身为从事研发，但不从事制造行销的个人）的专利数，分别各自汇整出 7 笔和 3 笔的专利资料，未超过 30 笔专利，故不将这两种类型的非专利实施实体纳入研究讨论。将非专利实施实体分成 4 类后，再相互比较不同类型的非专利实施实体所获得的专利的差异，得以明确了解不同的非专利实施实体所重视的专利有何异同。

故研究四重点在于探讨不同型态的非专利实施实体所拥有的专利是否存在差异性，将非专利实施实体分门别类后再将各自的专利进行分析比较，如研究架构如图 6 - 4 所示。

---

① 张克群、夏伟伟、袁建中、陈静怡、耿筠：《非专利实施实体的定义、形态与特征研究》，《科技管理研究》2015 年第 15 期。

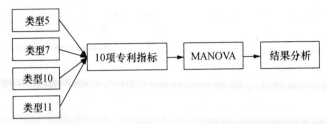

图6-4 不同类型（5、7、10、11）的非专利实施实体研究架构

H4-1：不同类型（5、7、10、11）的非专利实施实体专利在权利要求数方面有着显著差异。

H4-2：不同类型（5、7、10、11）的非专利实施实体专利在独立权利要求数方面有着显著差异。

H4-3：不同类型（5、7、10、11）的非专利实施实体专利在先前技艺数方面有着显著差异。

H4-4：不同类型（5、7、10、11）的非专利实施实体专利在非专利文献方面有着显著差异。

H4-5：不同类型（5、7、10、11）的非专利实施实体专利在专利被引证数方面有着显著差异。

H4-6：不同类型（5、7、10、11）的非专利实施实体专利在专利家族数方面有着显著差异。

H4-7：不同类型（5、7、10、11）的非专利实施实体专利在专利申请时程方面有着显著差异。

H4-8：不同类型（5、7、10、11）的非专利实施实体专利在专利年龄方面有着显著差异。

H4-9：不同类型（5、7、10、11）的非专利实施实体专利在技术覆盖范围（IPC）方面有着显著差异。

H4-10：不同类型（5、7、10、11）的非专利实施实体专利在技术覆盖范围（UPC）方面有着显著差异。

五　研究五：不同类型（个人、小公司、大公司、知识产权控股公司）的非专利实施实体专利比较

研究五再以张克群、夏伟伟、袁建中、陈静怡和耿筠（2015）[①] 所

---

① 张克群、夏伟伟、袁建中、陈静怡、耿筠：《非专利实施实体的定义、形态与特征研究》，《科技管理研究》2015年第15期。

归纳的分类来研究，该研究者将非专利实施实体分成个人、小公司、大公司、知识产权控股公司（IP Holding Company）4 类，本书重心放在比较此 4 类的专利是否有差异存在。

研究五的重点在于探讨个人、小公司、大公司、知识产权控股公司4 种型态的非专利实施实体所拥有的专利是否存在差异性，将非专利实施实体分类成这 4 类后再将各自的专利来做分析比较。

H5 - 1：不同类型（个人、小公司、大公司、知识产权控股公司）的非专利实施实体专利在权利要求数方面有着显著差异。

H5 - 2：不同类型（个人、小公司、大公司、知识产权控股公司）的非专利实施实体专利在独立权利要求数方面有着显著差异。

H5 - 3：不同类型（个人、小公司、大公司、知识产权控股公司）的非专利实施实体专利在先前技艺数方面有着显著差异。

H5 - 4：不同类型（个人、小公司、大公司、知识产权控股公司）的非专利实施实体专利在非专利文献方面有着显著差异。

H5 - 5：不同类型（个人、小公司、大公司、知识产权控股公司）的非专利实施实体专利在专利被引证数方面有着显著差异。

H5 - 6：不同类型（个人、小公司、大公司、知识产权控股公司）的非专利实施实体专利在专利家族数方面有着显著差异。

H5 - 7：不同类型（个人、小公司、大公司、知识产权控股公司）的非专利实施实体专利在专利申请时程方面有着显著差异。

H5 - 8：不同类型（个人、小公司、大公司、知识产权控股公司）的非专利实施实体专利在专利年龄方面有着显著差异。

H5 - 9：不同类型（个人、小公司、大公司、知识产权控股公司）的非专利实施实体专利在技术覆盖范围（IPC）方面有着显著差异。

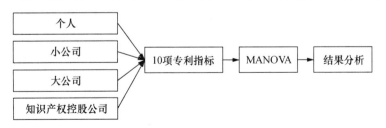

图 6 - 5　不同类型（个人、小公司、大公司、知识产权控股公司）
的非专利实施实体专利研究架构

H5 – 10：不同类型（个人、小公司、大公司、知识产权控股公司）的非专利实施实体专利在技术覆盖范围（UPC）方面有着显著差异。

第四节　研究方法

一　样本选取与数据收集

本书的非专利实施实体数据搜集，首先是根据先前对非制造型公司的定义以及关键词，从搜寻各种国内外的期刊、新闻报道和 Blog 的资料，建立非专利实施实体名单。非专利实施实体专利数据，取自美国专利数据库（United states patent and trademark Office，USPTO），建构起本书所需的数据。非专利实施实体所拥有的专利中，专利是否涉讼，则通过 Westlaw 数据库，可以提供各国的法律资料，输入非专利实施实体所拥有的专利编号可以确保所取非专利实施实体的专利是否涉讼。

非专利实施实体专利资料库：本书所选择的 34 家非专利实施实体握有 308 笔专利。采用了 Westlaw 专利诉讼数据库根据样本中的专利编号来识别每笔专利是否涉讼。分析样本包含未诉讼专利 238 笔，诉讼专利 70 笔。

一般专利资料库：从非专利实施实体的专利资料库来做比对，非专利实施实体的专利编号散布于 US3900000 到 US7300000 号。本书采用系统抽样，此资料库从 US3900000 到 US7300000 号的专利，每隔 10，000 笔取 1 笔资料，故共搜集 340 笔专利资料。

本书将运用汇整完成的"非专利实施实体专利资料库"和"一般专利资料库"来做统计分析，以了解本书想要探讨的各种问题，并获取研究分析结果来了解非专利实施实体的专利是否有其价值存在。经由筛选出来的一般专利和非专利实施实体的专利来做比较，需要运用这 10 种专利指标来分析其不同。并运用自行建构的指标资料库来探讨不同类别的非专利实施实体其专利所注重的指标有何差异，以明确厘清不同类别的非专利实施实体所获取的专利，其重要的价值在哪个部分。

二　变量操作定义

本书将从美国专利数据库中所搜寻到的非专利实施实体专利数据逐一建文件，内容共有 16 个字段，包含专利是否涉讼、权利要求数、从属权利要求数，独立权利要求数、先前技艺数、专利文献数（美国和外国专利文献）非专利文献、专利被引证数、专利家族数、专利申请时程、专利年龄、技术覆盖范围（IPC）、技术覆盖范围（UPC）、申请日以及公告日。接着再将这16个字段整理成10个专利指标如下：

（1）权利要求数：专利申请范围中独立权利要求数与从属权利要求数之和。

（2）独立权利要求数：专利申请范围中申请项所包含独立权利要求数的数目。

（3）先前技艺数：专利文献和非专利文献之和，其中专利文献数包括美国专利文献和外国专利文献。

（4）非专利文献：此专利引用非专利文献的数目。

（5）专利被引证数：此专利被其他专利引用的数目。

（6）专利家族数：至欧洲专利局（European Patent Office，EPO）的专利数据库搜寻。此专利数据库为欧盟所建立的专利书目数据库，除了建立主要工业国家的专利家族信息外，还包括这些相关专利的法律状态。

（7）专利申请时程：专利申请日至专利公告日的天数，由专利的公告日减去申请日来获取时间资料。

（8）专利年龄：将最终日减去专利申请日至2009年1月1日的天数。

（9）技术覆盖范围（IPC）：该项专利所拥有的3阶IPC种类的数目。

（10）技术覆盖范围（UPC）：该项专利所拥有的第1阶UPC种类的数目。

第五节　研究结果分析

一　研究一：一般专利 vs 非专利实施实体专利

非专利实施实体的专利归类在分类一，其编码为1；而一般专利归类在类型二，其编码为2。由表6－1统计分析的结果来观察，此研究可以了解一般专利和非专利实施实体的专利在技术覆盖范围（IPC）方面是没有显著差异之外，另外 9 个指标［权利要求数、独立权利要求数、先前技艺数、非专利文献、专利被引证数、专利家族数、专利申请时程、专利年龄、技术覆盖范围（UPC）］都有明显的差异性存在（见表 6-2）。因此，假说 H1-1、H1-2、H1-3、H1-4、H1-5、H1-6、H1-7、H1-8、H1-10 成立。

表 6-1　　　　　一般专利与非专利实施实体专利描述统计量

变量	编码	个数	均值
1. 权利要求数	1	308	36.71
	2	340	14.33
2. 独立权利要求数	1	308	4.50
	2	340	2.57
3. 先前技艺数	1	308	41.82
	2	340	12.15
4. 非专利文献	1	308	29.87
	2	340	2.42
5. 专利被引证数	1	308	18.73
	2	340	9.43
6. 专利家族数	1	308	22.95
	2	340	9.05
7. 专利申请时程	1	308	1061.16
	2	340	793.79
8. 专利年龄	1	308	4287.18
	2	340	5794.42
9. 技术覆盖范围（IPC）	1	308	1.79
	2	340	1.79
10. 技术覆盖范围（UPC）	1	308	1.59
	2	340	1.75

表 6 – 2   一般专利与非专利实施实体专利 T 检验

变量	F 检验	T 检验	P 值
1. 权利要求数	63.515	6.723	0.000**
2. 独立权利要求数	37.546	7.043	0.000**
3. 先前技艺数	81.025	5.588	0.000**
4. 非专利文献	50.437	3.863	0.000**
5. 专利被引证数	36.643	4.591	0.000**
6. 专利家族数	93.309	5.534	0.000**
7. 专利申请时程	15.139	5.785	0.000**
8. 专利年龄	56.647	− 6.954	0.000**
9. 技术覆盖范围（IPC）	5.715	− 0.002	0.998
10. 技术覆盖范围（UPC）	1.725	− 2.260	0.024*

注：** 表示 p < 0.01， * 表示 p < 0.05。

这 9 个指标中，除了技术覆盖范围（UPC）是一般专利较非专利实施实体专利来得广泛之外，其他 8 个指标（权利要求数、独立权利要求数、先前技艺数、非专利文献、专利被引证数、专利家族数、专利申请时程、专利年龄）的优势都指向非专利实施实体专利。代表着非专利实施实体的专利拥有的价值性的确较高，可能非专利实施实体在选择想要的专利时就已经做了相当多的评估考量，才去购买或移转专利到自己手中，以利未来成为攻击的武器。

二 研究二：非专利实施实体涉讼专利 vs 非专利实施实体未涉讼专利

将非专利实施实体所拥有的 308 笔专利分为两种样本，以专利有无涉讼来做分类，其中类型 1 为涉讼专利，样本数共计 70 笔，其编码为 1；而类型 2 为未涉讼专利，共计 238 笔，其编码为 2（见表 6 – 3）。

研究二的结果显示非专利实施实体手中的涉讼专利和未涉讼专利的差异性较小，只在非专利文献、专利被引证数两个指标上有显著差异存在（见表 6 – 4）。因此，只有假说 H2 – 4、H2 – 5 成立。且引用非专利文献的优势是偏向未涉讼专利，分别为涉讼专利 6.66 篇，而未涉讼专利有 36.69 篇。只有专利被引证数是有利于涉讼专利，分别为涉讼专利 33.27 次，未涉讼专利 14.37 次。

表6-3　非专利实施实体涉讼专利与非专利实施实体未涉讼专利描述统计量

变量	编码	个数	均值
1. 权利要求数	1	70	41.66
	2	238	35.26
2. 独立权利要求数	1	70	5.20
	2	238	4.29
3. 先前技艺数	1	70	38.80
	2	238	42.71
4. 非专利文献	1	70	6.66
	2	238	36.69
5. 专利被引证数	1	70	33.27
	2	238	14.37
6. 专利家族数	1	70	31.69
	2	238	20.43
7. 专利申请时程	1	70	1020.61
	2	238	1063.78
8. 专利年龄	1	70	4034.10
	2	238	4361.62
9. 技术覆盖范围（IPC）	1	70	1.64
	2	238	1.83
10. 技术覆盖范围（UPC）	1	70	1.59
	2	238	1.59

表6-4　非专利实施实体涉讼专利与非专利实施实体未涉讼专利 T 检验

变量	F 检验	T 检验	P 值
1. 权利要求数	0.763	0.820	0.413
2. 独立权利要求数	4.962	1.124	0.264
3. 先前技艺数	0.524	-0.313	0.754
4. 非专利文献	12.523	-3.277	0.001**
5. 专利被引证数	49.224	2.784	0.007**
6. 专利家族数	12.501	1.739	0.085
7. 专利申请时程	0.006	-0.476	0.634
8. 专利年龄	2.476	-1.054	0.293
9. 技术覆盖范围（IPC）	5.437	-1.321	0.188
10. 技术覆盖范围（UPC）	0.303	-0.057	0.954

注：** 表示 $p < 0.01$。

在研究一之后，研究二接着可导出一个结论，非专利实施实体在挑选专利时，就已经对想要纳入手中的专利做了详细的评估，因此被其拥有的专利已经有着相当程度的价值。故非专利实施实体的专利在后续是否有经历争诉，对于专利的价值性而言，有无争诉的影响程度并没有很大的差别。

三　研究三：非专利实施实体自行研发之专利 vs 非专利实施实体购买之专利

以非专利实施实体70笔涉讼专利研究主轴，第1种分类为非专利实施实体自行研发专利，样本数共计23笔，其编码为1；第2种分类为非专利实施实体购买之价值专利，样本数共计47笔，其编码为2（见表6-5）。

表6-5　　非专利实施实体自行研发之专利与非专利
实施实体购买之专利描述统计量

变量	编码	个数	均值
1. 权利要求数	1	23	55.57
	2	47	34.85
2. 独立权利要求数	1	23	6.17
	2	47	4.72
3. 先前技艺数	1	23	24.13
	2	47	45.98
4. 非专利文献	1	23	9.70
	2	47	5.17
5. 专利被引证数	1	23	23.26
	2	47	38.17
6. 专利家族数	1	23	38.13
	2	47	28.30
7. 专利申请时程	1	23	1077.00
	2	47	993.02
8. 专利年龄	1	23	3771.57
	2	47	4162.57
9. 技术覆盖范围（IPC）	1	23	1.17
	2	47	1.87
10. 技术覆盖范围（UPC）	1	23	1.30
	2	47	1.72

本书聚焦于非专利实施实体之涉讼专利的比较，由研究结果发现自行研发的专利和购买所获得的专利，在专利指标上的差别性其实不大。只有非专利文献、技术覆盖范围（IPC）、技术覆盖范围（UPC）三种指标有显著的差异（见表5－6）。因此，只有假说H3－4、H3－9、H3－10成立。其中，在非专利文献中，自行研发达到9.70篇，购买或被移转只有5.17篇；在技术覆盖范围（IPC）中，自行研发平均为1.17类，购买或被移转平均为1.87类；在技术覆盖范围（UPC）中，自行研发平均为1.30类，购买或被移转平均为1.72类。两种专利可以说是各有优势存在，其结论也可说明非专利实施实体要购买的专利之价值，必须和非专利实施实体自行研发的专利要达到相同的水准下，非专利实施实体才会有想要购买专利的行为产生。

表6－6 非专利实施实体自行研发之专利与
非专利实施实体购买之专利 T 检验

变量	F 检验	T 检验	P 值
1. 权利要求数	3.626	0.986	0.328
2. 独立权利要求数	1.462	0.876	0.384
3. 先前技艺数	3.378	− 0.893	0.375
4. 非专利文献	1.113	2.046	0.045 *
5. 专利被引证数	4.035	− 1.258	0.213
6. 专利家族数	1.981	0.758	0.451
7. 专利申请时程	0.009	0.557	0.579
8. 专利年龄	3.537	− 0.830	0.409
9. 技术覆盖范围（IPC）	5.221	− 4.196	0.000 **
10. 技术覆盖范围（UPC）	2.705	− 1.996	0.049 *

注：＊＊表示 p < 0.01，＊表示 p < 0.05。

四 研究四：不同类型（5、7、10、11）的非专利实施实体之专利比较

非专利实施实体以不同的形态来分类，可分成4种类型（类型5、类型7、类型10、类型11）共298笔专利资料来做比较分析。类型5（依据购买所取得的专利，以进行专利授权或专利诉讼行为，且其本身

为不从事研发、制造行销的法人）共计49笔专利资料，其编码为1；
类型7（依据自行研发的专利，以进行专利授权或专利诉讼行为，且其
本身为从事研发，但不从事制造行销的个人）共计94笔专利资料，其
编码为2；类型10（依据自行研发的专利，以进行专利授权或专利诉讼
行为，且其本身为从事研发，但不从事制造行销的法人）共计80笔专
利资料，其编码为3；类型11（依据购买所取得的专利，以进行专利授
权或专利诉讼行为，且其本身为从事研发，但不从事制造行销的法人）
共计73笔专利资料，其编码为4（见表6-7）。

表6-7　　　　　不同类型（5、7、10、11）的非专利
实施实体专利描述统计量

变量	编码	个数	均值
1. 权利要求数	1	49	26.67
	2	94	65.26
	3	82	25.72
	4	73	18.51
2. 独立权利要求数	1	49	4.06
	2	94	4.74
	3	82	4.72
	4	73	3.56
3. 先前技艺数	1	49	14.27
	2	94	91.86
	3	82	30.01
	4	73	10.85
4. 非专利文献	1	49	3.47
	2	94	88.51
	3	82	6.80
	4	73	1.41
5. 专利被引证数	1	49	24.53
	2	94	20.65
	3	82	17.60
	4	73	13.60

续表

变量	编码	个数	均值
6. 专利家族数	1	49	19. 82
	2	94	44. 07
	3	82	18. 85
	4	73	4. 92
7. 专利申请时程	1	49	1035. 06
	2	94	1122. 78
	3	82	1100. 22
	4	73	932. 29
8. 专利年龄	1	49	4899. 61
	2	94	5532. 32
	3	82	33360. 94
	4	73	3486. 56
9. 技术覆盖范围（IPC）	1	49	1. 73
	2	94	2. 43
	3	82	1. 24
	4	73	1. 53
10. 技术覆盖范围（UPC）	1	49	1. 69
	2	94	1. 88
	3	82	1. 41
	4	73	1. 33

  由研究四统计出来的结果可以得知，4 种非专利实施实体的类型在 10 种指标中的情况，只有独立权利要求数、专利被引证数、专利申请时程这 3 个指标无显著差异，另外 7 个指标［权利要求数、先前技艺数、非专利文献、专利家族数、专利年龄、技术覆盖范围（IPC）、技术覆盖范围（UPC）］是有显著差异的（见表 6 - 8），因此，假说 H4 - 1、H4 - 3、H4 - 4、H4 - 6、H4 - 8、H4 - 9、H4 - 10 成立。说明这 4 种非专利实施实体其实对于所重视的专利价值是有所不同的。

表 6 - 8　　　　　　　　　不同类型（5、7、10、11）的
　　　　　　　　　　　非专利实施实体之专利 T 检验

变量	F 检验	P 值
1. 权利要求数	12.834	0.000 **
2. 独立权利要求数	1.919	0.126
3. 先前技艺数	15.652	0.000 **
4. 非专利文献	10.578	0.000 **
5. 专利被引证数	1.232	0.298
6. 专利家族数	16.363	0.000 **
7. 专利申请时程	1.263	0.287
8. 专利年龄	21.462	0.000 **
9. 技术覆盖范围（IPC）	13.842	0.000 **
10. 技术覆盖范围（UPC）	7.580	0.000 **

注：** 表示 p < 0.01。

五　研究五：不同类型（个人、小公司、大公司、知识产权控股公司）的非专利实施实体专利比较

非专利实施实体以不同的专利拥有者来分类，可分成 4 种类型（个人、小公司、大公司、知识产权控股公司）共 294 笔专利资料来做比较分析。专利拥有者为个人共计 62 笔专利资料，其编码为 1；专利拥有者为小公司共 32 笔专利资料，其编码为 2；专利拥有者为大公司共 83 笔专利资料，其编码为 3；专利拥有者为知识产权控股公司（IP Holding Company）共 117 笔专利资料，其编码为 4（见表 6 - 9）。

表 6 - 9　　　　不同类型（个人、小公司、大公司、知识产权控股
　　　　　　　公司）的非专利实施实体专利描述统计量

变量	编码	个数	均值
1. 权利要求数	1	62	38.98
	2	32	23.25
	3	83	20.73
	4	117	52.15
2. 独立权利要求数	1	62	4.35
	2	32	4.13
	3	83	4.46
	4	117	4.56

续表

变量	编码	个数	均值
3. 先前技艺数	1	62	109.02
	2	32	16.03
	3	83	21.78
	4	117	28.49
4. 非专利文献	1	62	131.92
	2	32	5.78
	3	83	2.70
	4	117	4.60
5. 专利被引证数	1	62	19.55
	2	32	31.09
	3	83	8.39
	4	117	21.21
6. 专利家族数	1	62	56.40
	2	32	6.00
	3	83	6.49
	4	117	22.21
7. 专利申请时程	1	62	1254.87
	2	32	1058.25
	3	83	939.71
	4	117	1049.36
8. 专利年龄	1	62	6141.44
	2	32	4073.81
	3	83	3259.34
	4	117	4018.15
9. 技术覆盖范围（IPC）	1	62	2.98
	2	32	1.41
	3	83	1.37
	4	117	1.55
10. 技术覆盖范围（UPC）	1	62	2.00
	2	32	1.19
	3	83	1.48
	4	117	1.53

　　10 种指标中唯一不显著的指标为独立权利要求数，其他 9 个指标
（权利要求数、先前技艺数、非专利文献、专利被引证数、专利家族

数、专利申请时程、专利年龄、技术覆盖范围（IPC）、技术覆盖范围
（UPC））皆有显著的差异（见表 6 – 10）。因此，假说 H5 – 1、H5 – 3、
H5 – 4、H5 – 5、H5 – 6、H5 – 7、H5 – 8、H5 – 9、H5 – 10 成立。经由
研究五的结果显示出个人、小公司、大公司、知识产权控股公司这 4 种
类型的非专利实施实体，各自对于专利的偏好的重点皆不尽相同。

表 6 – 10　　不同类型（个人、小公司、大公司、知识产权控股
公司）的非专利实施实体专利 T 检验

变量	F 检验	P 值
1. 权利要求数	5. 630	0. 001 **
2. 独立权利要求数	0. 095	0. 963
3. 先前技艺数	15. 541	0. 000 **
4. 非专利文献	19. 733	0. 000 **
5. 专利被引证数	4. 698	0. 003 **
6. 专利家族数	26. 494	0. 000 **
7. 专利申请时程	2. 645	0. 049 *
8. 专利年龄	24. 855	0. 000 **
9. 技术覆盖范围（IPC）	24. 620	0. 000 **
10. 技术覆盖范围（UPC）	8. 873	0. 000 **

注：** 表示 p < 0.01，* 表示 p < 0.05。

第六节　研究结论与建议

一　研究结论

1. 研究一：一般专利 vs 非专利实施实体专利

研究一的结果显示非专利实施实体的专利拥有的价值性的确较一般
专利高，出现这样的结果，其实可以对应到非专利实施实体在选择自己
想要的专利时，就已经做了相当多的评估考量，然后才去购买或移转专
利到自己手中，以利未来成为攻击诉讼的武器。

2. 研究二：非专利实施实体涉讼专利 vs 非专利实施实体未涉讼专利

研究二可导出的结论要点在于非专利实施实体早在挑选专利时，就已经对想要纳入手中的专利做了详细的评估，因此被其拥有的专利已经有着相当程度的价值。故非专利实施实体的专利在后续是否有经历争诉，对于专利的价值性而言，有无争诉的影响程度并没有太大的差别。

3. 研究三：非专利实施实体自行研发之专利 vs 非专利实施实体购买之专利

由于两个样本有差异的指标只有 3 项，经由这差异性不多的情况下，此研究可下一结论。即非专利实施实体想要购买的专利所拥有的价值，必须和非专利实施实体自行研发的专利达到相同的水准下，非专利实施实体才会有想要购买专利的行为产生。

4. 研究四：不同类型（5、7、10、11）的非专利实施实体之专利比较

这 4 种非专利实施实体其实对于所重视的专利价值是有所不同的，尤其在权利要求数、先前技艺数、非专利文献、专利家族数、专利年龄、技术覆盖范围（IPC）、技术覆盖范围（UPC）这 7 个专利指标上有着不一样的重视程度。

5. 研究五：不同类型（个人、小公司、大公司、知识产权控股公司）的非专利实施实体专利比较

研究五的结果显示出个人、小公司、大公司、知识产权控股公司（IP Holding Company）这四种类型的非专利实施实体各自对于专利的所偏好的重点皆不尽相同。在权利要求数、先前技艺数、非专利文献、专利被引证数、专利家族数、专利申请时程、专利年龄、技术覆盖范围（IPC）、技术覆盖范围（UPC）这九个专利指标皆有不同的差异存在。

二　研究建议

在未来非专利实施实体的议题想必会愈演愈烈，虽然目前的案件多发生在美国，但政府是否也能从这些案件当中汲取经验，有效地应对将来可能会在国内发生的非专利实施实体行为，让此种行为能得到有效的控制。

和自身企业有相关联的产业发生非专利实施实体的案件时，虽然可能企业尚未受到攻击，但更要快速反应，以了解该非专利实施实体手中的专利有何特色，并评估出企业将来是否也有机会被攻击，做出应对策略以降低伤害。

第七章 Acacia Research Corporation 专利特征之研究

第一节 绪论

本书希望能够找出非专利实施实体在收购专利时的行为研究，究竟非专利实施实体对于哪种专利有高度兴趣，并将手中持有的专利与一般的专利互相比较，归纳出所持有的专利与一般专利区别何在。依照过去文献总是将焦点放在大肥羊身上，也就是那些被非专利实施实体盯上，并且要求其付出权利金或和解金的厂商，但是却鲜少研究是从那些将专利权转移到非专利实施实体身上的那些厂商上，因此，本书探讨是谁将专利授予给非专利实施实体，如果非专利实施实体被授予专利权后，又将会如何处理其手上的专利权，是利用专利权提起诉讼，还是将专利权转让给另外其他的公司，它们所扮演的角色是否有一定的规则能够去追寻。

本书最主要的目的是针对非专利实施实体其手中握有的专利进行分析，并且以个案的形式进行探讨，Acacia Research Corporation 为典型的非专利实施实体公司，并找出非专利实施实体所掌握的专利特性，借由专利指标对其拥有的专利做出归类，借以了解这些有价值的专利有何种特别的地方。故本书的目的主要包含以下几点：

（1）Acacia Research Corporation 手中所持有的专利，和一般专利是否有着差异，并了解差异点为何。

（2）将 Acacia Research Corporation 手中所持有的专利分为有争诉专利以及无争诉专利，并且比较这两种专利的差异点为何。

（3）将 Acacia Research Corporation 手中的有争诉专利与一般专利中抽样出的有争诉专利比较其是否有显著差异，并了解差异点为何。

（4）研究 Acacia Research Corporation 现在手中所持有的专利是从何处得来（大公司、小公司或独立发明人），归类出其特征。

第二节　Acacia Research Corporation 介绍

一　Acacia Research Corporation 概要

该公司成立于 1993 年 1 月，是通过收购、开发、许可和强制执行的专利技术营运公司。它是第一家本身不进行任何研发活动，纯粹通过收购或投资，累积其专利资源，积极地运用其拥有的专利组合并告尽天下知名企业，再通过和解与授权，使其专利达到最大的经济效益。因此，专利侵权诉讼的威胁是 Acacia Research Corporation 很重要的商业策略，但在许多科技公司的眼里，它是不折不扣的非专利实施实体。截至 2011 年 12 月 31 日，Acacia Research Corporation 已经授权超过 1080 项专利给予其他公司，并且公司持有超过 200 个专利组合，其中包括美国专利以及欧洲专利。由于公司本身无研发能力，但其专利来源已不仅仅是购买市场上已成型的专利，而是进一步通过专利合作协议寻找合作对象，以至研发取得相关发明但是却还尚未成型的专利，公司的合作对象涵盖研究实验室、大学、大公司以及个人发明者。

自从其 1993 年创立开始，至 2016 年为止，Acacia Research Corporation 及其子公司已经提出至少 565 个专利诉讼案。根据 RPX 的数据库统计，Acacia Research Corporation 及其子公司在 2001—2010 年的十年，共提出 190 个专利诉讼，排名第一，其中涉及 1100 个被告，被告数排名第二。

二　成本分析

根据 Acacia Research Corporation 网站数据得知，该公司的成本分布如下，其中占最多的为营运与市场调查成本（Marketing, General and Administrative Expense），达 32% 之多；第二高的费用有两个，分别为诉讼授权专利申请费用（Litigation and Licensing Expense – Patent），占了全部费用的 22%，律师与法律费用（Legal Fee）所占之比率也为 22%；最小为发明人授权金（Inventor Royalties）和专利摊提费用（Amortization of Patents），分别占 14% 和 10%。如图 7 - 1 所示。

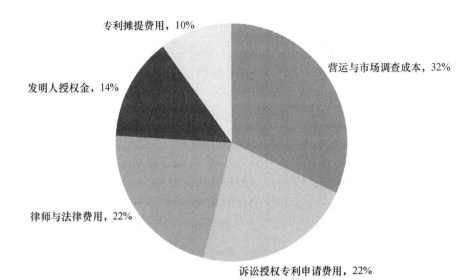

专利摊提费用，10%

发明人授权金，14%

营运与市场调查成本，32%

律师与法律费用，22%

诉讼授权专利申请费用，22%

图 7 - 1 Acacia Research Corporation 成本比例

三 成长幅度

Acacia Research Corporation 近年来授权金收入成长为 3.4 倍、营运与市场调查成本增加 2.6 倍、发明人授权金为 3.5 倍、胜诉酬金则为 2.8 倍、诉讼授权专利申请费用则为 5.8 倍。虽然授权金收入不断上升，但是随之而来的成本也不断增加，因此，Acacia Research Corporation 在 2009 年以前还是呈现亏损的状态，直至 2009 年以后，才慢慢地转亏为盈。

四 诉讼相关费用

根据 Acacia Research Corporation 官方网站统计数据，诉讼相关及胜诉酬金费用占 2009 年总成本约 40%，诉讼相关费用的提升显示 Acacia Research Corporation 主要通过诉讼方式取得专利授权收入。

第三节 研究架构与研究假说

本书主要是借由专利指标来探讨 Acacia Research Corporation 所持有的专利与一般专利的不同，由于公司的资源或者是金钱有限，所以不可能将市面上的专利全部收购，因此，Acacia Research Corporation 选择其收购的专利时应该会有一定的标准，本书想通过专利指标的方式，试图去归纳出其所有拥有的专利与一般专利在何项专利指标上面会有何差异。除了比较 Acacia Research Corporation 所持有专利与一般专利之外，本书将 Acacia Research Corporation 的专利分为有诉讼以及没有诉讼的专利，探讨是否因某些专利指标的不同，去影响 Acacia Research Corporation 用某项专利去提起诉讼，并且在试着更深入地研究 Acacia Research Corporation 所持有的诉讼专利与一般诉讼专利去做一个比较。最后，由于 Acacia Research Corporation 本身不从事研发活动，因此，该公司所拥有的专利皆是向其他单位收购而来，我们将反向思考，是谁将那些专利授权给 Acacia Research Corporation，并进一步将其分成大公司（上市上柜公司）、小公司（未上市上柜公司）以及独立发明人，并用专利指标找出这 3 种授权给予 Acacia Research Corporation 是否有其差异。

一 假说1：Acacia Research Corporation 专利 vs 一般专利

将 Acacia Research Corporation 所持有的专利与一般专利运用 10 项专利指标归纳出其专利特征，假说 1 如下所示：

H1 - 1：一般专利和 Acacia Research Corporation 专利两群样本数，在权利要求项数_ 总请求项数中，一般专利和 Acacia Research Corporation 专利并无显著差异。

H1 - 2：一般专利和 Acacia Research Corporation 专利两群样本数，在权利要求项数_ 独立项数中，一般专利和 Acacia Research Corporation 专利并无显著差异。

H1 - 3：一般专利和 Acacia Research Corporation 专利两群样本数，在引证专利文献数中，一般专利和 Acacia Research Corporation 专利并无显著差异。

H1 - 4：一般专利和 Acacia Research Corporation 专利两群样本数，在引证非专利文献数中，一般专利和 Acacia Research Corporation 专利并无显著差异。

H1 - 5：一般专利和 Acacia Research Corporation 专利两群样本数，在被引证次数中，一般专利和 Acacia Research Corporation 专利并无显著差异。

H1 - 6：一般专利和 Acacia Research Corporation 专利两群样本数，

在专利申请时程中，一般专利和 Acacia Research Corporation 专利并无显著差异。

H1 - 7：一般专利和 Acacia Research Corporation 专利两群样本数，在专利年龄中，一般专利和 Acacia Research Corporation 专利并无显著差异。

H1 - 8：一般专利和 Acacia Research Corporation 专利两群样本数，在 IPC 阶数中，一般专利和 Acacia Research Corporation 专利并无显著差异。

H1 - 9：一般专利和 Acacia Research Corporation 专利两群样本数，在 UPC 阶数中，一般专利和 Acacia Research Corporation 专利并无显著差异。

H1 - 10：一般专利和 Acacia Research Corporation 专利两群样本数，在专利家族数中，一般专利和 Acacia Research Corporation 专利并无显著差异。

二 假说2：有诉讼专利（Acacia Research Corporation）vs 无诉讼专利（Acacia Research Corporation）

将 Acacia Research Corporation 专利分成有诉讼过的专利以及没有诉讼过的专利，并运用10项专利指标归纳出专利特征，假说2如下所示：

H2 - 1：有诉讼专利（Acacia Research Corporation）和无诉讼专利（Acacia Research Corporation）两群样本数，在权利要求项数_总请求项数中，有诉讼专利（Acacia Research Corporation）和无诉讼专利（Acacia Research Corporation）并无显著差异。

H2 - 2：有诉讼专利（Acacia Research Corporation）和无诉讼专利（Acacia Research Corporation）两群样本数，在权利要求项数_独立项数中，有诉讼专利（Acacia Research Corporation）和无诉讼专利（Acacia Research Corporation）并无显著差异。

H2 - 3：有诉讼专利（Acacia Research Corporation）和无诉讼专利（Acacia Research Corporation）两群样本数，在引证专利文献数中，有诉讼专利（Acacia Research Corporation）和无诉讼专利（Acacia Research Corporation）并无显著差异。

H2 - 4：有诉讼专利（Acacia Research Corporation）和无诉讼专利（Acacia Research Corporation）两群样本数，在引证非专利文献数中，有

诉讼专利（Acacia Research Corporation）和无诉讼专利（Acacia Research Corporation）并无显著差异。

H2-5：有诉讼专利（Acacia Research Corporation）和无诉讼专利（Acacia Research Corporation）两群样本数，在被引证次数中，有诉讼专利（Acacia Research Corporation）和无诉讼专利（Acacia Research Corporation）并无显著差异。

H2-6：有诉讼专利（Acacia Research Corporation）和无诉讼专利（Acacia Research Corporation）两群样本数，在专利申请时程中，有诉讼专利（Acacia Research Corporation）和无诉讼专利（Acacia Research Corporation）并无显著差异。

H2-7：有诉讼专利（Acacia Research Corporation）和无诉讼专利（Acacia Research Corporation）两群样本数，在专利年龄中，有诉讼专利（Acacia Research Corporation）和无诉讼专利（Acacia Research Corporation）并无显著差异。

H2-8：有诉讼专利（Acacia Research Corporation）和无诉讼专利（Acacia Research Corporation）两群样本数，在IPC阶数中，有诉讼专利（Acacia Research Corporation）和无诉讼专利（Acacia Research Corporation）并无显著差异。

H2-9：有诉讼专利（Acacia Research Corporation）和无诉讼专利（Acacia Research Corporation）两群样本数，在UPC阶数中，有诉讼专利（Acacia Research Corporation）和无诉讼专利（Acacia Research Corporation）并无显著差异。

H2-10：有诉讼专利（Acacia Research Corporation）和无诉讼专利（Acacia Research Corporation）两群样本数，在专利家族数中，有诉讼专利（Acacia Research Corporation）和无诉讼专利（Acacia Research Corporation）并无显著差异。

三 假说3：有诉讼专利（Acacia Research Corporation）vs 一般有诉讼专利

将Acacia Research Corporation有诉讼专利与一般专利中有诉讼专利运用10项专利指标归纳出其专利特征，假说3如下所示：

H3-1：有诉讼专利（Acacia Research Corporation）和一般有诉讼专利两群样本数，在权利要求项数_总请求项数中，有诉讼专利（Acacia Research Corporation）和一般有诉讼专利并无显著差异。

H3 - 2：有诉讼专利（Acacia Research Corporation）和一般有诉讼专利两群样本数，在权利要求项数_独立项数中，有诉讼专利（Acacia Research Corporation）和一般有诉讼专利并无显著差异。

H3 - 3：有诉讼专利（Acacia Research Corporation）和一般有诉讼专利两群样本数，在引证专利文献数中，有诉讼专利（Acacia Research Corporation）和一般有诉讼专利并无显著差异。

H3 - 4：有诉讼专利（Acacia Research Corporation）和一般有诉讼专利两群样本数，在引证非专利文献数中，有诉讼专利（Acacia Research Corporation）和一般有诉讼专利并无显著差异。

H3 - 5：有诉讼专利（Acacia Research Corporation）和一般有诉讼专利两群样本数，在被引证次数中，有诉讼专利（Acacia Research Corporation）和一般有诉讼专利并无显著差异。

H3 - 6：有诉讼专利（Acacia Research Corporation）和一般有诉讼专利两群样本数，在专利申请时程中，有诉讼专利（Acacia Research Corporation）和一般有诉讼专利并无显著差异。

H3 - 7：有诉讼专利（Acacia Research Corporation）和一般有诉讼专利两群样本数，在专利年龄中，有诉讼专利（Acacia Research Corporation）和一般有诉讼专利并无显著差异。

H3 - 8：有诉讼专利（Acacia Research Corporation）和一般有诉讼专利两群样本数，在 IPC 阶数中，有诉讼专利（Acacia Research Corporation）和一般有诉讼专利并无显著差异。

H3 - 9：有诉讼专利（Acacia Research Corporation）和一般有诉讼专利两群样本数，在 UPC 阶数中，有诉讼专利（Acacia Research Corporation）和一般有诉讼专利并无显著差异。

H3 - 10：有诉讼专利（Acacia Research Corporation）和一般有诉讼专利两群样本数，在专利家族数中，有诉讼专利（Acacia Research Corporation）和一般有诉讼专利并无显著差异。

四　假说 4：大公司、小公司和独立发明人授权给 Acacia Research Corporation 之专利

假说 4 是将 Acacia Research Corporation 的专利分别因授权对象的不同将其分成三种类型，第一种为大公司授予专利给 Acacia Research Corporation，第二种为小公司移转专利给 Acacia Research Corporation，以及第三种就是独立发明人将专利授权给 Acacia Research Corporation。

H4-1：不同类型（大公司、小公司、独立发明人）授权给 Acacia Research Corporation 在权利要求项数_总请求项数中有着显著差异。

H4-2：不同类型（大公司、小公司、独立发明人）授权给 Acacia Research Corporation 在权利要求项数_独立项数中有着显著差异。

H4-3：不同类型（大公司、小公司、独立发明人）授权给 Acacia Research Corporation 在引证专利文献数中有着显著差异。

H4-4：不同类型（大公司、小公司、独立发明人）授权给 Acacia Research Corporation 在引证非专利文献数中有着显著差异。

H4-5：不同类型（大公司、小公司、独立发明人）授权给 Acacia Research Corporation 在被引证次数中有着显著差异。

H4-6：不同类型（大公司、小公司、独立发明人）授权给 Acacia Research Corporation 在专利申请时程中有着显著差异。

H4-7：不同类型（大公司、小公司、独立发明人）授权给 Acacia Research Corporation 在专利年龄中有着显著差异。

H4-8：不同类型（大公司、小公司、独立发明人）授权给 Acacia Research Corporation 在 IPC 阶数中有着显著差异。

H4-9：不同类型（大公司、小公司、独立发明人）授权给 Acacia Research Corporation 在 UPC 阶数中有着显著差异。

H4-10：不同类型（大公司、小公司、独立发明人）授权给 Acacia Research Corporation 在专利家庭数中有着显著差异。

第四节　研究方法

一　样本选取与数据收集

本书所选择的 Acacia Research Corporation 非专利实施实体公司来自 RPX 数据库。本书的专利数据来源于美国专利商标局（United States Patent and Trademark Office，USPTO）数据库收录美国授权专利文献信息。采用了 Westlaw 专利诉讼数据库根据样本中的专利编号来识别每笔专利是否涉讼。分析样本包含未诉讼专利 3478 笔，诉讼专利 231 笔。本书的专利来源取用美国专利商标局专利检索数据库（USPTO）内的专利数据以及欧洲专利局（EPO）（寻找专利家族数），借由以上两种数据库去收集本书所需的专利数据，以建立数据库。

本书共采取了十项专利指标分析。分别运用美国专利数据库所搜集的数据，包括：权利要求项数_ 总请求项数、权利要求项数_ 独立项数、引证专利文献数、引证非专利文献数、总被引证数、专利年龄、专利申请时程、技术范围_ IPC 阶数（5 阶）、技术范围_ UPC 阶数（2阶）。其中专利范围分为总项数、独立项数两类；总引证数分为引证专利文献数和引证非专利文献数两类；专利申请时程方面，由专利的公告日减去申请日来获取时间数据；在专利年龄方面，本书所设定最后日期为 2015 年 12 月 31 日。而各个专利所申请的专利家族则是利用欧洲专利局（EPO）去逐个搜索整理而成，以建立出专利在不同国家申请之集合，综合上述的数据后，即为本书最后整理而成的专利指标数据库。

以先前所提出的 10 个专利指标进行处理。把每一个公司所拥有的专利以下列各个指标依序计算出来：

（1）专利申请专利范围：美国专利局网站查询专利并计算权利要求项数_ 总请求项数与权利要求项数_ 独立项数。

（2）引用先前技术文献：美国专利局查询专利并计算申请此专利引用文献的数目。

（3）专利被引用次数：美国专利局查询专利并计算申请此专利被引用文献的数目。

（4）专利分类（技术领域分类）：到美国专利局网站查询专利并计算申请以美国专利 UPC 分类以及 IPC 分类各归属于不同国际分类的数目。

（5）专利家族数：至欧洲专利数据库（EPO）依专利号码逐笔寻找并统计其数量。

（6）专利申请时程：到美国专利局查询专利并计算申请日与公告日中间申请的天数，将天数再除以 365 其转为以年为单位。

（7）专利年龄：到美国专利局网站查询专利并计算申请由公告日至 2012 年 4 月 1 日为止，并将计算出来的天数再除以 365 转为以年为单位。

二 研究步骤、数据库和取样介绍

(一) 研究步骤

本书主要研究标的为 Acacia Research Corporation，其公司本身不生产、行销、制造和贩售任何商品，但是却持有相当多的专利权，试图以个案方式去了解非专利实施收购专利时会通过哪些专利指标作为其收购专利时的参考依据，并且将其所拥有之专利分为有诉讼过以及没有诉讼过的专利，来作为探讨的一个方向，本书的研究步骤如下：

（1）在美国专利商标局专利检索数据库（USPTO）上找出 Acacia Research Corporation 所持有过的专利。

（2）参考文献建立各式专利指标并予以明确定义。

（3）将所有专利进行指标计算与分析。

（4）在美国专利商标局专利检索数据库（USPTO）随机检索至与 Acacia Research Corporation 所包含个数相同的对照组（一般专利）。

（5）检验所随机抽样出来的对照组是否有被非专利实施实体持有过，并予以删除之。

（6）统计分析。

(二) 数据库

1. Acacia Research Corporation 专利数据库

本书运用美国专利数据库中，将 Acacia Research Corporation 的名称输入，由于其公司并未进行研发，因此在搜寻策略上则设定 assignee name 来搜寻其专利数据。而在专利家族数据搜集方面，则运用在欧洲专利数据库中所找到的专利号将其一一输入，再将所获得的家族数建档。将以上所有的专利数据依照十个专利指标来分门别类，总共搜集了 3478 笔 Acacia Research Corporation 所持有的专利数据。

2. 一般专利数据库

此数据库是运用美国专利数据库（USPTO）来做数据的搜寻以及建档动作，在数据的抽样上面，与 Acacia Research Corporation 的专利数据库上面做一个比对，Acacia Research Corporation 的专利数据库散布于专利号 4700000 至 8000000 之间。本书采取系统抽样，此数据库的建档从 4700000 至 8000000 号的专利，每隔 900 笔便抽取一笔数据，故此数据库共收集了 3478 笔的专利数据。

在假说 3 中一般专利数据库（有诉讼），则是利用 Westlaw 数据库筛选出来，由于 Acacia Research Corporation 有争诉的专利为 231 笔，因此，在抽样一般有诉讼专利也是以 231 笔为抽样结果。

第五节　实证结果分析

一　假说 1：Acacia Research Corporation 专利 vs 一般专利

在假说 1 中分析 Acacia Research Corporation 公司专利与抽样一般专利的显著性，结果从表 7－1 得知，在 10 项专利指标中有 6 项专利指标在这两种不同专利中有显著差异，这 6 项专利指标分别为：权利要求项数_ 总请求项数、权利要求项数_ 独立项数、引证专利文献数、引证非专利文献数、被引证次数以及技术范围_ IPC 阶数（5 阶）。因此，我们能够归纳出 Acacia Research Corporation 在市场上搜寻想收购或移转之专利，主要可能是循着这 6 项专利指标去决定专利是否为其所收购之原因。

表 7－1　　　Acacia Research Corporation 专利和一般专利之检定

专利指标	Acacia Research Corporation 专利	一般专利	p 值
权利要求项数_ 总请求项数	24.298	16.333	0.000 **
权利要求项数_ 独立项数	4.361	2.789	0.000 **
引证专利文献数	35.927	15.813	0.000 **
引证非专利文献数	15.151	5.105	0.000 **
被引证次数	37.038	8.367	0.000 **
专利申请时程	2.825	3.085	0.090
专利年龄	12.362	11.936	0.059
技术范围_ IPC 阶数（5 阶）	4.349	3.179	0.000 **
技术范围_ UPC 阶数（2 阶）	5.625	5.425	0.589
专利家族数	17.396	10.330	0.245

注：** 表示 $p < 0.01$。

由于假说 1 是比较 Acacia Research Corporation 的专利以及一般专利其专利指标的差异性为何，因此根据表 7－1 可以看出在 10 个专利指标当中，这 6 个专利指标之数值皆是属于 Acacia Research Corporation 专利大于一般专利。也就是说 Acacia Research Corporation 在评估是否要收购这些专利之前，很有可能是以这 6 项专利指标为基准，再来决定是否要收购该项专利，其中两者差别数值较大的有以下 4 项：

（1）权利要求项数_ 总请求项数：在 Acacia Research Corporation 手中所持有的专利平均有 24.298 个总请求项数，而在抽样一般专利之中，在这 290 篇一般专利平均却只有 16.333 个总请求项数，这两者在总请求项数的差别 Acacia Research Corporation 专利多了 7.965 个之多。

（2）引证专利文献数：在前文有提到过 Allison 等（2003）研究结果显示引用文献越多，越倾向于证明专利的有效性，所以较有价值。在 Acacia Research Corporation 引证专利文献数这项指标中，平均引证专利文献数为 35.927 篇；在一般抽样专利之中，却只平均引证专利文献数 15.813 篇，Acacia Research Corporation 平均每篇专利多出一般专利约 20.11 篇之多。

（3）引证非专利文献数：Acacia Research Corporation 的每篇专利引证非专利文献数 15.151 篇；而在一般专利之中，每篇专利引证非专利文献数只有 5.105 篇，由此得知，Acacia Research Corporation 在引证非专利文献数这项专利指标中，平均每篇专利也高出一般专利约 10.05 篇。

（4）被引证次数：Acacia Research Corporation 专利中平均被引证数有 37.038 篇；而一般专利之中，一般专利的被引证数平均每篇只有 8.367 篇，因此，这两者之间的差异也多达平均每篇专利相差 28.67 篇之多。

而其他四项不显著的专利指标分别为专利申请时程、专利年龄、技术领域_ UPC（2 阶）和专利家族数，但并不代表着不显著就是不重要，因为看这四项专利指标的数值，Acacia Research Corporation 专利和一般专利也没有相差太多，只不过这四项专利指标不是 Acacia Research Corporation 再收购专利之时的参考依据。

二　假说 2：Acacia Research Corporation 专利（有诉讼）vs Acacia Research Corporation 专利（无诉讼）

假说 2 是将 Acacia Research Corporation 的专利分成两类：一类是有诉讼过的专利，另一类是没有诉讼过的专利。这样分类最主要的原因是要探讨 Acacia Research Corporation 所持有的专利中有提起过诉讼以及没有提起过诉讼这两种类型的专利，通过专利指标去探讨，是否有哪些指标较高、较容易让 Acacia Research Corporation 拿那些专利去提起诉讼。或是 Acacia Research Corporation 认为哪些专利指标较高的专利比较能够提起诉讼。

假说 2 的结果显示，其 10 项专利指标当中，有 7 项专利指标在这两种类型的分类下有显著差异，分别为：权利要求项数_ 总请求项数、权利要求项数_ 独立项数、引证专利文献数、被引证次数、专利申请时程、技术范围_ UPC 阶数（2 阶）以及专利家族数这 7 项专利指标。因此，本书归纳出，收购中较容易提起诉讼的专利，其这 7 项的专利指标皆会比没有提起诉讼较为显著。

而这个假说主要是研究 Acacia Research Corporation 有无诉讼过的专利的差异点为何，通过表 7 - 2 能够得知在这 7 项专利指标当中，都是属于 Acacia Research Corporation 有诉讼过的专利其专利指标比 Acacia Research Corporation 无诉讼过的专利的平均数值要高，显示出 Acacia Research Corporation 在提起诉讼时，可能会参考这 7 项专利指标来辅助是否要提起诉讼，以下详细说明：

表 7 - 2　　Acacia Research Corporation 专利（有诉讼）和 Acacia
Research Corporation 专利（无诉讼）之检定

专利指标	Acacia Research Corporation 专利（有诉讼）	Acacia Research Corporation 专利（无诉讼）	p 值
权利要求项数_ 总请求项数	45. 559	23. 911	0. 000 **
权利要求项数_ 独立项数	6. 558	3. 970	0. 000 **
引证专利文献数	49. 674	25. 037	0. 000 **
引证非专利文献数	6. 214	5. 105	0. 944
被引证次数	91. 762	41. 546	0. 000 **
专利申请时程	3. 703	2. 679	0. 000 **
专利年龄	12. 676	12. 611	0. 559
技术范围_ IPC 阶数（5 阶）	4. 964	4. 249	0. 499
技术范围_ UPC 阶数（2 阶）	7. 705	5. 425	0. 000 **
专利家族数	27. 714	16. 805	0. 000 **

注：** 表示 $p < 0.01$。

（1）权利要求项数_总请求项数：在此假说 2 之中，能够发现在 Acacia Research Corporation 有诉讼过的专利其总请求项数平均有 45.559 个；而无诉讼过的 Acacia Research Corporation 专利却平均只有 23.911 个，因此得知在总请求项数中，有诉讼过的 Acacia Research Corporation 专利平均大无诉讼过的 Acacia Research Corporation 的专利 21.65 个。

（2）权利要求项数_独立项数：在此假说 2 之中，能够发现在 Acacia Research Corporation 有诉讼过的专利其总请求项数平均有 6.558 个；而无诉讼过的 Acacia Research Corporation 专利却平均只有 3.970 个，因此得知在总请求项数中，有诉讼过的 Acacia Research Corporation 专利平均大无诉讼过的 Acacia Research Corporation 的专利 2.59 个。

（3）引证专利文献数：由表 7 - 1 可以得知在 Acacia Research Corporation 平均每篇专利会引证专利文献数约 35.927 篇；由表 7 - 2 可以得知在 Acacia Research Corporation 有诉讼过的专利平均引证专利文献数 49.674 篇；没有诉讼过的 Acacia Research Corporation 专利平均引证专利文献数只有 25.037 篇，两者相差 24.64 篇之多。

（4）被引证次数：Acacia Research Corporation 有诉讼过的专利中平均被引证数有 91.762 篇；而无诉讼过的 Acacia Research Corporation 之中被引证数平均每篇只有 41.546 篇，因此，这两者之间的差异也多达平均每篇专利相差 50.22 篇之多。

（5）申请专利时程：由表 7 - 1 可以得知在 Acacia Research Corporation 平均每篇专利的专利申请时程约 2.825 年；通过表 7 - 2 我们能够得知在 Acacia Research Corporation 有诉讼过的专利平均申请专利时程有 3.703 年；而无诉讼过的 Acacia Research Corporation 专利平均申请专利时程只有 2.679 年，彼此间相差了 1.02 年，而在专利申请时程这一项专利指标在 Allison、Lemley、Moore 和 Trunkey（2004）[①] 认为诉讼专利的申请时程比一般专利的申请时程来得长得到佐证。

（6）技术范围_UPC 阶数（2 阶）：通过表 7 - 2 能够得知在有诉讼过的 Acacia Research Corporation 专利平均 UPC 有 7.705 个；无诉讼过的 Acacia Research Corporation 专利平均 UPC 只有 5.425 个，两者平均相

---

① Allison J. R., Lemley M. A., Moore K. A., Trunkey R. D., "Valuable Patents", *Georgetown Law Journal*, 2004, 92 (3): 435 - 480.

差 2.28 个。

（7）专利家族数：通过表 7－2 能够得知在有诉讼过的 Acacia Research Corporation 专利平均专利家族数有 27.714 个；无诉讼过的 Acacia Research Corporation 专利平均专利家族数只有 16.805 个，两者平均相差 10.91 个。

三　假说 3：Acacia Research Corporation 专利（有诉讼）vs 一般专利（有诉讼）

假说 3 有两种类型的专利，第 1 种是刚刚前面假说 2 中 Acacia Research Corporation 有诉讼过的 31 笔专利，第 2 种是另外抽出相同笔数的一般专利，这些一般专利也有提起过专利诉讼，而假说 3 分析的最主要目的是为了归纳出在 Acacia Research Corporation 公司有就是非专利实施实体它们争诉过的专利与一般公司（有生产、制造以及行销等基本公司功能的企业）在提起诉讼的专利其专利指标有何不同，以专利指标归纳的话，又会有何种差异点。

假说 3 的结果显示出，其 10 项专利指标当中，有 7 项专利指标在这两种不同分类下有显著差异，分别为：权利要求项数_ 总请求项数、引证专利文献数、被引证次数、专利申请时程、专利年龄、技术范围_ IPC 阶数（5 阶）以及技术范围_ UPC 阶数（2 阶）这 7 项专利指标。

由表 7－3 能够看出，在 10 项专利指标中 Acacia Research Corporation 的诉讼专利有 7 项专利指标的平均值高于一般公司的诉讼专利，并且通过假说 3 我们能够了解 Acacia Research Corporation 的诉讼专利与一般诉讼专利其差异点。以下详细说明：

表 7－3　　Acacia Research Corporation 专利（有诉讼）和
一般专利（有诉讼）之检定

专利指标	Acacia Research Corporation 专利（有诉讼）	一般专利（有诉讼）	p 值
权利要求项数_ 总请求项数	45.559	27.564	0.002 **
权利要求项数_ 独立项数	6.558	5.451	0.499
引证专利文献数	49.674	20.967	0.000 **

专利指标	Acacia Research Corporation 专利（有诉讼）	一般专利（有诉讼）	p 值
引证非专利文献数	6.214	6.976	0.832
被引证次数	91.762	59.129	0.000**
专利申请时程	3.703	2.370	0.000**
专利年龄	12.676	21.012	0.000**
技术范围_ IPC 阶数（5 阶）	4.964	3.008	0.000**
技术范围_ UPC 阶数（2 阶）	7.705	3.698	0.001**
专利家族数	27.714	33.168	0.695

注：** 表示 $p < 0.01$。

（1）权利要求项数_ 总请求项数：在 Acacia Research Corporation 手中所持有的诉讼专利平均有 45.559 个总请求项数，而在抽样一般有诉讼过专利之中，平均总请求项数却只有 27.564 个总请求项数，这两者间在总请求项数的差别 Acacia Research Corporation 有诉讼过的专利平均多出 18 个之多。

（2）引证专利文献数：在假说 3 中 Acacia Research Corporation 有诉讼过的专利平均引证专利文献数 49.674 篇；一般有诉讼过的平均引证专利文献数只有 20.967 篇，两种不同专利相差 28.71 篇。

（3）被引证次数：Acacia Research Corporation 有诉讼过的专利中平均被引证数有 91.762 次；而一般有诉讼过的专利中被引证数平均每篇只有 59.129 篇，因此，这两者之间的差异也多达平均每篇专利相差 32.63 篇之多。

（4）专利申请时程：Acacia Research Corporation 有诉讼过的专利平均申请专利时程有 3.703 年；而一般有诉讼过的专利平均申请专利时程只有 2.37 年，彼此间相差了 1.33 年。

（5）专利年龄：Acacia Research Corporation 有诉讼过的专利平均专利年龄有 12.676 年；而一般有诉讼过的专利平均专利年龄有 21.012 年，彼此间相差了 8.34 年，值得注意的是，专利年龄这一项专利指标，在一般诉讼专利中反而是数值比较高的，与前面所提到说 Allison、

Lemley、Moore 和 Trunkey（2004）① 研究统计结果显示，诉讼发生的概率随着专利年龄而降低。涉及诉讼的专利极少是"年纪大"的专利。因此，能够看出 Acacia Research Corporation 提起诉讼的专利比较偏向年纪较轻之专利。

（6）技术范围_ UPC 阶数（2 阶）：有诉讼过的 Acacia Research Corporation 专利平均 UPC 有 7.705 个；一般有诉讼过的专利平均 UPC 只有 3.698 个，两者平均相差 4.01 个。

因此从假说 2 与假说 3 皆有这项专利指标能够看出 Acacia Research Corporation 对于技术范围的宽广对其是否提起诉讼有很紧密的关系。

（7）技术范围_ IPC 阶数（5 阶）：有诉讼过的 Acacia Research Corporation 专利平均 IPC 有 4.964 个；一般有诉讼过的专利平均 IPC 只有 3.008 个，两者平均相差 1.96 个。

四　假说 4：大公司、小公司以及独立发明人授权给 Acacia Research Corporation 之专利

假说 4 是以 Acacia Research Corporation 的专利为分析的主轴，因此，是直接使用母体将其分成三类：（1）由大公司授权给 Acacia Research Corporation 公司的专利。（2）由小公司授权给 Acacia Research Corporation 公司的专利。（3）由独立发明人授权给 Acacia Research Corporation 公司的专利。

假说 4 主要将 Acacia Research Corporation 的专利分成 3 群，第 1 群是由大公司授权给 Acacia Research Corporation 的专利，第 2 群是由小公司授权给 Acacia Research Corporation 的专利，第 3 群是由独立发明人授权给 Acacia Research Corporation 的专利，通过假说 4 除了能够了解 Acacia Research Corporation 手中所持有的专利来源为何之外，也能够归纳不同规模大小的公司以及独立发明人这些来源不同的专利，它们通过专利指标找出其差异点为何，Acacia Research Corporation 专利中，62% 是由大公司授权给 Acacia Research Corporation，小公司授权占了 30%，而只有大约 8% 的专利是由独立发明人授权得到。

从表 7 - 4 能够看出在这 10 项专利指标之中，有 4 项专利指标的平

---

① Allison J. R., Lemley M. A., Moore K. A., Trunkey R. D., "Valuable Patents", *Georgetown Law Journal*, 2004, 92 (3): 435 –480.

均数值在大公司授权之下较高，这 4 项专利指标分别为：权利要求项数_总请求项数、引证专利文献数、引证非专利文献数以及专利家族数，可能大公司在申请专利时特别注重这 4 项专利指标或者是 Acacia Research Corporation 在收购大公司的专利时，特别会参考这 4 项专利指标。而在专利申请时程以及被引证次数这两项专利指标之中，却是以独立发明人所授权给 Acacia Research Corporation 的平均数值较为突出。

表 7 - 4 **大公司、小公司以及独立发明人授权给**
Acacia Research Corporation 的专利统计

专利指标	大公司	小公司	独立发明人	p 值
权利要求项数_ 总请求项数	24.485	19.478	13.982	0.002 **
权利要求项数_ 独立项数	3.947	5.425	3.935	0.034 **
引证专利文献数	47.235	26.303	24.720	0.000 **
引证非专利文献数	20.839	11.167	3.004	0.000 **
被引证次数	34.241	38.742	70.416	0.000 **
专利申请时程	2.690	3.192	3.873	0.002 **
专利年龄	11.172	14.493	13.431	0.039 **
技术范围_ IPC 阶数（5 阶）	4.507	4.409	3.841	0.092 **
技术范围_ UPC 阶数（2 阶）	5.841	5.500	4.825	0.002 **
专利家族数	21.783	10.258	5.460	0.000 **

注：** 表示 $p < 0.01$。

第六节　研究结论

本章在假说 1 至假说 3 中，主要围绕在 Acacia Research Corporation 专利的特征，试图通过专利指标，进而去归纳其所持有的专利特性，并且随着所比较的标的不同，使本书能够探讨更多面向，从更多不同方面找出其特征。

首先，假说 1 是比较 Acacia Research Corporation 专利与一般专利的差异性，想通过这样的检定找出其选择收购与选择不收购的原因，通过专利指标去找寻，后来研究发现在 10 项专利指标之中，有 7 项专利指标是拥有显著性的，而这 7 项专利指标主要说明，Acacia Research Corporation 专利与一般专利的差异点就在这 7 项专利指标之上，因此，说明 Acacia Research Corporation 手中所持有的专利确实与一般专利有所不同，在其所持有的专利当中，那显著 7 项专利指标确实是比一般专利的专利指标数值高出许多。

其次，在探讨完 Acacia Research Corporation 专利与一般专利不同之后，知道 Acacia Research Corporation 收购专利的目的就是为了去提起诉讼，但是其所拥有的专利却不是完全都有提起告诉，因此，本书将 Acacia Research Corporation 所持有的专利分为两类：一类是有诉讼过的专利，另一类是没有诉讼过的专利，想通过专利指标来找出这两种有无诉讼过的专利的差异何在。本书发现在 10 项专利指标当中有 7 项专利指标有其显著性，说明有诉讼过专利与无诉讼过专利确实有些专利指标拥有显著性差异。通过假说 2 能够知道 Acacia Research Corporation 在收购专利之后，会通过专利指标去评估这项专利是否要去提起诉讼，进而去评估风险。

最后，假说 3 是比较 Acacia Research Corporation 有诉讼过的专利以及一般有诉讼过的专利，想通过这样的比较去了解 Acacia Research Corporation 的诉讼专利和一般的诉讼专利其差异点为何。本节发现在 10 项专利指标之中，有 7 项专利指标是有显著性的，说明 Acacia Research Corporation 所持有去提起诉讼的专利与一般去提起诉讼的专利，其所注重的面向并不是相同的。

Acacia Research Corporation 所持有的专利其获得专利的方法有收购或者是授权，因此，假说 4 的目的是找出那些授权或贩卖专利给 Acacia Research Corporation 的目的或是动机为何，通过案例的方式去归纳，并且进一步去看出那些不同类型的公司或独立发明人授权给 Acacia Research Corporation 的专利，通过专利指标去看其差异性。本书最后发现，Acacia Research Corporation 的获利模式似乎除了以前专门收取权利金以及和解金之外，多了一项收取手续费，Acacia Research Corporation 当一个中介的角色，替那些自己有在生产和行销的公司去攻击其竞争对手，并且再利用外包的方式，将专利授权给其他公司，让那些公司去提起告诉，而其合作对象皆是非常固定的，不管是授权者、中介者还是提起告诉者，这三者之间的关系是密不可分的。

第八章 非专利实施实体的涉讼专利特征之研究：价值专利观点

第一节 绪论

一 研究背景与动机

随着知识经济时代的来临，创新成为企业永续经营及创造利润的关键因素之一，而专利制度的保护，对促进企业创新及产业发展则扮演着不可或缺的角色。例如医药产业是一个研发投入成本高昂、仿冒成本低廉的产业，若无专利制度的保护，则对于制药厂商而言将不会产生愿意投入研发的诱因（Burk and Lemley，2003）。[1] 我国专利法第一条规定："为了保护专利权人的合法权益，鼓励发明创造，推动发明创造的应用，提高创新能力，促进科学技术进步和经济社会发展，制定本法。"便阐明了这样的立法旨意。借由对于技术创新成果的保护机制的保障，一方面赋予企业排他的权利，以鼓励刺激企业积极从事进行技术创新活动，企业并借此获得应有的私有利益；另一方面可因为专利技术的公之于世而被充分利用并使得社会公众能够据此作出更精进的创新发明，使社会公众因而获得更大的公众利益，最终达到促进产业发展的目标。

无论是促进公众利益或者是获得私有利益兼顾的立法精神，若只聚焦在企业获取私有利益的角度来看，专利更是成为企业保护其自身创新

---

① Burk D. L．，Lemley M. A．，"Policy Levers in Patent Law"，*Virginia Law Review*，2003，89（7）：1575－1696.

成果及市场利益的不可或缺的保护工具。也就是说，在今天科技创新竞争激烈的商业市场环境中，专利已经被看作科技企业从事市场竞争的"竞争工具"。① 近20年来，企业借由专利进行市场争夺的攻防案件可谓不胜枚举。以下列举两个专利攻防案例——LED以及智能型手机两大产业，作为这样的观点说明，并且再进一步比较两者对于专利的操作有哪些异同。

近年来，环保意识的抬头以及LED照明技术日趋成熟，使技术领先的国际大厂，为能巩固其市场地位，大约从1996年起便开始通过专利这项"竞争工具"，互相厮杀，历经一连串的诉讼攻防，在2002年左右，彼此借由专利交叉授权的方式达成和解，确立了今天由日亚光（Nichia）、科瑞（Cree）、欧司朗（Osram）、丰田合成（Toyoda Gosei）、飞利浦流明（Philips Lumileds）五大巨头共同掌控全球LED市场的格局。

又如，当智能型手机取代了传统手机而成为手机市场主流，促使原先如诺基亚（Nokia）、摩托罗拉（Motorola）、索尼爱立信（Sony Ericsson）等传统手机主要大厂渐渐淡出手机市场之际，新一轮的手机市场争夺战便开始登场，于是智能型手机的相关专利又成为这些新的领导厂商相互攻防的"竞争工具"。如苹果（Apple）、谷歌（Google）、三星（Samsung）、宏达电（HTC）等主要智能型手机厂商纷纷投入这场令人眼花缭乱、目不暇接的全球专利大战之中。

观察上述两大产业的专利攻防案例，可以看到当今企业对于专利的运用重点已经不再只是聚焦于专利本身的有效无效或者侵权与否的问题，而是拥有专利的企业期望借由这样的活动能否达到其背后想要获得的商业目的。换言之，不难看出对于专利运用的演变，已经跳出传统将专利视为企业保护研发创新成果的思维模式，而是更进一步关注于专利的运用是否能够为它创造价值。

根据Teece（1986）② 对于产业的观察与研究，当研发创新取得专利

_____

① 有人也将之称为竞争筹码、竞争资源、竞争武器等。

② Teece D. J. , "Profiting from Technological Innovation: Implications for integration, Collaboration, Licensing and Public Policy", *Research Policy*, 1986, 15 (6): 285–305.

后一直到专利商品化成功上市而为企业创造价值的关键因素，除了技术优异性以外，还必须要有其他非用来支撑技术或创新的能力配合才能够成功，Teece（1986）[①] 将这些因素称为互补性资源（complementary assets），包括配销通路、品牌、商誉、顾客关系、制造及供货商关系、营销、服务及互补性的技术等。观察上述两大产业的专利攻防案例，其共同点就是都符合 Teece（1986）[②] 的观点。也就是说，无论是 LED 产业或者是智能型手机产业，企业必须掌握互补性资源才能够借由专利的排他性创造商业价值。

因此，在这样的思维模式下，企业所拥有的专利，也就不一定是必须通过企业自身辛勤的研发创新才能够获得，而是可以通过让售、授权、并购、信托等方式取得，仍然可以为企业创造期望达到的商业价值。从前述两大产业的专利攻防案例当中，可以看到两者最大的不同点，就是这些智能型手机厂商为能强化本身的专利能量，达到足以与竞争对手抗衡的专利规模，若再通过本身研发产出专利已经缓不济急，因此通过其他商业手段获得专利便是必要的手段了。[③] 因此，无论是通过自行的研发创新还是通过交易的方式所拥有专利，如何能够为企业创造价值便成为科技企业非常关心的议题之一。

从而，可以了解到专利的价值与专利的持有人（可能是专利权人，也可能是专利被授权人）本身是否掌握互补性资源息息相关。也就是说，同样一件专利掌握在国际大厂的手上可能要比放在个人发明人

---

① Teece D. J. , "Profiting from Technological Innovation: Implications for Integration, Collaboration, Licensing and Public Policy", *Research Policy*, 1986, 15（6）: 285 – 305.

② Ibid. .

③ 2011 年，谷歌（Google）花 120 亿美元兼并摩托罗拉移动公司（Motorola Mobility）以获取其拥有的庞大通讯专利，并且又向 IBM 购买千余件专利以壮大其专利能量。而苹果与微软则是以 45 亿美元联合标下了加拿大北方电讯（Nortel）所有的 6000 余件专利（含 4G LTE 专利）。至于台湾宏达电也在 2011 年为能对抗苹果的专利诉讼攻击策略，除了向惠普（HP）购买了两件美国专利（US7，571，221，US7，120，684），并且还以租赁方式向谷歌借来 5 件专利，作为反击的筹码，虽然后来根据已公开的 ITC 文件内容来看，调查过程中常常意见相左的 ITC 行政法官、ITC 调查律师与 ITC 委员会，均口径一致地认为谷歌（Google）只是出借部分权利给宏达电打苹果侵权官司，显示宏达电提交给委员会的证据中，无法有效证明百分之百拥有这些专利，因此从宏达电告苹果侵权案中移除这 5 项专利，但仍可以视为另外一种企业对于专利的运用方法。

的手上要更能够创造出更大的价值。① 因此，我们似乎也应该开始思考：一项专利编号为 US7，479，949，名为 "Touch screen device, method, and graphical user interface for determining commands by applying heuristics" 的美国触控面板专利②，如果今天并不是属于苹果公司的专利，而是一家名不见经传的中小企业，或许就无法为持有者创造如此庞大的商机。

在过去已经有许多针对专利的价值创造进行相关的研究，例如 Deng、Lev 和 Narin（1999）③，Hall、Jaffe 和 Trajtenberg（2000）④，Hall、Jaffe 和 Trajtenberg（2005）⑤，Hall、Thoma 和 Torrisi（2007）⑥ 等，主要是针对专利对于增进企业本身在金融市场的价值进行探讨，而这样的观点较侧重于企业本身因拥有专利而为企业整体绩效所创造的价值。而这些研究也都符合 Teece（1986）⑦ 的观点。也就是专利的价值创造均会受到持有人是否掌握互补性资源的影响。因此，这也就引发本书在探索价值专利（valuable patents）的研究议题上，如何在不受专利持有人是否掌握互补性资源的能力影响的干扰下，而能够寻求纯粹就专利本身因素创造出价值的专利，作为观察的对象，而研究这些所谓的价值专利（valuable patents）到底具备哪些特征的动机。

在价值专利的相关研究中，曾经有人尝试以专利公开拍卖让售为观

---

① 1979 年当时仅 23 岁的英国青年克雷默（Kane Kramer）发明了数字音乐播放器，能够将 3 分半钟的音乐储存在芯片内，随后，克雷默申请了许多国家的专利，并成立了公司来发展该技术，但在 1988 年董事会分裂后，克雷默便无力支付 6 万英镑的专利费用，于是该专利成了公共财产，谁都可以根据该专利设计并生产产品。时隔 30 年后的今天，这项发明却成为家喻户晓的 iPod，并且为苹果公司创造数百亿美元的商机，至于当初的发明人克雷默先生则并没有因为这风行全球的数字音乐播放器 iPod 而带来任何财富。

② 苹果曾经用此项专利控告三星、诺基亚、宏达电及摩托罗拉等通讯大厂，奠定苹果公司在手机市场龙头地位可谓功不可没。

③ Deng Z., Lev B., Narin F., "Science and Technology as Predictors of Stock Performance", *Financial Analysts Journal*, 1999, 55（3）: 20 – 32.

④ Hall B. H., Jaffe A., Trajtenberg M., "Market Value and Patent Citations: A First Look", *NBER Working Paper*, No. 8498, 2000.

⑤ Hall B. H., Jaffe A., Trajtenberg M., "Market Value and Patent Citations", *Rand Journal of Economics*, 2005, 36（1）: 16 – 38.

⑥ Hall B. H., Thoma G., Torrisi S., "The Market Value of Patents and R&D: Evidence from European Firms", *NBER Working Paper*, No. W13426, 2007.

⑦ Teece D. J., "Profiting from Technological Innovation: Implications for Integration, Collaboration, Licensing and Public Policy", *Research Policy*, 1986, 15（6）: 285 – 305.

察对象，通过市场交易机制作为衡量专利价值的依据（Sneed and Johnson，2009）。① 这样的研究对象可以排除掉专利权人本身是否掌握互补性资源能力对于专利本身价值的影响因素，完全以欲标售的专利标的本身的价值为主要检验的对象，从中验证价值专利会具备哪些特征。然而，公开拍卖让售的方式虽可以排除掉专利权人本身是否掌握互补性资源能力对于专利本身价值的影响因素，但是最后的成交价格仍然与买方对于让售的专利标的预期未来价值有关，这当然也隐含买方本身是否掌握互补性资源能力的影响因素。再者，从实务的观点来看，买方在限定的时间内，及有限的评估信息情况下，仅能就当下的需求因素考虑（如是否实施于本身的产品或服务、是否可以阻止目前竞争对手的市场扩张，或者为遭受专利攻击而企图借此获取专利进行反击等），而可能造成适当评估价值的困难性。因此，本书希望能找寻其他适合的研究对象，能更聚焦于专利本身价值的检视素材。

而近年来非专利实施的实体（Non‑Practicing Entities，NPEs）的兴起则提供了一个很好的研究对象。近年来，由于专利运用的操作手法日趋灵活，创造价值的方式也日趋多元。于是一种新的专利商业模式便应运而生——非专利实施实体，也就是俗称的专利流氓（Patent Trolls），它们最主要的特征就是本身并不从事生产制造及产品销售，也不需要掌握互补性资源，而是凭借高度专业的专利领域知识能力，专门以所拥有的专利作为筹码，通过授权谈判、专利诉讼等运用方式，向从事制造或销售的企业收取权利金或赔偿金以获取报酬为营利目的。

非专利实施实体之所以能够如此大行其道，主要是因为专利制度的设计，对于专利权的性质属于一种排他的权利，也就是未经专利权人同意不能将专利技术实施于制造、为贩卖之要约、贩卖、使用或进口等活动。而非专利实施实体与一般的企业最大的不同点就在于本身不从事生产制造及销售等活动，也就是说非专利实施实体拥有专利却无任何侵害他人专利之虞。换言之，非专利实施实体具有向一般企业主张专利权的能力，却因为本身不制造销售专利产品使不用担心会被他人主张专利权的可能性。

① Sneed K. A., Johnson D. K. N., "Selling Ideas: the Determinants of Patent Value in an Auction Environment", *R&D Management*, 2009, 39 (1): 87–94.

根据动态竞争理论的观点来说，企业发动攻击越多，则从中所获得绩效越佳。然而当企业因攻击却遭遇对手反击越多，则绩效反而越差。所以企业发动攻击的有效性端视对手是否反击而定，也就是说对于反击的预期将会影响攻击决策的制定（Chen，1996）。[①]因此，过去研究发现，越有价值专利的专利权人，越有发动诉讼攻击的倾向，且个人发明人要比一般企业发动诉讼攻击的机会大（Lanjouw and Schankerman，2001）。[②]这也就间接证实非专利实施实体会比一般企业更能够有恃无恐地发动专利攻击，并且从中获取最大的利益。简言之，非专利实施实体就是在创造专利本身的最大价值。

由于非专利实施实体是以专利本身的价值作为主要获利来源，因此具备很强的对价值专利的判断能力。同时从各种渠道获得的专利形成专利组合（patent portfolio）以及本身不具备任何参与市场竞争的能力。因此以非专利实施实体所拥有的专利作为研究价值专利的对象，将可以不受专利权人是否掌握互补性资源所干扰。

根据美国 Pricewaterhouse Coopers LLP 的 2009 年专利诉讼研究报告：1995—2008 年，非专利实施实体因诉讼而获得的利益每年平均为 440万美元（最高为 1050 万美元，最低为 220 万美元）。1995—2001 年，非专利实施实体与一般企业因诉讼而获得的损害赔偿金额相差无几（平均约为 500 万美元），但是 2002—2008 年，非专利实施实体则暴增为 1200 万美元，而一般企业反而减为 340 万美元左右。

从这样的统计现象来看，可以更进一步说明：非专利实施实体是以专利诉讼攻击作为创造专利价值的主要获利来源，而涉讼专利应可成为价值专利的最具体的衡量指标。在过去也有许多学者将涉讼专利视为价值专利的充要条件（Allison，Lemley，Moore and Trunkey，2004；Sherry and Teece，2004）[③][④]，认为这个假设是具有双向性的（bidirectional），

---

①　Chen M – J. , "Competitor Analysis and Interfirm Rivalry: Toward a Theoretical Integration", *The Academy of Management Review*, 1996, 21（1）: 100 – 134.

②　Lanjouw J. O. , Schankerman M. , "Characteristics of Patent Litigation: A Window on Competition", *The RAND Journal of Economics*, 2001, 32（1）: 129 – 151.

③　Allison J. R. , Lemley M. A. , Moore K. A. , Trunkey R. D. , "Valuable Patents", *Georgetown Law Journal*, 2004, 92（3）: 435 – 480.

④　Sherry E. F. , Teece D. J. , "Royalties, Evolving Patent Rights, and the Value of Innovation", *Research Policy*, 2004, 33（2）: 179 – 191.

亦即相较于一般的专利，涉讼专利倾向于具有较高的价值；价值专利比较有可能牵涉到专利涉讼。因此，本书将选择非专利实施实体所拥有的专利为检视对象，并且从中比较涉讼专利与非涉讼专利之间在特征上的差异，希望从中了解这些有价值的涉讼专利较有可能会具备哪些特征。

二　研究目的

非专利实施实体对于专利的运用模式有别于传统以生产销售为主的企业，而是假借侵权之名进行骚扰或是诉讼攻击，许多非专利实施实体即使根本不曾制造或提供基于某项专利的产品服务，也纷纷声称受到专利侵权，且非专利实施实体多半以低于诉讼费用，如50万美元左右，向厂商索取权利金，亦常使用永久禁制令作为要挟，使厂商的产品在进出海关之前就被阻挡，因此多半的企业为了避免日后更多的诉讼费用及禁制令等问题，而支付不合理权利金。

非专利实施实体这样的行径，同时也间接挑战了 Teece (1986)① 对于企业必须拥有配销渠道路、品牌、商誉、顾客关系、制造及供货商关系、营销、服务及互补性的技术等互补性资源才能够创造专利价值的观点。这是因为非专利实施实体之所以不需要掌握互补性资源，却仍然能够创造出专利本身的价值，在于他具备了相当专业的专利实务技能，包括法律诉讼及谈判能力，同时也专精于某些技术领域中并取得了关键专利的能力。

在众多的非专利实施实体当中，还可以发现各家的经营特色皆有不同，其手上所握有的专利与使用方法也不尽相同，有些公司手上拥有了许多专利，而有些公司却仅拥有少数专利。还有非专利实施实体手中持有的专利，也并非均会作为诉讼攻击的武器。由于有许多研究观点认为有价值的专利，其最重要特征之一就是与法律诉讼有关，凡容易被用于诉讼的专利较可以被认为是更有价值的专利（Allison, Lemley, Moore and Trunkey, 2004）。② 已涉讼专利将大幅优于非涉讼的专利，因为前者

---

① Teece D. J. , "Profiting from Technological Innovation: Implications for Integration, Collaboration, Licensing and Public Policy", *Research Policy*, 1986, 15 (6): 285 - 305.

② Allison J. R. , Lemley M. A. , Moore K. A. , Trunkey R. D. , "Valuable Patents", *Georgetown Law Journal*, 2004, 92 (3): 435 - 480.

已经在法庭上使用，确实进行了保护知识产权活动。涉讼专利将比那些非涉讼专利来得更有价值（Sherry and Teece，2004）。① 另外，大多数涉讼专利具有较高的市场价值（Allison，Lemley，Moore and Trunkey，2004）。②

故本书的研究方向主要在于非专利实施实体持有的专利中，哪些专利是非专利实施实体眼中的价值专利，涉讼与未涉讼专利之间有何差别之处。据此，本书以非专利实施实体所持有专利为研究对象，在探讨涉讼专利与非涉讼专利在特征上有哪些差异，以作为未来研究价值专利可能具备哪些特征的参考。

第二节　文献回顾与研究假说

本书的研究目的主要在于探索哪些衡量特征指标（如被引用数、专利家族等）可以作为衡量价值专利（valuable patents）的衡量变量，因此本书将整理过去针对价值专利的研究文献并加以探讨，期望能够对于专利的价值（value）给予清楚的界定，并且厘清本书所称的专利的价值与所谓的专利价格（price）在意义上有何区别，以免在后面的研究探讨时产生偏差。同时探讨过去以涉讼专利作为价值专利的代理变量的见解。

本书也将整理过去研究专利特征指标的文献，了解在过去实证研究上对于价值专利的各种衡量特征指标（如被引用数、专利家族等）的相关性及这些特征指标本身在专利实务上实际的意义，以便能够更精确地掌握这些衡量特征指标在衡量价值专利上的作用。最后，本书将依据前述相关的文献探讨提出本书的研究假说，并加以实证分析。

一　价值专利

过去有许多文献针对价值专利进行研究探讨，然而由于观察的角度

---

① Sherry E. F.，Teece D. J.，"Royalties，Evolving Patent Rights，and the Value of Innovation"，*Research Policy*，2004，33（2）：179-191.

② Allison J. R.，Lemley M. A.，Moore K. A.，Trunkey R. D.，"Valuable Patents"，*Georgetown Law Journal*，2004，92（3）：435-480.

不同，因而对于价值专利的定义或者认知会有所差异，本书尝试将过去
针对价值专利的认定进行分类（见图 8 - 1），并且分别于其后加以整理
论述。

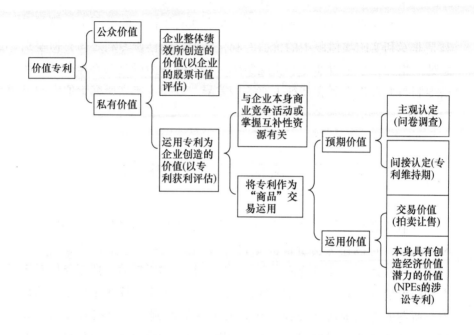

图 8 - 1　价值专利的认定分类

专利制度的设计目的在于政府授予专利权人在一定的期间内以及在
特定的技术领域范围内，享有排他权利（exclusive right），借以换取专
利权人在专利有效期之后能够明确且充分揭露其发明技术，从而使得整
个社会能够享受到技术进步的益处。同时也能够让大家在此公开发明技
术的基础上作出更精进的研究创新，以达到促进产业发展之目的。因
此，从专利制度对于专利权人的权利（排他权）及义务（明确且充分
揭露）两方面的设计来看，专利的价值可以被反映在两方面：一是技
术上的创新价值（也就是所谓的"公众利益"）；二是经济上的私有价
值（也就是"私有利益"）。技术方面的价值主要是在技术创新上的贡
献，而经济方面的价值则是为专利权人带来私有利益的价值（Grili

ches，1990）。①

　　关于专利对于公众利益的技术创新贡献方面，由于专利是企业从事研发活动后所产出的成果，所以过去经常利用专利信息（如数量、引用等）来观察技术发展轨迹、技术外溢、技术创新、研发投入等情况。但是从专利制度设计的旨意来看，期望在公开专利技术的基础上进行精进的创新发明，进而达到促进技术创新的目的，这样的观点或立法动机则似乎还有待进一步观察。大多数的企业研发创新所需的信息来源，并非来自公开的专利文献，同时专利文献与研发生产力的提升并无显著的关系。另外，Burk 和 Lemley（2003）② 研究归纳依产业的创新型态的不同对于专利制度的要求也会有所不同。也就是说，专利对促进技术创新的贡献价值会依不同的产业而异。因为，Burk 和 Lemley（2003）③ 认为像医药产业属于需要高昂的资源投入才能进行创新研发，然而一旦产品问世就很容易被模仿者轻易取得研发成果而跟进，因此若没有专利权保护作为诱因的话，反而会抑制创新活动。而在竞争性创新的产业型态中（如电子商务产业），由于彼此创新竞争激烈，企业即便没有专利制度的保护措施，仍然会有足够的诱因驱使其进行创新活动，因为唯有如此才能取得市场的首动优势（first mover advantages）。

　　本书的研究焦点则不是放在公众利益方面的探索，而是专注于专利本身的私有利益。而针对私有利益方面的研究，从过去的研究文献又可以归纳出两个方向：（1）企业本身因拥有专利而为企业整体绩效所创造的价值；（2）运用专利为企业创造价值。关于前者的研究文献，主要是针对专利对于增进企业本身在金融市场的价值进行研究（Deng, Lev and Narin, 1999；Hall, Jaffe and Trajtenberg, 2000；Hall, Jaffe and Trajtenberg, 2005；Hall, Thoma and Torrisi, 2007；Wolff,

---

　　①　Griliches Z. , "Patent Statistics as Economic Indicators: A Survey", *Journal of Economic Literature*, 1990, 28（4）: 1661 – 1707.

　　②　Burk D. L. , Lemley M. A. , "Policy Levers in Patent Law", *Virginia Law Review*, 2003, 89（7）: 1575 – 1696.

　　③　Ibid. .

1998）。①②③④⑤ 至于后者则是如何借由专利的各种运用为企业创造价值，也就是以专利获利作为价值评估的依据。

而前述后者所提的关于各种专利的商业运用模式，大致能够分成两大类型：（1）与企业本身商业竞争活动或者掌握互补性资源能力有关；（2）与将专利当作是一种可以进行交易的"商品"运用有关。前者主要运用模式通常有发动诉讼攻击或反击、交互授权、专属与非专属授权等；后者比较常见的有抵押融资、信托、让售等。

对于将专利作为企业商业竞争活动的工具而言，由于是将专利视为企业所掌握的众多竞争资源中的一种工具，因此与企业所处的市场经济规模（Deng，2007）⑥ 及本身所拥有的竞争能力有关（Chen，1996）。⑦ 换言之，专利能为企业所带来的价值绩效与企业本身的能力与产业竞争结构息息相关。所以我们可以从许多研究证实企业本身在金融市场的价值与所拥有的专利有关，而且是与所拥有的专利质量有显著的正向关系（Lanjouw and Schankerman，2004）。⑧ 也就是说，企业的价值绩效并不是以拥有多少的专利数量而定，而是与专利质量优劣相关（Griliches，

① Deng Z., Lev B., Narin F., "Science and Technology as Predictors of Stock Performance", *Financial Analysts Journal*, 1999, 55 (3): 20 – 32.

② Hall B. H., Jaffe A., "Trajtenberg M. Market Value and Patent Citations: A First Look", *NBER Working Paper*, No. 8498, 2000.

③ Hall B. H., Jaffe A., "Trajtenberg M. Market Value and Patent Citations", *Rand Journal of Economics*, 2005, 36 (1): 16 – 38.

④ Hall B. H., Thoma G., Torrisi S., "The Market Value of Patents and R&D: Evidence from European Firms", *NBER Working Paper*, No. W13426, 2007.

⑤ Wolff M. F., "Tech Indicators may Predict Stock Performance", *Research Technology Management*, 1998, 41 (5): 9.

⑥ Deng Y., "Private Value of European Patents", *European Economic Review*, 2007, 51 (7): 1785 – 1812.

⑦ Chen M – J., "Competitor Analysis and Interfirm Rivalry: Toward a Theoretical Integration", *The Academy of Management Review*, 1996, 21 (1): 100 – 134.

⑧ Lanjouw J. O., Schankerman M., "Patent Quality and Research Productivity: Measuring Innovation with Multiple Indicators", *The Economic Journal*, 2004a, 114 (495): 441 – 465.

1990；Hall, Jaffe and Trajtenberg, 2000；Harhoff, Schererc and Vopeld, 2003）。①②③ 然而通过这些研究，我们仍然无法确知提升企业在金融市场的价值是因为专利本身的质量（借由发动专利诉讼攻击或反击所带来的价值绩效），还是因为企业本身的竞争能力（由于本身的技术优势而带来的价值绩效，并因而产出高质量的专利），或者两者交互影响加乘（因本身的竞争优势及拥有高质量的专利通过交互授权或专属与非专属授权等运用）而创造的价值。

至于后者的专利商业运用，无论是抵押融资、信托还是让售等，是与持有该专利的企业本身较无关联，而是完全以专利本身的价值（把专利当作一种可以进行交易的"商品"）作为运用的基础，因此比较能够聚焦于专利本身价值的研究。在过去关于这方面的探讨中，Griliches (1990)④ 认为大致可分为三种类型：（1）通过电话或问卷调查的方式询问专利权人（或者是专家）过去的报酬或是预期未来潜在市场价值（Harhoff, Narin, Scherer and Vopel, 1999；Harhoff, Schererc and Vopeld, 2003）；⑤⑥（2）以专利维持（renewal）的有效期长短作为衡量其价值的特征指标（Ernst, 2003；Pakes, 1986；Pakes and Schanker-

---

① Griliches Z. , "Patent Statistics as Economic Indicators: A Survey", *Journal of Economic Literature*, 1990, 28（4）: 1661 – 1707.

② Hall B. H. , Jaffe A. , Trajtenberg M. , "Market Value and Patent Citations: A First Look", *NBER Working Paper*, No. 8498, 2000.

③ Harhoff D. , Schererc F. M. , Vopeld K. , "Citations, Family Size, Opposition and the Value of Patent Rights", *Research Policy*, 2003, 32（8）: 1343 – 1363.

④ Griliches Z. , "Patent Statistics as Economic Indicators: A Survey", *Journal of Economic Literature*, 1990, 28（4）: 1661 – 1707.

⑤ Harhoff D. , Narin F. , Scherer F. M. , Vopel K. , "Citation Frequency and the Value of Patented Inventions", *The Review of Economics and Statistics*, 1999, 81（3）: 511 – 515.

⑥ Harhoff D. , Schererc F. M. , Vopeld K. , "Citations, Family Size, Opposition and the Value of Patent Rights", *Research Policy*, 2003, 32（8）: 1343 – 1363.

man, 1984；Schankerman, 1998）；①②③④ （3）以无形资产估计企业的股票市场价值（Deng, Lev and Narin, 1999; Hall, Jaffe and Trajtenberg, 2005; Hall, Thoma and Torrisi, 2007）。⑤⑥⑦ 最后一种类型仍属于依靠企业整体绩效所创造的价值，故不再作进一步的探讨。

而 Griliches（1990）⑧ 所认为的前两种方式，都可认为是专利持有人对专利的预期价值，而非专利实际运用所获得的价值，并且这两种方式 Griliches（1990）均认为都有研究上的限制。例如，第一种方式因为愿意回复问卷者大部分都有在过去或者预期未来会将专利进行商业应用。同时，会过度依赖专利权人或专家的主观的评断标准，容易产生信息提供者偏见。第二种方式亦是由专利权人单方认知是否有继续维护的价值，而非借由市场机制予以认定。同时，从专利制度的设计来看，随着时间的推移，将使得回避设计的技术能力增强，于是专利的价值就会相对递减，直到专利有效期限到期为止，虽然专利侵害认定程序有引入均等论（doctrine of equivalent）的侵权判断程序，而给予专利权人适度的救济，但仍然无法改变让专利价值因时间的推移而自然减损的现象。例如统计结果显示，诉讼发生的概率随着专利年龄增长而降低。涉及诉讼的专利极少是"年纪大"的专利。因此，我们似乎应寻求其他的研究方式来界定"价值专利"，也就是应该着重于专利实际运用所获得的

---

① Ernst H. , "Patent Information for Strategic Technology Management", *World Patent Information*, 2003, 25（3）：233 – 242.

② Pakes A. , "Patents as Options: Some Estimates of the Value of Holding European Patent Stocks", *Econometrica*, 1986, 54（4）：755 – 784.

③ Pakes A. Schankerman M. , "The Rate of Obsolescence of Knowledge, Research Gestation Lags, and the Private Rate of Return to Research Resources", in Griliches Z. , R&D *Patents & Productivity*, Chicago: University of Chicago Press, 1984.

④ Schankerman M. , "How Valuable is Patent Protection? Estimates By Technology Field Using Patent Renewal Data", *Rand Journal of Economics*, 1998, 29（1）：77 – 107.

⑤ Deng Z. , Lev B. , Narin F. , "Science and Technology as Predictors of Stock Performance", *Financial Analysts Journal*, 1999, 55（3）：20 – 32.

⑥ Hall B. H. , Jaffe A. , Trajtenberg M. , "Market Value and Patent Citations", *Rand Journal of Economics*, 2005, 36（1）：16 – 38.

⑦ Hall B. H. , Thoma G. , Torrisi S. , "The Market Value of Patents and R&D: Evidence from European Firms", NBER Working Paper, No. W13426, 2007.

⑧ Griliches Z. , "Patent Statistics as Economic Indicators: A Survey", *Journal of Economic Literature*, 1990, 28（4）：1661 – 1707.

价值。

近年来，开始有从专利实际交易运用的角度来进行价值专利的研究，如拍卖让售专利（Sneed and Johnson，2009）①、涉讼专利（Allison，Lemley，Moore and Trunkey，2004；Bessen，2008；Lanjouw and Schankerman，1997）②③ 等。主要着眼点在于有极高比例的专利未曾有过任何的商业运用，使得真正有创造价值的专利仅占很小部分（Griliches，1990；Harhoff，Schererc and Vopeld，2003，Schankerman and Pakes，1986）。④⑤⑥

以公开拍卖让售的专利作为价值专利研究的观察对象，通过市场交易机制作为衡量专利价值的依据（Sneed and Johnson，2009）。⑦ 由于近年以公开标售专利的新兴商业模式正在形成，例如 Ocean Tomo，L. L. C. 、IP Auction GmbH 等。这样的方式可以排除掉专利权人本身的市场竞争能力对于专利本身价值的影响因素，完全以欲标售的专利标的本身的价值为主要检验的对象，也就是纯粹只看专利的金融价值（financial value）而不关注于它的社会价值（social value）（Allison，Lemley，Moore and Trunkey，2004；Lanjouw，Pakes and Putnam，1998；

---

① Sneed K. A. , Johnson D. K. N. , "Selling Ideas: the Determinants of Patent Value in an Auction Environment", *R&D Management*, 2009, 39 (1): 87 – 94.

② Allison J. R. , Lemley M. A. , Moore K. A. , Trunkey R. D. , "Valuable Patents", *Georgetown Law Journal*, 2004, 92 (3): 435 – 480.

③ Bessen J. , "The Value of U. S. Patents by Owner and Patent Characteristics", *Research Policy*, 2008, 37 (5): 932 – 945.

④ Griliches Z. , "Patent Statistics as Economic Indicators: A Survey", *Journal of Economic Literature*, 1990, 28 (4): 1661 – 1707.

⑤ Harhoff D. , Schererc F. M. , Vopeld K. , "Citations, Family Size, Opposition and the Value of Patent Rights", *Research Policy*, 2003, 32 (8): 1343 – 1363.

⑥ Schankerman M. , Pakes A. , "Estimates of the Value of Patent Rights in European Countries During the Post – 1950 Period", *The Economic Journal*, 1986, 96 (384): 1052 – 1076.

⑦ Sneed K. A. , Johnson D. K. N. , "Selling Ideas: the Determinants of Patent Value in an Auction Environment", *R&D Management*, 2009, 39 (1): 87 – 94.

Sneed and Johnson，2009）①②③，从中验证价值专利会具备哪些特征。然而，公开拍卖让售的方式虽可以排除掉专利权人本身的市场竞争能力对于专利本身价值的影响因素，但是最后的成交价格仍然与买方对于让售的专利标的预期未来价值有关，这当然也隐含买方本身的市场竞争能力的影响因素。再者，从实务的观点来看，买方在限定的时间内，及有限的评估信息情况下，仅能就当下的需求因素考虑（如是否实施于本身的产品或服务、是否可以阻止目前竞争对手的市场扩张，或者为遭受专利攻击而企图借此获取专利进行反击等），而可能造成适当评估价值的困难性。

因此，本书所定义的价值专利是指不受专利权持有人是否拥有互补性资源或者市场竞争能力等因素影响，而纯粹就专利本身具有创造经济价值潜力的价值专利。而近年来非专利实施实体的兴起，由于它既不参与产品或服务市场的竞争也不掌握互补性资源，因此恰好提供了一个很好的研究对象。

同时，过去已有许多的观点认为作为涉讼的专利要比其他非涉讼专利更能够具有创造经济价值潜力（Allison，Lemley，Moore and Trunkey，2004）。④ 因此，本书将焦点置于非专利实施实体所持有的涉讼专利作为研究价值专利的观察对象，期望从中了解价值专利具备哪些特征。

二 专利价值与专利价格

所谓专利价格（Patent price）则是指当专利要作为在专利流通市场的交易标的或者企业要进行资产评估时通过专利鉴价方法而得的价格。一般专利在评鉴其价格时，大部分仍然采用以下方法：（1）成本法（cost based method）：以过去实际投入的研发成本作为评鉴价值的基础，属于侧重过去投入的资产评估方法；（2）市场法（market based meth-

---

① Allison J. R. , Lemley M. A. , Moore K. A. , Trunkey R. D. , "Valuable Patents", *Georgetown Law Journal*, 2004, 92 (3): 435 – 480.

② Lanjouw J. O. , Pakes A. , Putnam J. , "How to Count Patents and Value Intellectual Property: The Uses of Patent Renewal and Application Data", *The Journal of Industrial Economics*, 1998, 46 (4): 405 – 432.

③ Sneed K. A. , Johnson D. K. N. , "Selling Ideas: the Determinants of Patent Value in an Auction Environment", *R&D Management*, 2009, 39 (1): 87 – 94.

④ Allison J. R. , Lemley M. A. , Moore K. A. , Trunkey R. D. , "Valuable Patents", *Georgetown Law Journal*, 2004, 92 (3): 435 – 480.

od）：搜集目前市场中既有的交易数据作为比对类推的基础，属于侧重评鉴现在的市场行情的资产评估方法；（3）收益法（income based method）：又称净现值法（Net Present Value，NPV）或者现金流量法（Discounted Cash Flow，DCF），以预估预期获得的净利再折现为现值作为评鉴价值的基础，属于侧重未来收益的资产评估方法。以上三种方法均属于传统的资产鉴价方法。当然，由于专利属于无形资产且具有很强的技术内涵的特殊性，因此，上述这些资产评鉴方法运用于专利的资产评估上均有一定的缺点或限制（Sullivan，2001）。① 因此，仍须参酌其他专利本身所特有的评鉴因子来加以考虑，诸如专利年龄、审查或诉讼历史、授权记录、法律状态、替代技术评估、产品市场预测等。

基本上，专利的价值与专利的价格两者之间有某种程度的关联性，但并非等同的概念。Allison、Lemley、Moore 和 Trunkey（2004）② 认为专利的价值是指私有价值而非社会价值，但也并非是指专利所保护的发明技术的价值。也就是说，价值专利系指具有能够为专利权人创造价值的能耐的专利。至于专利的价格则是在专利交易当下，双方都能接受的价格，而价格则较容易受到交易双方促成这项交易的动机、掌握互补性资源及外在环境（如买方正遭受竞争对手的专利攻击而急需获得该专利来进行对抗，或者卖方正处于破产清算拍卖时）等因素的影响。例如美国纽约南区联邦破产法院于 2013 年 1 月 13 日，核准柯达公司将1100 件关于数字影像专利以 5.25 亿美元的价格卖给苹果、Google 等公司。这项交易和柯达当初所评估的 20 亿美元相去甚远，甚至不到 2012年年初市场估价柯达专利价值的 1/8。

从而本书所探讨的价值专利，关注的并非在于得出一个可交易的具体价格，而是衡量专利能够创造价值的潜力。因此，本书主要的焦点是在于探索价值专利具有哪些特征，而不是探讨哪些评鉴因子可以作为专利价格的鉴价依据。也就是说，本书所关心的是专利能够为企业创造经济价值（可能是有形也可能是无形的价值）的潜力的高低或强弱，而

---

① Sullivan P. H.， "Extracting Value from Intellectual Assets"，in Sullivan P. H.，*Profiting from Intellectual Capital: Extracting Value from Innovation*，New York: John Wiley & Sons Inc.，2001.

② Allison J. R.，Lemley M. A.，Moore K. A.，Trunkey R. D.，"Valuable Patents"，*Georgetown Law Journal*，2004，92（3）：435 – 480.

非评鉴出具体可交易的专利价格。

三 价值专利与涉讼专利

首先，再次强调本书所说的价值不是针对技术创新贡献的社会公众价值，而是能够为专利权人带来经济方面的私有利益价值。有许多有价值的发明可能从来没有申请专利，或者只是一些不起作用的专利，可能因为专利说明书撰写质量不够周延的问题，或者是发明本身虽在技术领域有重大突破，但实施需要过度高昂的成本，而无法为产品市场所接受。虽然这些发明可能是有价值的，但不是专利的经济价值。事实上，一些专利之所以非常有价值，是在于专利权人可能将之转变成加诸整个社会所要付出的重大成本来获利。所以，这里指的是私有价值，而不是社会价值。关键在于专利权人是否能够发现专利的价值，而不是专利是否有助于社会福祉的问题（Allison, Lemley, Moore and Trunkey, 2004）。[1]

在价值专利与涉讼专利的关联方面，过去已有许多学者发现这两者之间的确具有密切的相关性（Allison, Lemley, Moore and Trunkey, 2004; Harhoff and Reitzig, 2004; Harhoff, Schererc and Vopeld, 2003; Lanjouw, Pakes and Putnam, 1998; Lanjouw and Schankerman, 2001）。[2][3][4][5] 当然，因为这些研究把诉讼作为因变量，而以其他价值衡量因子作为判断，而这些价值衡量因子可能本身是有些不足之处。但是无论任何对于专利价值的探讨都需要基于对于专利价值有一定的定义为基础（也就是所谓的私有价值）。而这样的定义基础到目前为止都与

---

[1] Allison J. R., Lemley M. A., Moore K. A., Trunkey R. D., "Valuable Patents", *Georgetown Law Journal*, 2004, 92（3）: 435–480.

[2] Harhoff D., Reitzig M., "Determinants of Opposition Against EPO Patent Grants—the Case of Biotechnology and Pharmaceuticals", *International Journal of Industrial Organization*, 2004, 22（4）: 443–480.

[3] Harhoff D., Schererc F. M., Vopeld K., "Citations, Family Size, Opposition and the Value of Patent Rights", *Research Policy*, 2003, 32（8）: 1343–1363.

[4] Lanjouw J. O., Pakes A., Putnam J., "How to Count Patents and Value Intellectual Property: The Uses of Patent Renewal and Application Data", *The Journal of Industrial Economics*, 1998, 46（4）: 405–432.

[5] Lanjouw J. O., Schankerman M., "Characteristics of Patent Litigation: A Window on Competition", *The RAND Journal of Economics*, 2001, 32（1）: 129–151.

诉讼有强烈的关联（Allison，Lemley，Moore and Trunkey，2004）。[1]

Allison、Lemley、Moore 和 Trunkey（2004）[2] 更进一步主张价值专利与涉讼专利之间的关系是相当强固且具有双向性的（quite strong and bidirectional）。这是因为，一般而言，涉讼专利往往比其他非涉讼专利要来得更有价值；反之，价值专利也要比其他专利更容易被用来进行诉讼。

为什么涉讼专利往往比其他非涉讼专利要来得更有价值？Allison、Lemley、Moore 和 Trunkey（2004）[3] 认为从实务的角度而言，诉讼的成本绝对远远高于仅仅获得专利的成本，如果涉讼并不能够表明该专利是有价值的，那么这意味着专利权人在使用专利主张权利的机制上是不合理的。

再者，也正是因为专利诉讼极其昂贵，专利诉讼案件中光是律师费用每件大约也要 150 万美元，这还不考虑其他费用，如专家费用等。对于一个理性的专利权人而言，除非他预期能够从中获得的回报率至少有几百万美元，否则并不会轻易提起诉讼。所以 Allison、Lemley、Moore 和 Trunkey（2004）[4] 认为"价值专利也要比其他专利更容易被用来进行诉讼"。此外，Lanjouw 和 Schankerman（2001）[5] 及 Lanjouw 和 Lerner（2000）[6] 也认为大部分价值专利都很有可能成为涉讼专利。

当然，Allison、Lemley、Moore 和 Trunkey（2004）[7] 也承认有价值的专利并不一定必须非要借由诉讼的手段才能够为专利权人创造私有价值，还可以通过其他授权或者让与等方式来产生获利，甚至这些方式有可能会比借由诉讼手段获得更高的利益，因此必定也存在一些非涉讼专

---

① Allison J. R., Lemley M. A., Moore K. A., Trunkey R. D., "Valuable Patents", *Georgetown Law Journal*, 2004, 92 (3): 435－480.

② Ibid. .

③ Ibid. .

④ Ibid. .

⑤ Lanjouw J. O., Schankerman M., "Characteristics of Patent Litigation: A Window on Competition", *The RAND Journal of Economics*, 2001, 32 (1): 129－151.

⑥ Lanjouw J. O., Lerner J., "The Enforcement of Intellectual Property Rights: A Survey of the Empirical Literature", in *The Economics and Econometrics of Innovation*, Boston, MA: Springer U. S., 2000: 201－224.

⑦ Allison J. R., Lemley M. A., Moore K. A., Trunkey R. D., "Valuable Patents", *Georgetown Law Journal*, 2004, 92 (3): 435－480.

利仍然能够为专利权人创造私有价值。也就是说，涉讼专利是价值专利的子集合。

然而专利价值并不是常态分布，而是呈现高度不对称分布，只有少数约 10% 的专利能够产生 80%—90% 以上的价值（Scherer and Harhoff，2000）。① 大多数专利为专利权人带来的价值是非常小的，甚至不足以支付其专利本身的维护费用。涉讼专利的价值要远超过大多数的专利好几个数量级。虽然涉讼专利未必是最有价值的专利，但它们比绝大多数的非涉讼专利要来得更有价值（Allison，Lemley，Moore and Trunkey，2004）。② 因此，本书也认为涉讼专利是价值专利中最具代表的子集合。当然也同意 Allison、Lemley、Moore 和 Trunkey（2004）③ 所相信的涉讼专利是能够作为价值专利极佳的代理变量。针对若以涉讼专利作为价值专利的代理变量，会不会因为忽略了有价值的非涉讼专利，而在分析价值专利特征时有所影响的问题，Allison、Lemley、Moore 和 Trunkey（2004）④ 特别解释："我们承认有价值的非涉讼专利可能与有价值的诉讼专利具有不同的特征，但对我们来说似乎不太可能。例如，有价值的诉讼专利请求项数（平均 19.6）明显高于一般公告的非涉讼专利请求项数（平均 13.0），而有价值的非涉讼专利可能无法同样具有这样的特征。"

四　专利特征指标

在科技管理相关的实证研究当中，利用专利信息作为分析的素材，可说是开启了另一扇量化研究的大门，就如同 Griliches（1990）⑤ 所说的："在浩瀚的资料沙漠中，专利统计就像是一座隐约浮现华丽的海市蜃楼。"

正当大家对于以单纯专利数量作为衡量研发生产力指标，却因而观察到自 1996 年开始整体研发生产力呈现下降的趋势（Griliches，1990；

① Scherer F. M. , Harhoff D. , "Technology Policy for a World of Skew – distributed Outcomes", *Research Policy*, 2000, 29 (4 – 5): 559 – 566.

② Allison J. R. , Lemley M. A. , Moore K. A. , Trunkey R. D. , "Valuable Patents", *Georgetown Law Journal*, 2004, 92 (3): 435 – 480.

③ Ibid. .

④ Ibid. .

⑤ Griliches Z. , "Patent Statistics as Economic Indicators: A Survey", *Journal of Economic Literature*, 1990, 28 (4): 1661 – 1707.

Lanjouw and Schankerman，2004，Schankerman and Pakes，1986）①②③ 感
到困惑的时候，各种精进的专利分析技巧与衡量指标也就应运而生。诸
如专利引用（patent citation）、专利家族（patent families）、国际专利分
类（International Patent Classification，IPC）、专利请求项（patent claims）
等。

　　但是面对这些琳琅满目的专利质量衡量特征指标，如果我们对于各
国专利主管机关审查实务及各国侵权鉴定的法令与程序所产生的特征指
标不甚了解，那么对于这些衡量特征指标的真正意义将会有所误解，同
时面对研究分析结果的管理意涵也会变得知其然而不知其所以然（Mi-
chel and Bettels，2001）。④ 因此，我们必须对这些特征指标的产生与定
义作进一步的了解（Akers，2000；Meyer，2000b；von Wartburg，Tei-
chert and Rost，2005）⑤⑥⑦，以免产生误谬，这也是本书进行文献探讨
时的重点之一。

　　（一）专利引用（patent backward citation）
　　以专利引用信息作为各种分析或研究的特征指标，可以说是继专利
数量后最早被运用探讨的。这是因为过去对于学术文献的引用研究已经
累积相当充沛的实证结果，而专利引用正好联结专利与专利文献、专利
与非专利文献之间的关联，所以很容易被推广到专利信息的研究当中。

　　所以过去专利引用信息经常作为公司市场价值（Griliches，1981；

---

　　① Griliches Z.，"Patent Statistics as Economic Indicators：A Survey"，*Journal of Economic Lit-
erature*，1990，28（4）：1661 – 1707.
　　② Lanjouw J. O.，Schankerman M.，"Patent Quality and Research Productivity：Measuring In-
novation with Multiple Indicators"，*The Economic Journal*，2004b，114（495）：441 – 465.
　　③ Schankerman M.，Pakes A.，"Estimates of the Value of Patent Rights in European Countries
During the Post – 1950 Period"，*The Economic Journal*，1986，96（384）：1052 – 1076.
　　④ Michel J.，Bettels B.，"Patent Citation Analysis. A Closer Look at the Basic Input Data from
Patent Search Reports"，*Scientometrics*，2001，51（1）：185 – 201.
　　⑤ Akers N. J.，"The Referencing of Prior Art Documents in European Patents and Applica-
tions"，*World Patent Information*，2000，22（4）：309 – 315.
　　⑥ Meyer M.，"What is Special about Patent Citations？Differences between Scientific and Patent
Citations"，*Scientometrics*，2000b，49（1）：93 – 123.
　　⑦ von Wartburg I.，Teichert T.，Rost K.，"Inventive Progress Measured by Multi – stage Pa-
tent Citation Analysis"，*Research Policy*，2005，34（10）：1591 – 1607.

Griliches, Pakes and Hall, 1987)①②、技术创新价值（Trajtenberg, 1990）③、技术引进本土化（Podolny and Stuart, 1995）④、研发轨迹（research trajectories）、技术外溢（Technological spillovers）（Jaffe, 1986；Trajtenberg, Henderson and Jaffe, 1997）⑤⑥、公司获利机会（Pegels and Thirumurthy, 1996）⑦、专利预期价值（Harhoff, Narin, Scherer and Vopel, 1999）⑧、创新速度（Breitzman and Mogee, 2002）⑨、诉讼机会（Bessen, 2008）⑩ 等。

再者，专利引用信息不如学术文献引用有时间截取的特性。有70％的美国专利未曾被引用或者被引用一到两次，只有极为少数的专利被引用五次以上，超过六次以上者不超过10％，这意味着专利引用不会自动产生出更多的引用，而经常被引用的专利则会被后续产生的专利持续引用。也就是说，被引用专利信息分布对于时间具有稳定性。所以专利引用信息经常被利用为上述研究议题的衡量特征指标。

理论上，专利的引用文献越多，专利的有效性应该越能够被强化。

---

① Griliches Z. , "Market Value, R&D, and Patents", *Economics Letters*, 1981, 7（2）: 183 – 187.

② Griliches Z. , Pakes A. , Hall B. H. , "*The Value of Patents as Indicators of Inventive Activity*", New York: Cambridge University Press, 1987.

③ Trajtenberg M. , "A Penny for Your Quotes: Patent Citations and the Value of Innovations", *Journal of Economics*, 1990, 21（1）: 172 – 187.

④ Podolny J. M. , Stuart T. E. , "A Role – Based Ecology of Technological Change", *American Journal of Sociology*, 1995, 100（5）: 1224 – 1260.

⑤ Jaffe A. B. , "Technological Opportunity and Spillovers of R&D: Evidence from Firms' Patents, Profits, and Market Values", *American Economic Review*, 1986, 76（6）: 984 – 1001.

⑥ Trajtenberg M. , Henderson R. , Jaffe A. , "University Versus Corporate Patents: A Window on The Basicness of Invention", *Economics of Innovation and New Technology*, 1997, 5（1）: 19 – 50.

⑦ Pegels C. C. , Thirumurthy M. V. , "The Impact of Technology Strategy on Firm Performance", *IEEE Transactions on Engineering Management*, 1996, 43（3）: 246 – 249.

⑧ Harhoff D. , Narin F. , Scherer F. M. , Vopel K. , "Citation Frequency and the Value of Patented Inventions", *The Review of Economics and Statistics*, 1999, 81（3）: 511 – 515.

⑨ Breitzman A. F. , Mogee M. E. , "The Many Applications of Patent Analysis", *Journal of Information Science*, 2002, 28（3）: 187 – 205.

⑩ Bessen J. , "The Value of U. S. Patents by Owner and Patent Characteristics", *Research Policy*, 2008, 37（5）: 932 – 945.

根据 Allison、Lemley、Moore 和 Trunkey（2004）[①] 的统计显示涉讼专利引用的文献远多于一般专利所引用的文献。以大样本的统计平均值而言，涉讼专利引用 14.2 篇美国专利，一般专利则只引用 8.43 篇。在包括美国专利、外国专利在内的整体专利文献、非专利参考文献，以及整体先前技术参考文献等方面，涉讼专利的引用篇数皆远超过一般专利所引用者。此外，涉讼专利也引用较多属于相同专利权人的专利文献（也就是自我引用专利文献）。

从专利审查实务上来看，目前影响全球审查实务而具有举足轻重地位的有美国专利商标局（USPTO）、欧洲专利局（EPO）及日本特许厅（JPO）三大专利专责机关。而由于日本仍未将专利引用信息纳入电子数据库，以及语言上的隔阂，使得目前大部分利用作为实证研究的数据库（商业数据库除外）通常以美国及欧洲专利数据库为主（von Wartburg，Teichert and Rost，2005）。[②] 因此，我们必须了解美欧在审查实务上的差异，才能更精确地掌握如何利用专利引用数据作为适合的分析工具（Meyer，2000b）。[③]

过去许多的研究对于所利用的专利引用信息并没有给予较为清楚的界定。欲区分专利引用信息的种类，我们必须从各国审查引用差异以及引用专利文献与非专利文献（non-patent literature）两方面来加以探讨。

1. 各国审查引用差异

所谓专利引用信息主要是专利专责机关在审理专利申请案时，审查人员为判断是否符合新颖性（novelty）与进步性两项相对要件（relative requirements）而进行前案（prior art）检索所完成的检索报告（search report），内容包括专利文献与科学文献（例如国际期刊与会议论文等，统称为非专利文献）两类。正由于各国的法令及审查与检索程序的不同，所完成的检索报告亦有所不同。

---

① Allison J. R., Lemley M. A., Moore K. A., Trunkey R. D., "Valuable Patents", *Georgetown Law Journal*, 2004, 92（3）: 435–480.

② von Wartburg I., Teichert T., Rost K., "Inventive Progress Measured by Multi-stage Patent Citation Analysis", *Research Policy*, 2005, 34（10）: 1591–1607.

③ Meyer M., "What is Special about Patent Citations? Differences between Scientific and Patent Citations", *Scientometrics*, 2000b, 49（1）: 93–123.

在比较 USPTO 与 EPO 之间的差异时可以分为三个方面探讨（Mey-er，2000b；von Wartburg，Teichert and Rost，2005）①②：

（1）美国专利法对于申请人采取完全坦诚责任原则（duty of can-dour），因此有订定 IDS 制度（Information Disclosure Statement）。也就是在专利申请案审查期间，申请人有义务提交所有已知的前案，供审查人员参考，若有所隐匿则于未来主张权利时，将造成专利不可实施性（non - enforcement）（Callaert，Van Looy，Verbeek，Debackere and Thijs，2006；Meyer，2000b）。③④ 所以美国的专利检索报告引用前案来源包括发明人提供（applicant citation）及审查人员提供（examiner citation）两类（Karki，1997）。⑤ 这与 EPO 的检索报告之引用前案完全由审查人员所提供（Akers，2000）⑥ 有所不同。曾经有研究显示美国专利的引用信息，审查人员提供的部分与价值专利显著相关，申请人提供部分则不显著（Hegde and Sampat，2009）。⑦

（2）美国检索程序似乎没有欧洲那么有制度有系统。EPO 采取检索审查分离制，而且即使已经进入审查阶段，审查人员还是可以从五种不同来源（如拟制新颖性、异议程序等）加入引用前案（Akers，2000）。⑧ 此外，EPO 关于相对要件的判断与美国不同的是以最接近前案（closest prior art）为审查起点，因此在检索内容上也会与美国相异

---

① Meyer M. , "What is Special about Patent Citations? Differences between Scientific and Patent Citations", *Scientometrics*, 2000b, 49（1）：93 – 123.

② von Wartburg I. , Teichert T. , Rost K. , "Inventive Progress Measured by Multi - stage Patent Citation Analysis", *Research Policy*, 2005, 34（10）：1591 – 1607.

③ Callaert J. , Van Looy B. , Verbeek A. , Debackere K. , Thijs B. , "Traces of Prior Art: An Analysis of Non - patent References Found in Patent Documents", *Scientometrics*, 2006, 69（1）：3 – 20.

④ Meyer M. , "What is Special about Patent Citations? Differences between Scientific and Patent Citations", *Scientometrics*, 2000b, 49（1）：93 – 123.

⑤ Karki M. M. S. , "Patent Citation Analysis: A Policy Analysis Tool", *World Patent Information*, 1997, 19（4）：269 – 272.

⑥ Akers N. J. , "The Referencing of Prior Art Documents in European Patents and Applications", *World Patent Information*, 2000, 22（4）：309 – 315.

⑦ Hegde D. , Sampat B. , "Examiner Citations, Applicant Citations, and the Private Value of Patents", *Economics Letters*, 2009, 105（3）：287 – 289.

⑧ Akers N. J. , "The Referencing of Prior Art Documents in European Patents and Applications", *World Patent Information*, 2000, 22（4）：309 – 315.

（Michel, and Bettels, 2001; on Wartburg, Teichert, and Rost, 2005）。①② 更重要的是，EPO 对于检索报告的要求，订有引用类别（categories of citation）制度，将引用前案分为 X，Y，A，P，…，等级（Akers, 2000; Callaert, Van Looy, Verbeek, Debackere and Thijs, 2006）③④，促使审查人员会过滤无相关的前案，强调最少引用数原则（Michel and Bettels, 2001）。⑤ 反观美国在 IDS 制度引导下，申请人为求降低未来无法主张权利的风险，会尽可能地提供引用前案，再加上没有如 EPO 引用类别制度，申请人与审查人员均无责任于检索报告中指出与申请案的关联，且无过滤无关的前案的要求，所以也使得美国引用数的分布急剧倾斜（Cockburn, Kortum and Stern, 2003）。⑥ 根据统计 1990—1999 年专利平均引用数，专利文献部分：美国专利为 12.96、EPO 专利为 4.37；科学文献部分：美国专利为 2.98、EPO 专利为 0.85（Michel and Bettels, 2001）⑦，也就是说美国专利引用数几乎是欧洲专利引用数的 3 倍。所以曾经有实证研究发现美国专利的引用前案与审查无显著关系（Hall, Jaffe and Trajtenberg, 2000; Harhoff, Narin, Scherer and Vopel, 1999）。⑧⑨

---

① Michel J. , Bettels B. , "Patent Citation Analysis. A Closer Look at the Basic Input Data from Patent Search Reports", *Scientometrics*, 2001, 51 (1): 185 – 201.

② von Wartburg I. , Teichert T. , Rost K. , "Inventive Progress Measured by Multi – stage Patent Citation Analysis", *Research Policy*, 2005, 34 (10): 1591 – 1607.

③ Akers N. J. , "The Referencing of Prior Art Documents in European Patents and Applications", *World Patent Information*, 2000, 22 (4): 309 – 315.

④ Callaert J. , Van Looy B. , Verbeek A. , Debackere K. , Thijs B. , "Traces of Prior Art: An Analysis of Non – patent References Found in Patent Documents", *Scientometrics*, 2006, 69 (1): 3 – 20.

⑤ Michel J. , Bettels B. , "Patent Citation Analysis. A Closer Look at the Basic Input Data from Patent Search Reports", Scientometrics, 2001, 51 (1): 185 – 201.

⑥ Cockburn I. M. , Kortum S. , Stern S. , "Are All Patent Examiners Equal: Examiners, Patent: Characteristics, and Litigation Outcomes", in Cohen W, Merrill S. , *Patents in the Knowledge – Based Economy*, Washington, D. C. : National Academy Press, 2003: 19 – 53.

⑦ Michel J. Bettels B. , "Patent Citation Analysis. A Closer Look at the Basic Input Data from Patent Search Reports", *Scientometrics*, 2001, 51 (1): 185 – 201.

⑧ Hall B. H. , Jaffe A. , Trajtenberg M. , "Market Value and Patent Citations: A First Look", *NBER Working Paper*, No. 8498, 2000.

⑨ Harhoff D. , Narin F. , Scherer F. M. , Vopel K. , "Citation Frequency and the Value of Patented Inventions", *The Review of Economics and Statistics*, 1999, 81 (3): 511 – 515.

（3）USPTO 与 EPO 的核准门槛不一（Quillen and Webster，2001；Quillen，Webster and Eichmann，2002）。①② 会产生这样的现象根源于进步性要件之判断标准不同所致，美国是采消极性的差异判断（非显而易知性），而欧洲则采积极性的效益判断（创造性）。因为审查的观点不同，所引用前案也就有所差异。再者，USPTO 与 EPO 在整个专利活动中所扮演的角色亦有所不同。由于美国专利的实务认定完全由美国司法体系所主导，法院同时肩负专利有效性、侵权性及可实施性的法律解释与实务认定的责任，USPTO 对于专利有效性的审理亦受其拘束。EPO 则是依据欧洲 34 个会员国共同签署欧洲专利公约（European Patent Convention EPC）及 4 个承认 EPC 效力的延伸国所设立的专利专责机构，仅负责专利有效性的审查认定工作，同时核准的专利是否有效，仍然由会员国自身的司法体系进行认定，彼此之间并无任何拘束力。所以也将影响核准门槛的不同。

另外，还有一项影响检索报告的是各国审查人员亦存在语言限制的问题。根据统计 USPTO 引用美国的前案高达 90.2%，JPO 引用日本的前案高达 94.7%，EPO 则引用美国前案为 30.9%、WO 为 16.6%、EPO 为 23.3%（Michel and Bettels，2001）。③ 所以相对而言，EPO 较无语言障碍问题。

2. 引用专利文献与非专利文献

专利引用与学术论文的引用资料最大不同在于专利所引用的前案是为了比对该专利申请案与先前技术之间是否具备新颖性与进步性等相对要件，以作为准驳或限缩权利范围的依据，一般是由审查人员所作的检索引用资料（美国则还包括发明人所提供引用数据）。而学术论文引用，习惯上为该领域的代表思想，且新的论文会整理该领域曾经有过的探讨，一般为作者与审稿人所给的引用。因此对于专利引用分析的信效度通常

---

① Quillen C. D.，Webster O. H.，"Continuing Patent Applications and Performance of the U. S. Patent and Trademark Office"，*Federal Circuit Bar Journal*，2001，11（1）：1–21.

② Quillen C. D.，Webster O. H.，Eichmann R.，"Continuing Patent Applications and Performance of the U. S. Patent and Trademark Office – Extended"，*Federal Circuit Bar Journal*，2002，12（1）：35–55.

③ Michel J.，Bettels B.，"Patent Citation Analysis. A Closer Look at the Basic Input Data from Patent Search Reports"，*Scientometrics*，2001，51（1）：185–201.

会比较高（Meyer，2000a；von Wartburg，Teichert and Rost，2005）。①②

专利的引用信息包括两类文献：专利文献与非专利文献（即科学文献，例如国际期刊与会议论文等）。一般来说，科学文献所包含的内容属于尖端科学的研究成果，而专利文献则要偏向于实用技术的披露，因此，Callaert、Van Looy、Verbeek、Debackere 和 Thijs（2006）③ 认为若专利引用的科学文献越多则越接近前端的科学，也就表示该专利的质量越高。同样地，若企业拥有较多引用科学文献的专利，则表示其使用科学知识能力也就越强。但是，Callaert、Van Looy、Verbeek、Debackere 和 Thijs（2006）④ 也发现这样的衡量特征指标具有很强的产业相依性，对于生物科技和化学等产业有很高的显著相关性，机械产业则不显著。

（二）专利被引用（patent forward citation）

相对于专利引用关系，所谓专利被引用则是指该专利在其他专利审查过程当中，被审查人员引为前案作为新颖性与进步性的比对基础。这就如同学术论文的引用信息一样，专利的引用关系也分为引用（back-ward citation）与被引用（forward citation）两类。而在过去许多研究当中，这两类信息作为衡量特征指标的运用是有所不同的。

一般专利引用信息经常作为观察研发轨迹、技术扩散、技术外溢、知识流动、技术地理区域、技术引进本土化等。

至于专利被引用信息则经常被当作专利经济价值或是技术创新的判断特征指标（Griliches，1990；Trajtenberg，1990）⑤⑥、具有技术影响力的专利衡量特征指标（Albert，Avery，Narin and McAllister，1991；Kar

① Meyer M.，"Does Science Push Technology? Patents Citing Scientific Literature"，*Research Policy*，2000a，29（3）：409 –434.

② von Wartburg I.，Teichert T.，Rost K.，"Inventive Progress Measured by Multi – stage Patent Citation Analysis"，*Research Policy*，2005，34（10）：1591 –1607.

③ Callaert J.，Van Looy B.，Verbeek A.，Debackere K.，Thijs B.，"Traces of Prior Art：An Analysis of Non – patent References Found in Patent Documents"，*Scientometrics*，2006，69（1）：3 –20.

④ Callaert J.，Van Looy B.，Verbeek A.，Debackere K.，Thijs B.，"Traces of Prior Art：An Analysis of Non – Patent References Found in Patent Documents"，*Scientometrics*，2006，69（1）：3 –20.

⑤ Griliches Z.，"Patent Statistics as Economic Indicators：A Survey"，*Journal of Economic Literature*，1990，28（4）：1661 –1707.

⑥ Trajtenberg M.，"A Penny for Your Quotes：Patent Citations and the Value of Innovations"，*Journal of Economics*，1990，21（1）：172 –187.

ki，1997）①②、衡量企业的股票绩效（Hall，Jaffe and Trajtenberg，2000；Hall，Jaffe and Trajtenberg，2005；Wolff，1998）③④⑤、专利质量衡量特征指标（Lanjouw and Schankerman，2004）⑥ 等，均呈现显著正相关。

（三）专利家族（patent families）

过去已有许多以专利家族作为研究专利价值（创新价值或经济价值）的观察特征指标，大部分的研究中，所定义的专利家族系指同一发明创造在多个国家以主张优先权或者分案的方式申请专利所构成的集合。认为申请国家越多则越有价值（Deng，2007；Eaton，Kortum and Lerner，2004；Harhoff，Schererc and Vopeld，2003；Lanjouw，Pakes and Putnam，1998）。⑦⑧⑨⑩ 同样也有持不同见解，如 Guellec 和 van Pottelsberghe de la Potterie（2000）⑪ 认为有价值专利申请重点国家就够了，所以专利家族与专利价值并无显著关系，但与有无申请国外专利正相关。

---

① Albert M. B.，Avery D.，Narin F.，McAllister P.，"Direct Validation of Citation Counts as Indicators of Industrially Important Patents"，*Research Policy*，1991，20（3）：251–259.

② Karki M. M. S.，"Patent Citation Analysis：A Policy Analysis Tool"，*World Patent Information*，1997，19（4）：269–272.

③ Hall B. H.，Jaffe A.，Trajtenberg M.，"Market Value and Patent Citations：A First Look"，*NBER Working Paper*，No. 8498，2000.

④ Hall B. H.，Jaffe A.，Trajtenberg M.，"Market Value and Patent Citations"，*Rand Journal of Economics*，2005，36（1）：16–38.

⑤ Wolff M. F.，"Tech Indicators may Predict Stock Performance"，Research Technology Management，1998，41（5）：9.

⑥ Lanjouw J. O.，Schankerman M.，"Patent Quality and Research Productivity：Measuring Innovation with Multiple Indicators"，*The Economic Journal*，2004，114（495）：441–465.

⑦ Deng Y.，"Private Value of European Patents"，*European Economic Review*，2007，51（7）：1785–1812.

⑧ Eaton J.，Kortum S.，Lerner J.，"International Patenting and the European Patent Office：A Quantitative Assessment"，Proceedings of the Patent，Innovation，and Economic Performance，Paris，OECD，2004.

⑨ Harhoff D.，Schererc F. M.，Vopeld K.，"Citations，Family Size，Opposition and the Value of Patent Rights"，*Research Policy*，2003，32（8）：1343–1363.

⑩ Lanjouw J. O.，Pakes A.，Putnam J.，"How to Count Patents and Value Intellectual Property：The Uses of Patent Renewal and Application Data"，*The Journal of Industrial Economics*，1998，46（4）：405–432.

⑪ Guellec D.，van Pottelsberghe de la Potterie B.，"Applications，Grants and the Value of Patents"，*Economics Letters*，2000，69（1）：109–114.

又如 Sneed 和 Johnson（2009）① 发现在专利公开标售市场上，专利家族规模越大则成交概率与成交价格均越低。而之所以会出现众说纷纭的现象，其根源于对于专利家族定义及观察的专利数据（如美国或欧洲）不同或是专利制度的差异所导致相异的结果。

基本上，优先权的种类可分为一般优先权②、部分优先权③、复数优先权④及分案申请。⑤ 一般优先权通常在后续申请案与主张优先权的基础案（basic patent）之间，同属于相同的发明创造（但不一定是相同的申请专利保护范围）；部分优先权则是在基础案的发明创造基础上作了精进的研发而加入了新的发明创造（new matter），从实务的观点而言，技术研发本来就是一项连续活动的过程，因此部分优先权的利用便能够反映出企业专利管理如何贴近研发活动的能力；复数优先权则是将多项基础案加以组合并作了精进的研发，因此它也能够反映企业专利管理的能力。

优先权制度则分为国外优先权与国内优先权两种制度。也就是说，国外优先权制度包括一般优先权、部分优先权、复数优先权及分案申请等；国内优先权制度也同样包括一般优先权、部分优先权、复数优先权及分案申请等。关于国外优先权制度，是目前学者最常利用的定义，主

---

① Sneed K. A. , Johnson D. K. N. , "Selling Ideas: the Determinants of Patent Value in an Auction Environment", *R&D Management*, 2009, 39 (1): 87 - 94.

② 依据巴黎公约（Paris Convention）关于一般优先权的规定，第四条 A（1）："已在本同盟成员国正式提出过（首次）一项发明专利权……申请的人或其权利继承人，在下列规定的期限内在其他本同盟成员国提出同样申请时得享有优先权。"

③ 巴黎公约规定了部分优先权的情形，第四条 H（1）："优先权不得因请求优先权的发明中有某些部分没有包含在向所属国请求优先权的申请书内为理由，加以拒绝。只要整个申请档中明确地揭示了各该部分。"

④ 巴黎公约规定了复数优先权的情形，第四条 F（1）："任何本同盟成员国对一项优先权或专利权申请，不得以申请人所请求的是多种优先权，纵然它们是在不同国家发生的为理由或者以申请书所请求的是一种或多种优先权，但其中有一个或许多部分没有包括在该优先权所根据的原申请书内的理由，而加以拒绝，只要上述两种情况中都存在该国法律的含义内的发明重复核准。没有包括在该优先权所根据的原申请书内的部分，在随后提出申请时应产生通常条件下的优先权利。"

⑤ 巴黎公约规定了分案申请的情形，第四条 G（1）："如经审查发现一项专利权申请包含着一个以上的发明，申请人可将该申请分成若干部分申请，而保持第一次申请的日期作为各该部分申请的日期，并保持优先权，如果有的话。"及第四条 G（2）："申请人也可自己主动将一项专利权申请分开，而保持第一次申请日期作为各该部分的申请日期，并保持优先权，如果有的话，每一个本同盟成员国有权决定批准这种划分的条件。"

要与全球布局策略有关。至于国内优先权制度则为企业进行专利技术的组合布局最重要的手段之一，也就是企业进行再发明与回避设计策略必不可少的操作手段。

另外，以各国专利制度差异而言，由于美国专利制度的特殊性，除须遵守国际相关公约（如巴黎公约或 TRIPs）而设置优先权制度（但一般发明人不会启动该优先权制度），本身却另订定独有的连续案制度，包括有连续案与部分连续案两类，此与国内优先权制度有所不同（粗略地说，该制度不优先权制度会受到一年内必须提出申请的法定限制），这也就是为什么若以美国专利为分析对象，其专利家族的规模往往会远大于其他国家的专利家族的规模。

从实务来看，专利被引用数量与专利家族规模所反映的管理意涵是有所不同的。专利被引用数的多寡反映的是研发能力的强弱；而专利家族规模的大小则是反映出专利经营管理能力的高低。也就是说，企业必须同时具备上述两项能力才能够产生为企业创造价值的专利。

另外，以涉讼专利作为价值专利的研究文献方面，过去的研究仅是针对个别的专利进行实证，而不是从专利组合（patent portfolio）整体的观点出发来检验（Allison，Lemley，Moore and Trunkey，2004）。[1] 由于科技发展日益复杂化，今天已经不能再像前几世纪那样单靠一件专利就能够创造可观的价值，而大部分都需要通过多项专利组合的方式，才能够创造出价值。[2] 统计比较结果显示，涉讼专利大多出自专利家族，而在规模上，涉讼专利所属专利家族比一般专利所属专利家族大 50%（Allison，Lemley，Moore and Trunkey，2004）。[3] 换言之，涉讼专利是从完整的专利组合中抽取出来的部分专利，而真正的价值则应源自于整体的专利组合，而非个别提起诉讼的专利。

---

[1] Allison J. R.，Lemley M. A.，Moore K. A.，Trunkey R. D.，"Valuable Patents"，*Georgetown Law Journal*，2004，92（3）：435 – 480.

[2] 例如 Apple 支付 2170 万美元的专利赔偿金给 OPTi Inc.，以解决日前 OPTi Inc. 在美国东得州地方法院对 Apple 提起的专利侵权诉讼官司。而 OPTi Inc. 提起控告的是一件有关 "pre – snoop cache memory" 技术（专利编号 US6405291）的专利，但是与该件专利借由分割案（division）、连续案（continuation）与部分连续案（continuation in part）等方式而相关联的专利家族（patent families）共计有七件专利（包括两件已撤回专利）。

[3] Allison J. R.，Lemley M. A.，Moore K. A.，Trunkey R. D.，"Valuable Patents"，*Georgetown Law Journal*，2004，92（3）：435 – 480.

（四）技术领域范围（technological field scope）

专利的技术领域范围主要是度量该专利技术所涉及的技术领域广泛程度，通常是以专利专责机关赋予该专利的 IPC 的多寡作为涉及技术领域范围广度的衡量特征指标。

在过去以技术领域范围作为专利价值的衡量特征指标之研究，认为专利被归属的分类数目越多则表示该项发明的广度和原创性，越显其有较高的价值。然而到底是窄而精，还是广而浅的技术专利较有经济价值（可能是公司的市场价值或是专利本身的价值），在实证研究上却一直处于模棱两可的境地。

Lerner（1994）[1] 研究发现以 IPC 作为技术领域范围广度测量特征指标，以生技产业为例，每增加一个标准偏差则公司市场价值增加 21%。Harhoff、Schererc 和 Vopeld（2003）[2] 针对医药、化学、电子、机械四项产业进行专利预期价值的问卷调查后研究发现以 IPC 作为测量特征指标并不显著。Allison、Lemley、Moore 和 Trunkey（2004）[3] 针对涉讼专利的价值研究发现也不显著。甚至 Sneed 和 Johnson（2009）[4] 对于专利公开拍卖活动进行研究发现与成交概率呈现负相关，而与成交价格则呈现正相关。

所以相关研究对于 IPC 的广度是否作为价值专利衡量特征指标有所困惑，有学者认为可能是因为由于 USPTO 的专利分类制度主要是采用美国专利分类号（US Patent Classification，UPC），而对于美国专利所赋予的 IPC 则是通过计算机系统自动对应的方式完成，因此若以美国专利的 IPC 作为观察的对象，可能会有偏差之虞（Grupp，1998；Schmook-

---

① Lerner J. , "The Importance of Patent Scope: An Empirical Analysis", *The RAND Journal of Economics*, 1994, 25 (2): 319 – 333.

② Harhoff D. , Schererc F. M. , Vopeld K. , "Citations, Family Size, Opposition and the Value of Patent Rights", *Research Policy*, 2003, 32 (8): 1343 – 1363.

③ Allison J. R. , Lemley M. A. , Moore K. A. , Trunkey R. D. , "Valuable Patents", *Georgetown Law Journal*, 2004, 92 (3): 435 – 480.

④ Sneed K. A. , Johnson D. K. N. , "Selling Ideas: the Determinants of Patent Value in An Auction Environment", *R&D Management*, 2009, 39 (1): 87 – 94.

ler，1966）。①②

（五）专利请求项（patent claims）

专利请求项主要在于载明专利的权利范围，包括独立项（independent claims）与附属项（dependent claims）两种。一项专利中独立项的数目则表示所欲保护的客体个数多寡，根据专利法规定，发明专利保护客体可分为物（包括物品、物质等）及方法两大种保护客体。但在实务中，为防止层出不穷的侵害形态，一般会从这两大种保护客体出发，罗列各种的衍生形态的保护客体之独立项，例如系统、装置、零件等。因此，独立项数越多则表示未来主张权利时能够涵盖侵权态样的弹性越大，而且损害赔偿的计价基础也会更高。

至于附属项③的作用，除了一般所熟知的，无论是在审查阶段或者诉讼阶段遭遇到先前技术挑战其有效性的时候④，既可以有修改限缩的空间外，还可以用以解释其他的请求项的保护范围，以使得侵权主张更加明确。因此，附属项数越多则表示专利有效性越得以强化，同时保护的范围越完整也越牢固。

过去有实证研究显示请求项数可以作为国家技术能力的衡量特征指标（Tong and Frame，1994）。⑤ 然就专利实务的解释上，请求项数的多寡与欲保护的客体及范围完整性有关，确实可以尝试检验作为专利的经济价值衡量特征指标，但它与专利的发明技术的本质并无很强的直接关联。另有实证研究显示请求项数越多则发动诉讼的概率与次数越高（Lanjouw and Schankerman，1997）。⑥ 但在实务解释上，应是与胜诉成功率相关，而不应与专利技术价值有直接关联。也就是仍须与其他的特

---

① Grupp H. , *Foundations of the Economics of Innovation*：*Theory*，*Measurement and Practice*，Cheltenham U. K. ：Edward Elgar Publishing，1998.

② Schmookler J. , *Invention and Economics Growth*，Cambridge，Mass：Harvard University Press，1966.

③ 基本上，附属项与其被引用的请求项的关系可分为两种情形：一是对于被引用的请求项的技术特征作进一步限定；二是对被引用的请求项附加新的技术特征。

④ 也就是其被引用的请求项在审核阶段被核驳或者在诉讼（或者举发）阶段被宣告无效时。

⑤ Tong X. , Frame J. D. , "Measuring National Technological Performance with Patent Claims Data"，*Research Policy*，1994，23（2）：133 – 141.

⑥ Lanjouw J. O. , Schankerman M. , "Stylized Facts of Patent Litigation：Value，Scope and Ownership"，*NBER Working Paper*，No. 6297，1997.

征指标如被引用数、引用数和专利族大小混合型特征指标衡量（Lan-jouw and Schankerman，2004）。①

五　假说发展

1. 专利被引用与涉讼专利

在过去许多针对专利被引用文献数量的研究发现，无论是作为创新价值衡量特征指标及经济价值衡量特征指标、具有技术影响力的专利衡量特征指标、衡量企业的股票绩效、专利质量衡量特征指标等，均得到较为一致的结果，并且呈现显著正相关。

根据 Allison、Lemley、Moore 和 Trunkey（2004）② 的统计显示一般专利被引用的平均次数为 4.1 次，涉讼专利则为 12.2 次。专利被引用的次数的确与诉讼之间也存有很高的关联性。

从审查实务上来说，被引用的专利文献的作用是在认定新颖性与进步性的相对要件时作为阻却专利申请案的权利范围不当的扩张，因此若一件专利经常被作为引用的先前技术，则足见它所揭露的技术应较有可能属于该技术领域核心或关键的技术。故当一件专利被引用数的数量越多可能创造价值的潜力也应该越高。综上所述，本书提出以下假说：

假说 1（H1）：被引用数的数量越多之专利越有可能成为涉讼专利。

2. 引用文献与涉讼专利

一般专利引用信息经常作为观察研发轨迹、技术扩散、技术外溢（knowledge flows）（Jaffe，Trajtenberg and Henderson，1993；Rosenkopf and Nerkar，2001；Trajtenberg，Henderson and Jaffe，1997）③④⑤、技术

---

① Lanjouw J. O.，Schankerman M.，"Patent Quality and Research Productivity：Measuring Innovation with Multiple Indicators"，*The Economic Journal*，2004，114（495）：441 – 465.

② Allison J. R.，Lemley M. A.，Moore K. A.，Trunkey R. D.，"Valuable Patents"，*Georgetown Law Journal*，2004，92（3）：435 – 480.

③ Jaffe A.，Trajtenberg M.，Henderson R.，"Geographic Localization of Knowledge Spillovers as Evidenced by Patent Citations"，*Quarterly Journal of Economics*，1993，108（3）：577 – 598.

④ Rosenkopf L.，Nerkar A.，"Beyond local Search：Boundary – spanning，Exploration，and Impact in the Optical Disk Industry"，*Strategic Management Journal*，2001，22（4）：287 – 306.

⑤ Trajtenberg M.，Henderson R.，Jaffe A.，"University Versus Corporate Patents：A Window on The Basicness of Invention"，*Economics of Innovation and New Technology*，1997，5（1）：19 – 50.

地理区域（Jaffe, Trajtenberg and Henderson, 1993, Tijssen, 2001）①②、技术引进本土化（Fleming and Sorenson, 2001, Podolny and Stuart, 1995）③④ 等研究工具，较少研究发现专利引用文献数量与价值专利的具体关联性。

但在实务中则一般认为若专利的引用文献越多，则专利的有效性应该越能够被强化，未来在主张权利时也就越稳定。根据 Allison、Lemley、Moore 和 Trunkey（2004）⑤ 的统计显示涉讼专利引用的文献远多于一般专利所引用的文献。以平均值而言，涉讼专利引用 14.2 篇美国专利，一般专利则只引用 8.6 篇美国专利。Cremers（2009）⑥ 与 Lerner（2006）⑦ 的研究结果与 Allison、Lemley、Moore 和 Trunkey（2004）⑧ 相同，发现专利引用与专利诉讼概率呈正相关。但是 Lanjouw 和 Schankerman（2001）⑨ 研究发现专利引用与专利诉讼却呈现负相关。另外，Harhoff 和 Reitzig（2004）⑩ 发现专利引用与诉讼并没有显著的相关性。

专利的引用文献可以区分为两种：专利文献和非专利文献（也就是科学期刊论文、研讨会论文、图书、产业标准、技术揭露、工程手册和

---

① Jaffe A., Trajtenberg M., Henderson R., "Geographic Localization of Knowledge Spillovers as Evidenced by Patent Citations", *Quarterly Journal of Economics*, 1993, 108 (3): 577–598.

② Tijssen R. J. W., "Global and Domestic Utilization of Industrial Relevant Science: Patent Citation Analysis of Science – technology Interactions and Knowledge Flows", *Research Policy*, 2001, 30 (1): 35–54.

③ Fleming L., Sorenson O., "Technology as a Complex Adaptive System: Evidence from Patent Data", *Research Policy*, 2001, 30 (7): 1019–1039.

④ Podolny J. M., Stuart T. E., "A Role – Based Ecology of Technological Change", *American Journal of Sociology*, 1995, 100 (5): 1224–1260.

⑤ Allison J. R., Lemley M. A., Moore K. A., Trunkey R. D., "Valuable Patents", *Georgetown Law Journal*, 2004, 92 (3): 435–480.

⑥ Cremers K., "Settlement during Patent Litigation Trials. An Empirical Analysis for Germany", *The Journal of Technology Transfer*, 2009, 34 (2): 182–195.

⑦ Lerner J., "The New Financial Thing: The Origins of Financial Innovations", *Journal of Financial Economics*, 2006, 79 (2): 223–255.

⑧ Allison J. R., Lemley M. A., Moore K. A., Trunkey R. D., "Valuable Patents", *Georgetown Law Journal*, 2004, 92 (3): 435–480.

⑨ Lanjouw J. O., Schankerman M., "Characteristics of Patent Litigation: A Window on Competition", *The RAND Journal of Economics*, 2001, 32 (1): 129–151.

⑩ Harhoff D., Reitzig M., "Determinants of Opposition against EPO Patent Grants—the Case of Biotechnology and Pharmaceuticals", *International Journal of Industrial Organization*, 2004, 22 (4): 443–480.

其他公开发表的方式）（Narin，Hamilton and Olivastro，1997）。① 一般来说，非专利文献较涉及科学研究，而专利文献却很容易显示实用技术。Callaert、Van Looy、Verbeek、Debackere 和 Thijs（2006）② 认为高质量的专利，是那些经常被引用在非专利文献的专利。更多的非专利文献，专利就越接近科学前沿（frontier science）。至于在商业领域，高质量的专利由于其科学知识力量，因而让拥有更多高质量专利的公司在该领域更加强大。

然而，从实务的观点往往可以发现越是属于尖端的技术并不一定为商业市场的产品需求所接受，一般科学研究机构（如大学、非营利的研发财团法人等）所追求的尖端先进研究往往会与产业实际所需的技术产生脱节的现象，所以本书并不认为越接近领导科学专利就越能够成为具有创造经济价值的价值专利，所以应再进一步加以验证。

由于美国专利的审查制度（如 IDS 制度、专利要件准驳门槛等），以及审查人员引用本国专利文献（即美国专利）与非本国专利文献的偏好与引用要求（如最少引用数原则）与其他国家的差异等因素，因此本书认为需要将引用专利文献部分再加以细分为引用美国专利文献与引用非美国专利文献来进行验证。综上所述，本书提出以下假说：

假说 2（H2）：引用数的数量越多之专利越有可能成为涉讼专利。

假说 2 - 1（H2 - 1）：引用专利文献的数量越多之专利越有可能成为涉讼专利。

假说 2 - 2（H2 - 2）：引用非专利文献的数量越少之专利越有可能成为涉讼专利。

假说 2 - 3（H2 - 3）：引用美国专利文献的数量越多之专利越有可能成为涉讼专利。

假说 2 - 4（H2 - 4）：引用非美国专利文献的数量越多之专利越有可能成为涉讼专利。

---

① Narin F., Hamilton K. S., Olivastro D., "The Increasing Linkage between U. S. Technology and Public Science", *Research Policy*, 1997, 26（3）：317 - 330.

② Callaert J., Van Looy B., Verbeek A., Debackere K., Thijs B., "Traces of Prior Art: An Analysis of Non - patent References Found in Patent Documents", *Scientometrics*, 2006, 69（1）：3 - 20.

3. 专利家族与涉讼专利

企业专利经营管理的能力对于创造专利价值是一项不可或缺的能力，而对于专利家族操作熟稔的程度正恰恰反映出这项管理能力的高低。虽然在过去的实证研究当中，有出现与价值专利无显著关系（Guellec and van Pottelsberghe de la Potterie，2000）[①]，或者是在专利公开标售市场上，专利家族规模越大则成交概率与成交价格均越低（Sneed and Johnson，2009）[②] 等不同的见解，然而本书仍然认为专利家族的规模应该与价值专利存在显著的正向关系。在 Allison、Lemley、Moore 和 Trunkey（2004）[③] 的研究中也发现涉讼专利的平均专利家族规模为 1. 85，明显高于非涉讼专利的平均专利家族规模 1. 22。综上所述，本书将提出如下假说：

假说 3（H3）：专利家族规模越大之专利越有可能成为涉讼专利。

4. 技术领域范围与涉讼专利

Lerner（1994）[④]，Su、Chen 和 Lee（2012）[⑤]，Somaya（2003）[⑥] 及 Sneed 和 Johnson（2009）[⑦] 指出可以将技术领域范围作为一个独立的变量，分析其相关专利诉讼的数量。

由于有些实证研究指出，技术领域范围与有专利诉讼的数量与其呈

---

① Guellec D. , van Pottelsberghe de la Potterie B. , "Applications, Grants and the Value of Patents", *Economics Letters*, 2000, 69 (1): 109 – 114.

② Sneed K. A. , Johnson D. K. N. , "Selling Ideas: the Determinants of Patent Value in An Auction Environment", *R&D Management*, 2009, 39 (1): 87 – 94.

③ Allison J. R. , Lemley M. A. , Moore K. A. , Trunkey R. D. , "Valuable Patents", *Georgetown Law Journal*, 2004, 92 (3): 435 – 480.

④ Lerner J. , "The Importance of Patent Scope: An Empirical Analysis", *The RAND Journal of Economics*, 1994, 25 (2): 319 – 333.

⑤ Su H – N. , Chen C. , Lee P – C. , "Patent Litigation Precaution Method: Analyzing Characteristics of US Litigated and non – Litigated Patents from 1976 to 2010", *Scientometrics*, 2012, 6 (2): 202 – 216.

⑥ Somaya D. , "Strategic Determinants of Decisions not to Settle Patent Litigation", *Strategic Management Journal*, 2003, 24 (1): 17 – 38.

⑦ Sneed K. A. , Johnson D. K. N. , "Selling Ideas: the Determinants of Patent Value in an Auction Environment", *R&D Management*, 2009, 39 (1): 87 – 94.

正相关（Lerner，1994）。① Su、Chen 和 Lee（2012）② 发现技术领域范围与专利诉讼呈正相关的可能性。但是，Allison、Lemley、Moore 和 Trunkey（2004）③ 与 Nerkar、Paruchuri 和 Khaire（2007）④ 却没有发现它们之间的相关关系。也就是说，在过去以技术领域范围作为专利价值的衡量特征指标之研究一直处于模棱两可的境地。

除此之外，以 IPC 或者 UPC 分类数量的多寡作为技术领域范围广度的代理变量时，我们还必须了解这两种分类方式的差异。IPC 的分类方式较侧重于科学技术领域发展的分类方式，而 UPC 的分类方式则较侧重于产业发展的分类方式。因此，采取不同的分类方式作为技术领域范围广度的代理变量，对于价值专利之衡量，或许会产生不同的结果。

在此前的研究认为，有价值的专利与技术领域范围可能有密切的相关：涉及的范围越广，越能够创造更多价值的发明。综上所述，本书将提出如下假说：

假说4－1（H4－1）：IPC 分类数量越多之专利越有可能成为涉讼专利。

假说4－2（H4－2）：UPC 分类数量越多之专利越有可能成为涉讼专利。

5. 专利请求项与涉讼专利

专利请求项（patent claims）主要在于载明专利的权利范围，实证研究显示请求项数越多则发动诉讼的可能性与次数越高（Allison，

① Lerner J. , "The Importance of Patent Scope: An Empirical Analysis", *The RAND Journal of Economics*, 1994, 25 (2): 319 – 333.

② Su H - N. , Chen C. , Lee P - C. , "Patent Litigation Precaution Method: Analyzing Characteristics of US Litigated and Non - Litigated Patents from 1976 to 2010", *Scientometrics*, 2012, 6 (2): 202 – 216.

③ Allison J. R. , Lemley M. A. , Moore K. A. , Trunkey R. D. , "Valuable Patents", *Georgetown Law Journal*, 2004, 92 (3): 435 – 480.

④ Nerkar A. , Paruchuri S. , Khaire M. , "Business Method Patents as Real Options: Value and Disclosure as Drivers of Litigation", in *Real Options Theory*, Emerald Group Publishing Limited, 2007: 247 – 274.

Lemley, Moore and Trunkey, 2004; Lanjouw and Schankerman, 1997; Marco, 2005)。①②③专利请求项包括独立项（independent claims）与附属项（dependent claims）两种。一项专利中独立项的数目则表示所欲保护的客体个数多寡，独立项数越多则表示未来主张权利时能够涵盖侵权态样的弹性越大，而且损害赔偿的计价基础也会越高。至于附属项的作用，除在遭遇到先前技术挑战其有效性时可以有修改限缩的空间外，还可以用以解释其他的请求项的保护范围，以使侵权主张更加明确。因此，附属项数越多则表示专利有效性越得以强化，同时保护的范围越完整也越牢固。由于独立项与附属项本身具有不同的意义，过去许多实证研究均未加以区分，本书将尝试加以分别进行实证，检验其对涉讼专利的影响性。

从专利请求项的多寡可对照出发明申请人的主观价值。更多的请求项，意味着更多的专利附加费，以及专利代理人于专利说明书撰写将会收取更多的费用。因此，Nerkar、Paruchuri 和 Khaire（2007）④ 认为更多的请求项对于一个专利，将有更大知识产权的保护范围。大量的专利请求项，将有助于企业辨识出潜在的侵权人或授权在一些特定领域，甚至在可能侵权发生之前得知。根据专利的独立项数目，表示为被保护的客体的数目。专利的独立项的保护，可以赋予起诉和诉讼期间有更广泛的范围保护，因而有较高补偿的估价基础。附属项的功能为防止竞争对手在原先的专利范围之中试图挖走一块权利范围，而更多的附属项意味着，被专利概括的范围愈加稳定，在诉讼过程当中被举发为无效专利的可能性也就越低，相对也就大大提高专利在主张权利的价值。由于独立项和附属项具有不同的功能，而这在以往的实证研究中是较为缺乏考虑的，因此本书将试图分别验证其对涉讼专利的影响。综上所述，本书设

---

① Allison J. R., Lemley M. A., Moore K. A., Trunkey R. D., "Valuable Patents", *Georgetown Law Journal*, 2004, 92 (3): 435 –480.

② Lanjouw J. O., Schankerman M., "Stylized Facts of Patent Litigation: Value, Scope and Ownership", *NBER Working Paper*, No. 6297, 1997.

③ Marco A. C., "The Option Value of Patent Litigation: Theory and Evidence", *Review of Financial Economics*, 2005, 14 (3 –4): 323 –351.

④ Nerkar A., Paruchuri S., Khaire M., "Business Method Patents as Real Options: Value and Disclosure as Drivers of Litigation", in *Real Options Theory*, Emerald Group Publishing Limited, 2007: 247 –274.

定以下假说：

假说 5 （H5）：请求项的数量越多之专利越有可能成为涉讼专利。

假设 5 - 1 （H5 - 1）：独立项的数量越多之专利越有可能成为涉讼专利。

假设 5 - 2 （H5 - 2）：附属项的数量越多之专利越有可能成为涉讼专利。

第三节　研究方法

本章的目的主要是探讨价值专利具备的特征。已有许多文献针对这个议题进行研究，然而由于对于价值专利认知角度的差异，例如以专利持有人本身的市场竞争地位或者掌握互补性资源能力对于专利价值创造的影响，而本书将专利价值界定为"本身具有创造经济价值潜力的价值专利"，在此基础上检视价值专利具备的特征，有别于先前的研究。

近年来非专利实施实体兴起，他们在利用专利创造价值的活动过程中，本身并不参与市场竞争，也未掌握互补性资源，因此其所持有之专利非常适合本书作为价值专利的研究对象。因此，本书将非专利实施实体所拥有的专利作为样本选取，进行价值专利具备特征的研究。

一　样本选取

根据 RPX 网站资料统计，从 1985 年到 2010 年期间，已确定的非专利实施实体超过 220 家。这群非专利实施实体已在美国针对 3500 家正常营运的公司发动了超过 2200 件的专利诉讼案件，并且这些诉讼活动仍在持续增加当中。2008 年与非专利实施实体有关的美国专利诉讼案件约 550 件，约占全年美国专利诉讼案件之 13%，这相较 2004 年以前年平均不到 5% 的比例来看已成长一倍多，而到了 2012 年与非专利实施实体有关的美国专利诉讼案件更大幅增加为 2932 件，已跃升为最高比例的专利诉讼发动者。据估计在美国，产业仅应付相关争议的直接成本一年就可能消耗掉 290 亿美元的庞大费用（Bessen and Meurer，

2014）。①

根据 RPX 网站数据显示，虽有众多的非专利实施实体，但由于本身的资金筹码或者营运模式的差异，会采取专利诉讼作为威胁手段的非专利实施实体则趋向于集中少数几家，截至 2007 年诉讼累计次数前 20 名的非专利实施实体，占所有与非专利实施实体有关的专利诉讼次数 53% 以上。因此，本书将根据 RPX 网站所列 2007 年诉讼累计次数前 20 名的非专利实施实体所持有的专利作为研究的主要样本，来进行涉讼专利的探讨。

由于非专利实施实体大部分的专利获得来源是通过让与、授权、信托等方式取得，因此我们无法从原始专利公报的数据库中（即 USPTO Patent Full - Text and Image Database）取得依据记载专利权人②的信息而能够完整取得非专利实施实体所持有的专利，因此本书对于非专利实施实体所持有的专利数据的收集来自美国专利和商标局（USPTO）的 Patent Assignment Database。

经调整遗漏值后，最终分析样本包括 13 家公司③和 1084 项专利（其中涉讼专利 228 笔）。有关专利权利人的名字、技术领域，以及已核准日期等，本书数据已包含足够的信息。

本书采用 Westlaw 的诉讼数据库，以确定每个样本中的专利是否在诉讼中或是其他诉讼情况。

二　变量操作书定义

本书将采用涉讼专利一个因变量与专利被引用数、专利引用数、专利家族数、技术领域范围及专利请求项数五组自变量。

涉讼专利是作为价值专利的一个代理变量，同时作为分析模型的因变量。本书将从理论与实务两方面概述为何可以采用涉讼专利作为价值专利的替代变量，并且说明其操作定义及数据源。

---

① Bessen J. , Meurer M. J. , "The Direct Costs from NPE Disputes", *Cornell Law Review*, 2014, 99 (2): 387 - 424.

② 因美国在 2012 年 9 月 16 日修法以前为发明人制度，因此专利权人称为 Assignee。

③ Acacia Technologies, Rates Technology Inc. , Millennium LP, Cygnus Telecommunications Technology LLC, General Patent Corp International, Papst Licensing GmbH, F&G Research Inc. , Ronald A Katz Technology Licensing, Catch Curve Inc. , ArrivalStar, Guardian Media Technologies Ltd. , Sorensen Research and Development Trust, WIAV Solutions LLC 这 13 家。

自变量分别为专利被引用数、专利引用数、专利家族数、技术领域范围及专利请求项数。其中专利引用数可分为引用非专利文献数与引用专利文献数，而引用专利文献数再细分为引用美国专利文献数及引用非美国专利文献数；另外专利请求项数可分为独立项数与附属项数。以下分别说明因变量与这五组自变量的操作定义及数据源。

1. 涉讼专利

本书主要探讨的是价值专利，也就是本身具有创造经济价值潜力的价值专利，但是当我们要针对价值专利进行实证研究时，应如何衡量价值专利？Allison、Lemley、Moore 和 Trunkey（2004）[1] 认为可以将涉及诉讼的专利视为价值专利，虽然有价值的专利并不一定都会成为诉讼的标的，但是没有理由认为这样没有参与诉讼的价值专利与涉讼专利有何不同，同时这个假设具有双向性（bidirectional）。也就是说，相较于一般的专利，涉讼专利倾向于具有较高的价值；而价值专利也比较有可能牵涉到专利诉讼，因此 Allison、Lemley、Moore 和 Trunkey（2004）[2] 认为有足够强烈的理由相信涉讼专利能够作为价值专利的代理变量。

在实务上也的确如此，凡是能够被专利权人挑选出来参与诉讼的专利，通常在其心目中一定具有相当的分量，同时能够经过司法考验的专利，相较于一般的专利必定更具备在专利有效性方面的稳定性，当然也就具有更高的为专利权人创造价值的潜力。因此本书也认同 Allison、Lemley、Moore 和 Trunkey（2004）[3] 的观点，而将涉讼专利作为价值专利的代理变量。

本书采用"涉讼专利"作为"价值专利"的一个代理变量，同时作为分析模型的因变量。若专利曾经涉讼，因变量是分类变量，编码为 1；如果未涉讼的，编码为 0。本书采用 Westlaw 的专利诉讼数据库，以确定每个样本中的专利是否涉讼。

2. 专利被引用数据

一件专利高度地被其他专利所引用可以反映其他发明创造对被引用

---

[1] Allison J. R., Lemley M. A., Moore K. A., Trunkey R. D., "Valuable Patents", *Georgetown Law Journal*, 2004, 92 (3): 435 – 480.

[2] Ibid. .

[3] Ibid. .

专利的高度关联，被引用次数越多的专利，就是有较高创新价值的专利（Chang, Chen and Huang, 2012；Chang, Zhou, Zhang and Yuan, 2015；Chen and Chang, 2009；Chen and Chang, 2010a；Chen and Chang, 2010b；Chen and Chang, 2010c；Chen and Chang, 2010d；Wu, Chang, Zhou, Hao, Yuan and Chang, 2015；Zhang, Yu, Chang and Ken, 2012）。①②③④⑤⑥⑦⑧⑨ 专利被引用数与将来作为涉讼专利的可能性呈正相关关系（Allison, Lemley, Moore and Trunkey, 2004；Chang, Zhou, Zhang and Yuan, 2015；Marco, 2005, Su, Chen and Lee, 2012；

---

① Chang K – C., Chen D – Z., Huang M – H., "The Relationships between the Patent Performance and Corporation Performance", *Journal of Informetrics*, 2012, 6（1）: 131 – 139.

② Chang K – C., Zhou W., Zhang S., Yuan C – C., "Threshold Effects of the Patent H – index in the Relationship between Patent Citations and Market Value", *Journal of the Association for Information Science and Technology*, 2015, 66（12）: 2697 – 2703.

③ Chen Y – S., Chang K – C., "Using Neural Network to Analyze the Influence of the Patent Performance upon the Market Value of the US Pharmaceutical Companies", *Scientometrics*, 2009, 80（3）: 637 – 655.

④ Chen Y – S., Chang K – C., "Analyzing the Nonlinear Effects of Firm size, Profitability, and Employee Productivity on Patent Citations of the US Pharmaceutical Companies by Using Artificial Neural Network", *Scientometrics*, 2010a, 82（1）: 75 – 82.

⑤ Chen Y – S., Chang K – C., "Exploring the Nonlinear Effects of Patent Citations, Patent Share, and Relative Patent Position on Market Value in the US Pharmaceutical Industry by Using Artificial Neural Network", *Technology Analysis & Strategic Management*, 2010b, 22（2）: 153 – 169.

⑥ Chen Y – S., Chang K – C., "The Nonlinear Nature of the Relationships between the Patent Traits and Corporate Performance", *Scientometrics*, 2010c, 82（1）: 201 – 210.

⑦ Chen Y – S., Chang K – C., "The Relationship between a Firm's Patent Quality and its Market Value – the Case of US Pharmaceutical Industry", *Technological Forecasting and Social Change*, 2010d, 77（1）: 20 – 33.

⑧ Wu M – F., Chang K – W., Zhou W., Hao J., Yuan C – C., Chang K – C., "Patent Deployment Strategies and Patent Value in LED Industry", *PLoS ONE*, 2015, 10（6）: e0129911.

⑨ Zhang S., Yu C – C., Chang K – C., Ken Y., "Exploring the Nonlinear Effects of Patent H index, Patent Citations, and Essential Technological Strength on Corporate Performance by Using Artificial Neural Network", *Journal of Informetrics*, 2012, 6（4）: 485 – 495.

Wu，Chang，Zhou，Hao，Yuan and Chang，2015）。①②③④⑤

专利被引用数其操作定义为该专利被其他专利所引用之专利总件数，为计量变数，该数为大于等于 0 的整数。本书所取样的数据库为美国专利商标局（USPTO）所提供的（Patent Full – Text and Image Database）专利全文及图文件数据库。

3. 专利引用数

专利的引用数据主要来自专利申请过程中检索与该专利发明创造相关的前案文献。在美国专利说明书当中，通常被记载在 "References Cited" 字段中。同时，在美国专利说明书当中所记载的引用数据还可以细分为引用专利文献与引用非专利文献（即科学文献）。而引用专利文献又可再细分为引用美国专利文献及非美国专利文献。也就是说，引用非专利文献列表记载在美国专利说明书中的 "OTHER PUBLICATIONS" 字段中；引用美国专利文献列表记载在 "U. S. PATENT DOCUMENTS" 字段中；引用非美国专利文献列表记载在 "FOREIGN PATENT DOCUMENTS" 字段中。

再者，美国专利的检索引用前案来源包括申请人提供及审查人员提供两类，由于受到美国 IDS 制度的影响，使得若将专利申请人所提供的检索引用数据也列入取样数据则可能会造成偏差，因此本书将只选取审查人员所提供的引用前案，而将申请人所提供部分予以排除。也就是说，在引用文献清单当中，仅保留有标注 "＊" 符号的文献数据，未标注的文献资料则予以剔除。

专利引用数其操作定义为引用专利文献的数量和引用非专利文献的

① Allison J. R. , Lemley M. A. , Moore K. A. , Trunkey R. D. , "Valuable Patents", *Georgetown Law Journal*, 2004, 92（3）: 435 – 480.

② Chang K – C. , Zhou W. , Zhang S. , Yuan C – C. , "Threshold Effects of the Patent H – index in the Relationship between Patent Citations and Market Value", *Journal of the Association for Information Science and Technology*, 2015, 66（12）: 2697 – 2703.

③ Marco A. C. , "The Option Value of Patent Litigation: Theory and Evidence", *Review of Financial Economics*, 2005, 14（3 – 4）: 323 – 351.

④ Su H – N. , Chen C. , Lee P – C. , "Patent Litigation Precaution Method: Analyzing Characteristics of US Litigated And non – Litigated Patents from 1976 to 2010", *Scientometrics*, 2012, 6（2）: 202 – 216.

⑤ Wu M – F. , Chang K – W. , Zhou W. , Hao J. , Yuan C – C. , Chang K – C. , "Patent Deployment Strategies and Patent Value in LED Industry", *PLoS ONE*, 2015, 10（6）: e0129911.

数量之总数量，其中引用专利文献数量则包括引用美国专利文献的数量和引用非美国专利文献的数量之总和。专利引用数、引用非专利文献数、引用美国专利文献数、引用非美国专利文献数等均为计量变量，且均为大于等于 0 的整数。本书所取样的数据库为美国专利商标局（US-PTO）所提供的（Patent Full – Text and Image Database）专利全文及图文件数据库。

4. 专利家族数

专利家族系指同一发明创造在多个国家以主张优先权或者分案的方式申请专利所构成的集合，也就是说包括国外优先权制度与国内优先权制度等两种制度之下的一般优先权、部分优先权、复数优先权及分案申请等。同时若为美国专利则更进一步包括连续案与部分连续案所构成的集合。

根据欧洲专利局（European Patent Office）esp@cenet 网站对于专利家族的定义可归纳成三类：

定义一：凡是专利文件，和其中一项优先权有直接或间接的关系者，属于同一家族。

定义二：凡是专利文件，具有至少一个共同的优先权文件者，属于同一家族。

定义三：凡是专利文件，具有完全相同的优先权或优先权组合者，属于同一个专利家族。

定义一最为广义；定义二次之；定义三则属于最狭义的定义。

本书所取样的数据库为欧洲专利局网站 esp@cenet 当中的国际专利文献中心（International Patent Documentation Center，INPADOC）专利数据库，而该数据库所采取的定义为定义一的广义专利家族定义。即任何通过优先权主张而与某基础专利有直接或间接联结的所有专利所形成的 INPADOC 专利家族。

专利家族数其操作定义为焦点专利所属专利家族之专利总件数，为计量变数，该数为大于等于 1 的整数。

5. 技术领域范围

专利的技术领域范围（technological field scope）主要是度量该专利技术所涉及的技术领域广泛程度，通常是以专利专责机关赋予该专利的技术分类（如 IPC 或 UPC）的多寡作为涉及技术领域范围广度的衡量特征指标。

由于 IPC 主要是从科学技术的发展角度进行分类，而 UPC 则比较偏向于人产业发展角度进行分类。因此，本书将分别以 IPC 与 UPC 等分类作为技术领域范围广度的衡量特征指标。

分类号都是采取阶层式（hierarchical）的架构，在 IPC 分类当中，一般有采四位码（4 - digit），例如 G06F，或者细化至整个分类号的九位码（9 - digit），如 G06F017/60。

在美国专利分类（US patent classification UPC）当中，则是两阶的形式，例如 705/17。另外，由于某些技术在当时可能属于蓬勃发展而创新激增的技术领域，因此在分类码还未全面改版而临时细分的情况下，会在第二阶的后面出现小数点，例如 348/14.5。在本书中则不加以区分，如前例仍将之归属于 348/14 分类中。

关于一篇专利属于哪个技术分类，在美国专利说明书当中，若为 IPC 分类，通常被记载在"Current International Class："字段中，例如"C07H 1/00；C07H 3/00；C08B 37/00"；UPC 分类通常被记载在"Current U. S. Class："字段中，例如"536/123.12；536/124"。

技术领域范围则是计算该件专利包括多少个不重复的分类号来代表横跨多少技术领域。例如：若 IPC 分类为"C07H 1/00；C07H 3/00；C08B 37/00"；而 UPC 为"536/123.12；536/123.5；536/124"。以 IPC 九位码（9 - digit）的技术领域范围编码为：3（包括 C07H 1/00、C07H 3/00、C08B 37/00 三个分类号）；以 UPC 二阶码的技术领域范围编码为：2（包括 536/123、536/124 两个分类号）。

技术领域范围其操作定义为该专利不重复的分类号的总个数，为计量变数，该数为大于等于 1 的整数。本书所取样的数据库为美国专利商标局（USPTO）所提供的（Patent Full - Text and Image Database）专利全文及图文件数据库。

6. 专利请求项数

专利请求项主要在于载明专利的权利范围，在美国专利说明书当中通常被记载于出现"What is claimed is："之后，以阿拉伯数字编号的项目呈现。专利请求项包括独立项（independent claims）与附属项（dependent claims）两种。由于独立项与附属项本身具有不同的意义，过去许多实证研究均未加以区分，本书将尝试加以分别进行实证，检验其对涉讼专利的影响性。

凡是在一项专利请求项的第一句当中，若没有引用其他专利请求项的将视为独立项，也就是说只要在第一句当中未出现"claim N"（N 为阿拉伯数字编号）等类似字句的就视为独立项。

相对而言，凡是在一项专利请求项的第一句当中，若有引用其他专利请求项，无论是引用一次或者多次均将视为附属项，也就是说只要在第一句当中有出现"claim N"（N 为阿拉伯数字编号）等类似字句的都视为附属项。在一项附属项当中出现多次引用关系的称为多项附属项，本书则未就单一附属项与多项附属项再作细部区分，均视为附属项。

另外，有一种非常特别的独立项称为"引用记载形式之独立项"，一般其第一句会以"一种如请求项 1 之物品 A 的制造方法"类似用语叙述，虽然它具有像附属项的引用关系特征，但却是一项独立项。不过由于这样的撰写方式相对稀少，且需要较专业的人工判读，在不造成统计误差的情况下，本书仍将其视为一般的附属项看待。

专利请求项数其操作定义为独立项数和附属项数的总和，为计量变数，该数为大于等于 1 的整数。独立项数其操作定义为该专利的独立项总数，为计量变数，该数为大于等于 1 的整数。附属项数其操作定义为该专利的附属项总数，为计量变数，该数为大于等于 0 的整数。本书所取样的数据库为美国专利商标局（USPTO）所提供的（Patent Full – Text and Image Database）专利全文及图文件数据库。

表 8 – 1　　　　　　　　变量代号、变量名称与操作定义

变量代号	变量名称	操作定义
LitigatedPat	涉讼专利	以专利是否涉讼作为代理变量，是名目尺度的分类变量，0 为未涉讼；1 为涉讼
Cited	专利被引用数	被引用专利数量的总和，为比例尺度的计量变量，该数为大于等于 0 的整数
CiteTotal	专利引用数	引用所有文献数量的总和，包括专利与非专利文献数量的加总，为比例尺度的计量变量，该数为大于等于 0 的整数。即 CiteTotal = CitePat + CiteNonPat

续表

变量代号	变量名称	操作定义
CitePat	引用专利文献数	引用所有专利文献数量的总和，包括美国专利与非美国专利文献数量的加总，为比例尺度的计量变数，该数为大于等于 0 的整数。即 CitePat = CitePatUS + CitePatForeign
CitePatUS	引用美国专利文献数	引用美国专利文献数量的总和，为比例尺度的计量变数，该数为大于等于 0 的整数
CitePatForeign	引用非美国专利文献数	引用非美国专利文献数量的总和，为比例尺度的计量变数，该数为大于等于 0 的整数
CiteNonPat	引用非专利文献数	引用非专利文献数量的总和，为比例尺度的计量变数，该数为大于等于 0 的整数
PatFamily	专利家族数	所有属于同一专利家族的专利件数总和，为比例尺度的计量变数，该数为大于等于 1 的整数
IPC9	IPC 九位码的技术领域范围	以 IPC 九位码为区分单位，所有不重复的分类号的总个数，为比例尺度的计量变数，该数为大于等于 1 的整数
UPC2	UPC 二阶码的技术领域范围	以 UPC 二阶码为区分单位，所有不重复的分类号的总个数，为比例尺度的计量变数，该数为大于等于 1 的整数
Claim	专利请求项数	所有请求项的总和，包括独立项与附属项数量的加总，为比例尺度的计量变数，该数为大于等于 1 的整数。即 Claim = ClaimInDep + ClaimDep
ClaimInDep	独立项数	所有独立项的总和，为比例尺度的计量变数，该数为大于等于 1 的整数
ClaimDep	附属项数	所有附属项的总和，为计量变量，该数为大于等于 0 的整数

三 建立罗吉斯回归模型

罗吉斯回归模型由 Berkson 于 1944 年提出，用于解决每次试验结果只有成功或失败两种可能的资料，建立模型时期望能准确预测反应变量和一组独立解释变量间的关系，并建立一套分类法则，单笔样本放入之后就能得到一个预测的成功概率，借以判别此样本的属性（Berkson，1944）。[1] 罗吉斯回归主要用于处理分类问题，归属于类别变量的统计

---

[1] Berkson J. , "Application of the Logistic Function to Bio – Assay", *Journal of the American Statistical Association*, 1944, 39 (227): 357 –365.

分析方法，用来处理因变量，其最终预测值是介于 0 到 1 的概率值。罗吉斯回归常被用以建构二元分类作为线性区别分析的替代方法，以避免二元类别之共变数矩阵必须相同之不合理假设（Reichert，Cho and Wagner，1983）。[1] 罗吉斯回归技术已被归于最合适的二元预测输出方法之一（Jo，Han and Lee，1997）。[2]

罗吉斯回归类似一般线性回归可分析因变量为二元变量的资料，用于解决每次试验结果只有成功或失败两种可能及成功比率如何受某些因素的影响。当因变量为连续变量时，一般进行预测时多半采用回归分析；然而若因变量为分类变量（categorical variable）或次序分类而不再是一个连续变量时，举例来说：成功、失败或如第一名、第二名等。不过在许多日常生活中，时常会遇到的情况只有两种可能的结果，例如：成绩好坏等、赢或输，以及本书是否为"涉讼专利"等，则通常采用的统计方法就是对数线性模型。此外，罗吉斯回归模型除了预测分组组别外，尚可计算出事件发生的概率。

一般线性模型预测二元之因变量时，因变量的估计值可能会落在（0，1）之外与实际因变量情况不符，需对目标值进行变量转换。罗吉斯回归模型能准确预测因变量和自变量间的关系，并建立分类法则，使单笔样本放入之后就能得到一个预测的成功概率，借以判别样本属性，常被用来分析二元因变量。罗吉斯回归特性利用变数转换将输出变数转换为 0 到 1 之间的概率值，变数转换函数为 $Y = \dfrac{1}{(1 + e^{-x})}$，转换定义如下：

因变量 y 为 1 和 0 分别代表事件发生与代表事件不发生。若假设有 $p-1$ 独立的解释变量，令其向量定义为 $x = (x_1, x_2, \cdots, x_{p-1})$，则因变量的条件概率定义为 $P(y=1 \mid x) = \pi(x)$，代表使用 x 预测 y 为 1 的概率。

$$\pi(x) = \frac{e^{g(x)}}{1 + e^{g(x)}}, \ 0 \leqslant \pi(x) \leqslant 1$$

① Reichert A. K., Cho C - C., Wagner G. M., "An Examination of the Conceptual Issues Involved in Developing Credit - Scoring Models", *Journal of Business & Economic Statistics*, 1983, 1 (2): 101 - 114.

② Jo H., Han I., Lee H., "Bankruptcy Prediction Using Case - Based Reasoning, Neural Networks, and Discriminant Analysis", *Expert Systems with Applications*, 1997, 13 (2): 97 - 108.

将成功概率与失败概率相除即可得到胜算比（odds），通常表示为：

$$g(x) = \ln\left[\frac{\pi(y=1\,|\,x)}{1-\pi(y=1\,|\,x)}\right] = \beta_0 + \beta_1 x_1 + \cdots + \beta_{p-1} x_{p-1}$$

经过逻辑函数的转换后，$g(x)$ 是参数的线性组合，与变数 x 呈线性关系且为单调递增/递减特性，更能处理 $P(y=1\,|\,x) = \pi(x)$ 发生事件之概率范围限制的问题。回归系数最大概似估计式具有统计一致性与有效性的优点，当 $g(x)$ 越大时，事件发生的概率越大，可另设定临界概率值作为目标值判定标准；若输入变数之概率大于临界概率，则判定为特定类别。

本书首先将非专利实施实体的专利分为有涉讼专利与无涉讼专利两类，再将数据中有的自变量，如专利被引用数、专利引用数、引用专利文献数、引用美国专利文献数、引用非美国专利文献数、引用非专利文献数、专利家族数、IPC 九位码的技术领域范围、UPC 二阶码的技术领域范围、专利请求项数、独立项数、附属项数变量来建立罗吉斯回归模型，探讨非专利实施实体专利成为涉讼专利的概率为何。

本书分别建立以下 8 个模型，针对不同之条件进行罗吉斯回归分析。罗吉斯回归模型设计如下：

模型一

关于专利被引用数（Cited）、专利引用数（CiteTotal）、专利家族数（PatFamily）、UPC 二阶码的技术领域范围（UPC2）、专利请求项数（Claim）对涉讼专利的影响，建立以下回归模型加以分析。

$$LitigatedPat = \beta_0 + \beta_1 Cited + \beta_2 CiteTotal + \beta_3 PatFamily + \beta_4 UPC2 + \beta_5 Claim + \varepsilon$$

模型二

关于专利被引用数（Cited）、引用专利文献数（CitePat）、引用非专利文献数（CiteNonPat）、专利家族数（PatFamily）、UPC 二阶码的技术领域范围（UPC2）、专利请求项数（Claim）对涉讼专利的影响，建立以下回归模型加以分析。

$$LitigatedPat = \beta_0 + \beta_1 Cited + \beta_2 CitePat + \beta_3 CiteNonPat + \beta_4 PatFamily + \beta_5 UPC2 + \beta_6 Claim + \varepsilon$$

模型三

关于专利被引用数（Cited）、引用美国专利文献数（CitePatUS）、引用非美国专利文献数（CitePatForeign）、引用非专利文献数（CiteNonPat）、专利家族数（PatFamily）、UPC 二阶码的技术领域范围（UPC2）、专利请求项数（Claim）对涉讼专利的影响，建立以下回归模型加以分析。

$$LitigatedPat = \beta_0 + \beta_1 Cited + \beta_2 CitePatUS + \beta_3 CitePatForeign$$
$$+ \beta_4 CiteNonPat + \beta_5 PatFamily + \beta_6 UPC2 + \beta_7 Claim + \varepsilon$$

模型四

关于专利被引用数（Cited）、专利引用数（CiteTotal）、专利家族数（PatFamily）、UPC 二阶码的技术领域范围（UPC2）、独立项数（ClaimInDep）、附属项数（ClaimDep）对涉讼专利的影响，建立以下回归模型加以分析。

$$LitigatedPat = \beta_0 + \beta_1 Cited + \beta_2 CiteTotal + \beta_3 PatFamily + \beta_4 UPC2$$
$$+ \beta_5 ClaimInDep + \beta_6 ClaimDep + \varepsilon$$

模型五

关于专利被引用数（Cited）、专利引用数（CiteTotal）、专利家族数（PatFamily）、IPC 九位码的技术领域范围（IPC9）、专利请求项数（Claim）对涉讼专利的影响，建立以下回归模型加以分析。

$$LitigatedPat = \beta_0 + \beta_1 Cited + \beta_2 CiteTotal + \beta_3 PatFamily + \beta_4 IPC9$$
$$+ \beta_5 Claim + \varepsilon$$

模型六

关于专利被引用数（Cited）、引用专利文献数（CitePat）、引用非专利文献数（CiteNonPat）、专利家族数（PatFamily）、IPC 九位码的技术领域范围（IPC9）、专利请求项数（Claim）对涉讼专利的影响，建立以下回归模型加以分析。

$$LitigatedPat = \beta_0 + \beta_1 Cited + \beta_2 CitePat + \beta_3 CiteNonPat$$
$$+ \beta_4 PatFamily + \beta_5 IPC9 + \beta_6 Claim + \varepsilon$$

模型七

关于专利被引用数（Cited）、引用美国专利文献数（CitePatUS）、引用非美国专利文献数（CitePatForeign）、引用非专利文献数（CiteNon-Pat）、专利家族数（PatFamily）、IPC 九位码的技术领域范围（IPC9）、专利请求项数（Claim）对涉讼专利的影响，建立以下回归模型加以分析。

$$LitigatedPat = \beta_0 + \beta_1 Cited + \beta_2 CitePatUS + \beta_3 CitePatForeign$$
$$+ \beta_4 CiteNonPat + \beta_5 PatFamily + \beta_6 IPC9 + \beta_7 Claim + \varepsilon$$

模型八

关于专利被引用数（Cited）、专利引用数（CiteTotal）、专利家族数（PatFamily）、IPC 九位码的技术领域范围（IPC9）、独立项数（ClaimInDep）、附属项数（ClaimDep）对涉讼专利的影响，建立以下回归模型加以分析。

$$LitigatedPat = \beta_0 + \beta_1 Cited + \beta_2 CiteTotal + \beta_3 PatFamily + \beta_4 IPC9$$
$$+ \beta_5 ClaimInDep + \beta_6 ClaimDep + \varepsilon$$

第四节　实证结果与分析

本部分的实证分析将包括针对选取的非专利实施实体所拥有的专利与变量作的叙述性统计及变量的相关系数矩阵分析。然后应用 T 检验验证在涉讼专利与非涉讼专利之间各变量的平均值是否有显著差异。最后借由罗吉斯回归模型来验证第二部分所提的各个假说是否成立。

一　基本叙述性统计与相关分析

表 8－2 与表 8－3 分别针对本书选取的十三家非专利实施实体所拥有的专利以及各特征变量作基本叙述性统计。文献指出约有 99% 的专利未曾通过诉讼主张权利，但却每年要花费 43.3 亿美元维持这些专利，人们称这些未涉讼的专利为"消失的专利"（Allison，Lemley，Moore and Trunkey，2004）。① 也只有 1% —1.5% 的专利能够成为涉讼专利（Jaffe，2000；Lemley，2001）。②③ 另外也有研究显示只有少数约 10%的专利能够产生 80% —90% 以上的价值（Scherer and Harhoff，2000）。④而表 8 - 2 所罗列的非专利实施实体中绝大多数持有涉讼专利的比例均远超过 Lemley（2001）⑤ 所说的 1.5% 以上，并且表 8 - 2 中所罗列的非专利实施实体所持有的专利件数涉讼专利占 21.03%，也明显超过Scherer 和 Harhoff（2000）⑥ 所统计的 10% 以上。所以本书认为非专利实施实体要比一般的企业或个人更能够掌握有价值的涉讼专利。

表 8 - 2　　　　　　　　非专利实施实体拥有的专利之叙述统计

名称	专利总件数	专利涉讼件数	专利涉讼比率（%）
Acacia Technologies	295	74	25.08
ArrivalStar	34	26	76.47
Catch Curve Inc.	14	6	42.86
Cygnus Telecommunications Technology LLC	146	3	2.05
F&G Research Inc.	6	3	50
General Patent Corp International	20	6	30
Guardian Media Technologies Ltd.	2	2	100
Millennium LP	11	11	100
Papst Licensing GmbH	323	51	15.79
Rates Technology Inc.	13	7	53.85
Ronald A Katz Technology Licensing	40	22	55

---

① Allison J. R. , Lemley M. A. , Moore K. A. , Trunkey R. D. , "Valuable Patents", *Georgetown Law Journal*, 2004, 92 (3): 435 - 480.

② Jaffe A. B. , "The U. S. Patent System in Transition: Policy Innovation and the Innovation Process", *Research Policy*, 2000, 29 (4 - 5): 531 - 557.

③ Lemley M. A. , "Rational Ignorance at the Patent Office", *Northwestern University Law Review*, 2001, 95 (4): 1495 - 1532.

④ Scherer F. M. , Harhoff D. , "Technology Policy for a World of Skew - distributed Outcomes", *Research Policy*, 2000, 29 (4 - 5): 559 - 566.

⑤ Lemley M. A. , "Rational Ignorance at the Patent Office", *Northwestern University Law Review*, 2001, 95 (4): 1495 - 1532.

⑥ Scherer F. M. , Harhoff D. , "Technology Policy for a World of Skew - distributed Outcomes", *Research Policy*, 2000, 29 (4 - 5): 559 - 566.

名称	专利总件数	专利涉讼件数	专利涉讼比率（%）
Sorensen Research and Development Trust	60	4	6. 67
WIAV Solutions LLC	120	13	10. 83
总计	1084	228	21. 03

　　表8－3针对各变量作基本的叙述性统计中比较平均值与标准偏差可以看出技术领域范围：UPC2（平均值：4.5；标准偏差：2.845）与 IPC9（平均值：4.66；标准偏差：3.817），以及专利请求项数：Claim（平均值：22.06；标准偏差：18.826）、ClaimInDep（平均值：3.24；标准偏差：3.032）与 ClaimDep（平均值：18.83；标准偏差：17.613），这两组特征指标变量都呈现较为集中的分布，其他则较为分散，其中又以引用非专利文献数分布最为分散：CiteNonPat（平均值：8.83；标准偏差：44.063）。

表8－3　　　　　　　　　　叙述统计

变量	最小值	最大值	平均值	标准偏差
LitigatedPat	0	1	0. 210	0. 408
Cited	0	416	25. 050	37. 152
CiteTotal	0	1091	32. 990	79. 620
CitePat	0	424	24. 310	39. 630
CitePatUS	0	401	20. 800	35. 468
CitePatForeign	0	78	3. 550	7. 350
CiteNonPat	0	669	8. 830	44. 063
PatFamily	0	124	18. 420	28. 455
UPC2	0	21	4. 500	2. 845
IPC9	1	23	4. 660	3. 817
Claim	1	254	22. 060	18. 826
ClaimInDep	1	37	3. 240	3. 032
ClaimDep	0	238	18. 830	17. 613

　　表8－4可以说明专利涉讼的可能性与专利被引用数、专利引用数、

引用专利文献数、引用美国专利文献数、引用非美国专利文献数、引用非专利文献数、专利家族数、IPC 九位码的技术领域范围、专利请求项数、独立项数和附属项数都有显著正相关关系，而 UPC 二阶码的技术领域范围则无显著关系。

二　涉讼专利与非涉讼专利特征差异分析

在表 8 - 5 中本书应用 T 检验比较涉讼与非涉讼专利的各个特征变量平均值是否有显著差异。从表 8 - 5 中看出涉讼专利的各个特征变量平均值均优于非涉讼专利的各个特征变量平均值。其中在专利被引用数、专利引用数、引用专利文献数、引用美国专利文献数、引用非专利文献数、专利家族数、IPC 九位码的技术领域范围、专利请求项数、独立项数和附属项数等特征变量的平均值都显著大于非涉讼专利的相应特征变量的平均值。然而在表 8 - 5 中涉讼专利的引用非美国专利文献数与 UPC 二阶码的技术领域范围两项特征变量平均值与非涉讼专利的相应特征变量的平均值则没有显著差异。

同时，若再将表 8 - 5 与 Allison、Lemley、Moore 和 Trunkey（2004）[1] 的统计结果作一比较[2]（其中专利家族与 UPC 二阶码的技术领域范围等两项特征变量未能比较：）[3]

在专利被引用数量方面，本书的非专利实施实体所拥有的涉讼专利与非涉讼专利的平均值分别为 45.81 与 19.5；Allison、Lemley、Moore 和 Trunkey（2004）[4] 的样本统计涉讼专利与非涉讼专利的平均值则分别为 3.45 与 1.34。这反映非专利实施实体所拥有的专利，无论是否作为涉讼专利，在专利被引用数量上均远远高于一般专利权人的专利。又诚如前面文献探讨所述，有 70% 的美国专利未曾被引用或者被引用一

---

[1]　Allison J. R., Lemley M. A., Moore K. A., Trunkey R. D., "Valuable Patents", *Georgetown Law Journal*, 2004, 92（3）：435 - 480.

[2]　Allison、Lemley、Moore and Trunkey（2004）主要是选取 1999—2000 年在美国法院的所有涉讼专利 6861 件与 1996 年 6 月—1998 年 5 月随机抽样公告且非涉讼专利共 1000 件进行比较。

[3]　本书对于专利家族规模的计算方式与 Allison、Lemley、Moore and Trunkey（2004）有所不同，具有可比性，另外，Allison、Lemley、Moore and Trunkey（2004）未揭露 UPC 二阶码的技术领域范围特征变数的平均值。

[4]　Allison J. R., Lemley M. A., Moore K. A., Trunkey R. D., "Valuable Patents", *Georgetown Law Journal*, 2004, 92（3）：435 - 480.

表 8 - 4

相关系数矩阵

变量	1	2	3	4	5	6	7	8	9	10	11	12
1. LitigatedPat	1											
2. Cited	0.289**	1										
3. CiteTotal	0.117**	-0.037	1									
4. CitePat	0.148**	-0.015	0.948**	1								
5. CitePatUS	0.148**	-0.017	0.934**	0.987**	1							
6. CitePatForeign	0.084**	-0.001	0.603**	0.630**	0.497**	1						
7. CiteNonPat	0.076*	-0.055	0.958**	0.817**	0.803**	0.529**	1					
8. PatFamily	0.218**	0.094**	0.187**	0.209**	0.215**	0.091**	0.148**	1				
9. UPC2	0.058	0.198**	0.133**	0.154**	0.149**	0.111**	0.100**	0.217**	1			
10. IPC9	0.231**	0.216**	-0.043	-0.044	-0.045	-0.021	-0.04	0.457**	0.154**	1		
11. Claim	0.175**	0.166**	0.177**	0.201**	0.185**	0.189**	0.135**	0.141**	0.137**	0.118**	1	
12. ClaimInDep	0.143**	0.160**	0.059	0.070	0.071*	0.037	0.043	0.096**	0.188**	0.109**	0.470**	1
13. ClaimDep	0.163**	0.149**	0.179**	0.203**	0.186**	0.195**	0.137**	0.134**	0.113**	0.107**	0.988**	0.333**

注：** 表示 $p < 0.01$，* 表示 $p < 0.05$。

表 8 – 5　　　　　涉讼专利与非涉讼专利的特征（T 检验结果）

变量	涉讼专利	非涉讼专利	T 值
1. *Cited*	45. 81	19. 5	6. 801 **
2. *CiteTotal*	50. 94	28. 2	3. 220 **
3. *CitePat*	35. 67	21. 29	3. 769 **
4. *CitePatUS*	30. 93	18. 09	3. 863 **
5. *CitePatForeign*	4. 74	3. 23	1. 956
6. *CiteNonPat*	15. 28	7. 11	2. 308 *
7. *PatFamily*	30. 43	15. 21	6. 147 **
8. *UPC2*	4. 82	4. 41	1. 739
9. *IPC9*	6. 37	4. 2	5. 533 **
10. *Claim*	28. 45	20. 35	4. 057 **
11. *ClaimInDep*	4. 08	3. 02	3. 607 **
12. *ClaimDep*	24. 37	17. 35	3. 725 **

注：＊＊表示 $p < 0.01$，＊表示 $p < 0.05$。

到两次，只有极为少数的专利被引用五次以上，超过六次以上者不超过 10%（Narin and Olivastro，1988）。[①] 也就是说，即便是本书当中所选取的非专利实施实体拥有的非涉讼专利，其被引用专利文献的数量也都远远超过一般所认知的高被引用专利文献的专利。足见本书所选取的样本应具有一定程度的代表性。

在专利引用数量方面，本书的非专利实施实体所拥有的涉讼专利与非涉讼专利的平均值分别为 50. 94 与 28. 2；Allison、Lemley、Moore 和 Trunkey（2004）[②] 的样本统计涉讼专利与非涉讼专利的平均值则分别为 34. 64 与 15. 16。显示非专利实施实体所拥有的专利，在专利引用数量上涉讼专利与非涉讼专利的平均值都分别高于一般专利权人的涉讼专利与非涉讼专利的平均值。由于专利引用数量的多寡将影响未来诉讼时面

①　Narin F. , Olivastro D. , "Technology Indicators Based on Patents and Patent Citations", in van Raan A F J. , *Handbook of Quantitative Studies of Science and Technology*, Holland：Elsevier Science Publishers B. V. 1988.

②　Allison J. R. , Lemley M. A. , Moore K. A. , Trunkey R. D. , "Valuable Patents", *Georgetown Law Journal*, 2004, 92（3）：435 – 480.

临有效性的挑战以及专利可实施性（enforcement）的能力，这意味着非专利实施实体较偏好于能够顺利主张权利的专利引用数量较高的专利。

在专利引用专利文献数量方面，本书的非专利实施实体所拥有的涉讼专利与非涉讼专利的平均值分别为 35.67 与 21.29；Allison、Lemley、Moore 和 Trunkey（2004）① 的样本统计涉讼专利与非涉讼专利的平均值则分别为 26.32 与 12.79。显示非专利实施实体所拥有的专利，在专利引用专利文献数量上涉讼专利与非涉讼专利的平均值都分别高于一般专利权人的涉讼专利与非涉讼专利的平均值。这似乎意味着，非专利实施实体较偏好持有引用专利文献数量较多的专利。

在专利引用美国专利文献数量方面，本书的非专利实施实体所拥有的涉讼专利与非涉讼专利的平均值分别为 30.93 与 18.09；Allison、Lemley、Moore 和 Trunkey（2004）② 的样本统计涉讼专利与非涉讼专利的平均值则分别为 22.8 与 10.34。这显示非专利实施实体所拥有的专利，在专利引用美国专利文献数量上涉讼专利与非涉讼专利的平均值都分别高于一般专利权人的涉讼专利与非涉讼专利的平均值。这似乎意味着，非专利实施实体较偏好持有引用美国专利文献数量较多的专利。

在专利引用非美国专利文献数量方面，本书的非专利实施实体所拥有的涉讼专利与非涉讼专利的平均值分别为 4.74 与 3.23；Allison、Lemley、Moore 和 Trunkey（2004）③ 的样本统计涉讼专利与非涉讼专利的平均值则分别为 3.53 与 2.44。这显示非专利实施实体所拥有的专利，在专利引用非美国专利文献数量上涉讼专利与非涉讼专利的平均值都分别高于一般专利权人的涉讼专利与非涉讼专利的平均值。这似乎意味着，非专利实施实体也较偏好持有引用非美国专利文献数量较多的专利。

在专利引用非专利文献数量方面，本书的非专利实施实体所拥有的涉讼专利与非涉讼专利的平均值分别为 15.28 与 7.11；Allison、Lem-

---

① Allison J. R., Lemley M. A., Moore K. A., Trunkey R. D., "Valuable Patents", *Georgetown Law Journal*, 2004, 92（3）：435 – 480.

② Ibid..

③ Allison J. R., Lemley M. A., Moore K. A., Trunkey R. D., "Valuable Patents", *Georgetown Law Journal*, 2004, 92（3）：435 – 480.

ley、Moore 和 Trunkey（2004）① 的样本统计涉讼专利与非涉讼专利的平均值则分别为 8.32 与 2.37。这显示非专利实施实体所拥有的专利，在专利引用非专利文献数量上涉讼专利与非涉讼专利的平均值都分别高于一般专利权人的涉讼专利与非涉讼专利的平均值。这似乎意味着，非专利实施实体也较偏好持有引用非专利文献数量较多的专利。

在 IPC 九位码的技术领域范围数量方面，本书的非专利实施实体所拥有的涉讼专利与非涉讼专利的平均值分别为 6.37 与 4.2；Allison、Lemley、Moore 和 Trunkey（2004）② 的样本统计涉讼专利与非涉讼专利的平均值则分别为 1.44 与 1.58。显示非专利实施实体所拥有的专利，在 IPC 九位码的技术领域范围数量上涉讼专利与非涉讼专利的平均值都分别高于一般专利权人的涉讼专利与非涉讼专利的平均值。这似乎意味着，非专利实施实体较偏好持有技术领域范围较为广泛的专利。然而，无论是 IPC 或者 UPC 分类系统作为技术领域范围的衡量变量，Allison、Lemley、Moore 和 Trunkey（2004）③ 都不认为与专利涉讼与否或者专利价值具有显著的相关性，甚至在 IPC 九位码的技术领域范围数量还与涉讼专利呈现负相关。因此，或许可以在未来后续的研究中作进一步探讨或者。

在专利请求项数量方面，本书的非专利实施实体所拥有的涉讼专利与非涉讼专利的平均值分别为 28.45 与 20.35；Allison、Lemley、Moore 和 Trunkey（2004）④ 的样本统计涉讼专利与非涉讼专利的平均值则分别为 19.6 与 13.0。这显示非专利实施实体所拥有的专利，在专利请求项数量上无论是涉讼专利与非涉讼专利的平均值都高于一般专利权人涉讼专利的平均值。而过去的实证研究发现专利请求项数量越多则发动诉讼的可能性与次数越高（Allison，Lemley，Moore and Trunkey，2004；

---

① Allison J. R., Lemley M. A., Moore K. A., Trunkey R. D., "Valuable Patents", *Georgetown Law Journal*, 2004, 92 (3): 435-480.

② Ibid..

③ Ibid..

④ Allison J. R., Lemley M. A., Moore K. A., Trunkey R. D., "Valuable Patents", *Georgetown Law Journal*, 2004, 92 (3): 435-480.

Lanjouw and Schankerman，1997；Marco，2005）。①②③ 这似乎意味着，非专利实施实体较偏好持有专利请求项较多的专利并且可以借由诉讼的方式而获利。

在独立项数量方面，本书的非专利实施实体所拥有的涉讼专利与非涉讼专利的平均值分别为 4.08 与 3.02；Allison、Lemley、Moore 和 Trunkey（2004）④ 的样本统计涉讼专利与非涉讼专利的平均值则分别为 4.44 与 2.75。非专利实施实体所拥有的涉讼专利之独立项数量平均值低于一般涉讼专利之独立项数量平均值，这是在比较本书与 Allison、Lemley、Moore 和 Trunkey（2004）⑤ 的特征变量中，唯一一项非专利实施实体低于一般专利权人的特征变量平均值。至于为何会有这样的情况，或许可以在未来后续的研究中作进一步探讨。

在附属项数量方面，本书的非专利实施实体所拥有的涉讼专利与非涉讼专利的平均值分别为 24.37 与 17.35；Allison、Lemley、Moore 和 Trunkey（2004）⑥ 的样本统计涉讼专利与非涉讼专利的平均值则分别为 21.03 与 12.12。这显示非专利实施实体所拥有的专利，在附属数量上涉讼专利与非涉讼专利的平均值都分别高于一般专利权人的涉讼专利与非涉讼专利的平均值。这似乎意味着，非专利实施实体较偏好持有能够在专利诉讼过程中专利有效性较不容易被挑战且侵权认定较容易被明确的专利。

三 罗吉斯回归结果分析

本书因变量为涉讼专利，而解释变量为专利被引用数、专利引用数、引用专利文献数、引用美国专利文献数、引用非美国专利文献数、引用非专利文献数、专利家族数、IPC 九位码的技术领域范围、UPC 二

---

① Allison J. R.，Lemley M. A.，Moore K. A.，Trunkey R. D.，"Valuable Patents"，*Georgetown Law Journal*，2004，92（3）：435 – 480.

② Lanjouw J. O.，Schankerman M.，"Stylized Facts of Patent Litigation：Value，Scope and Ownership"，*NBER Working Paper*，No. 6297，1997.

③ Marco A. C.，"The Option Value of Patent Litigation：Theory and Evidence"，*Review of Financial Economics*，2005，14（3 – 4）：323 – 351.

④ Allison J. R.，Lemley M. A.，Moore K. A.，Trunkey R. D.，"Valuable Patents"，*Georgetown Law Journal*，2004，92（3）：435 – 480.

⑤ Ibid..

⑥ Ibid..

阶码的技术领域范围、专利请求项数、独立项数和附属项数。本书采用 Logistic 回归模型来验证本书假说。

1. 专利被引用数对涉讼专利之影响

表 8 - 6 所示，模型 1 至模型 4 在 1% 显著水平之下，专利被引用数系数估计值为 0.017，呈现显著的正向影响；模型 5 至模型 8 在 1% 显著水平之下，专利被引用数系数估计值为 0.015，呈现显著的正向影响。本书支持专利被引用数的数量越多越有可能成为涉讼专利。这意味着，较多的被引用文献有较大的专利涉讼可能性。因此，假说 1 在本书中可以得到支持。

2. 专利引用数对涉讼专利之影响

如表 8 - 6 所示，模型 1 与模型 4 在 5% 显著水平之下，专利引用数系数估计值为 0.002，呈现显著的正向影响；模型 5 与模型 8 在 1% 显著水平之下，专利引用数系数估计值为 0.002，呈现显著的正向影响。本书支持专利引用文献数量越多越有可能成为涉讼专利。这意味着，较多的引用文献有较大的专利涉讼可能性。因此，假说 2 在本书中可以得到支持的。

此外，本书分别对引用专利文献和非专利文献作实证。如表 8 - 6 所示，模型 2 在 1% 显著水平之下，引用专利文献数系数估计值为 0.010，呈现显著的正向影响；模型 6 在 1% 显著水平之下，引用专利文献数系数估计值为 0.012，呈现显著的正向影响。专利涉讼的可能性与引用专利文献数量有显著的正向影响，因此，假说 2 - 1 在本书中可以得到支持。

由表 8 - 6 可知，模型 2 与模型 6 中引用非专利文献数系数估计值均为 - 0.005，呈现负向影响，但均未达 1% 或 5% 的显著水平。因此，在本书中不支持假说 2 - 2。再者，再将引用专利文献数细分成引用美国专利文献数及引用非美国专利文献数情况下，模型 3 与模型 7 中引用非专利文献数系数估计值均为 - 0.005，呈现负向影响，但仍然均未达 1% 或 5% 的显著水平。因此，假说 2 - 2 在本书中还是得不到支持。

由于本书还将引用专利文献细分到引用美国专利文献数及引用非美国专利文献数，因此本书分别进行验证。由表 8 - 6 可知，模型 3 在 1% 显著水平之下，引用美国专利文献数系数估计值为 0.011，呈现显著的正向影响；模型 7 在 1% 显著水平之下，引用美国专利文献数系数估计值为 0.012，呈现显著的正向影响。因此，假说 2 - 3 在本书中可以得到支持。

表 8 - 6 显示，模型 3 中引用非美国专利文献数系数估计值为 0.007，呈现正向影响；模型 7 中引用非美国专利文献数系数估计值为 0.005，呈现正向影响，但无论是在模型 3 或是模型 7 中引用非美国专利文献数均未达 1% 或 5% 的显著水平。因此，在本书中不支持假说 2 - 4。

3. 专利家族数对涉讼专利之影响

表 8 - 6 显示，模型 1 至模型 4 在 1% 显著水平之下，专利家族数系数估计值为 0.014，呈现显著的正向影响；模型 5 与模型 8 在 1% 显著水平之下，专利家族数系数估计值为 0.009，呈现显著的正向影响；模型 6 与模型 7 在 1% 显著水平之下，专利家族数系数估计值为 0.008，呈现显著的正向影响。本书支持专利家族数的数量越多越有可能成为涉讼专利。这意味着，规模较大专利家族数有较大的专利涉讼可能性。因此，假说 3 在本书中可以得到支持。

4. 技术领域范围对涉讼专利之影响

由于技术领域范围的衡量可以分为 UPC 与 IPC 两类方式，因此本书分别进行验证。由表 8 - 6 的实证结果可知，模型 5 在 1% 显著水平之下，IPC 九位码的技术领域范围系数估计值为 0.070，呈现显著的正向影响；模型 6 在 1% 显著水平之下，IPC 九位码的技术领域范围系数估计值为 0.077，呈现显著的正向影响；模型 7 在 1% 显著水平之下，IPC 九位码的技术领域范围系数估计值为 0.078，呈现显著的正向影响；模型 8 在 1% 显著水平之下，IPC 九位码的技术领域范围系数估计值为 0.070，呈现显著的正向影响。所以本书对于假说 4 - 1 得到支持。

由表 8 - 6 的实证结果可知，模型 1 在 5% 显著水平之下，UPC 二阶码的技术领域范围系数估计值为 - 0.059，呈现显著的负向影响；模型 2 至模型 4 在 5% 显著水平之下，UPC 二阶码的技术领域范围系数估计值为 - 0.065，呈现显著的负向影响。所以本书不支持假说 4 - 2。

5. 专利请求项对涉讼专利之影响

表 8 - 6 显示，模型 1 在 1% 显著水平之下，专利请求项数系数估计值为 0.013，呈现显著的正向影响；模型 2 在 1% 显著水平之下，专利

表 8－6

Logistic 回归结果

变量	模型 1	模型 2	模型 3	模型 4	模型 5	模型 6	模型 7	模型 8
截距	-2.224^{**}	-2.329^{**}	-2.335^{**}	-2.279^{**}	-2.685^{**}	-2.829^{**}	-2.831^{**}	-2.724^{**}
自变量								
Cited	0.017^{**}	0.017^{**}	0.017^{**}	0.017^{**}	0.015^{**}	0.015^{**}	0.015^{**}	0.015^{**}
CiteTotal	0.002^{*}			0.002^{*}	0.002^{*}			0.002^{**}
CitePat		0.010^{**}				0.012^{**}		
CitePatUS			0.011^{**}				0.012^{**}	
CitePatForeign			0.007				0.005	
CiteNonPat		-0.005	-0.005			-0.005	-0.005	
PatFamily	0.014^{**}	0.014^{**}	0.014^{**}	0.014^{**}	0.009^{**}	0.008^{**}	0.008^{**}	0.009^{**}
UPC2	-0.059^{*}	-0.065^{*}	-0.065^{*}	-0.065^{*}				
IPC9					0.070^{**}	0.077^{**}	0.078^{**}	0.070^{**}
Claim	0.013^{**}	0.011^{**}	0.012^{**}		0.013^{**}	0.011^{*}	0.011^{*}	
ClaimInDep				0.051^{*}				0.041^{*}
ClaimDep				0.009^{*}				0.010^{**}
-2 Log Likelihood	976.196	969.489	969.407	973.659	970.261	962.661	962.417	968.746
Wald χ^2	136.648	143.829	143.912	138.710	142.582	150.657	150.901	143.623
Prob $>\chi^2$	0.000	0.000	0.000	0.0000	0.000	0.000	0.0000	0.000

注：$**$ 表示 $p < 0.01$，$*$ 表示 $p < 0.05$。

请求项数系数估计值为 0.011，呈现显著的正向影响；模型 3 在 1% 显著水平之下，专利请求项数系数估计值为 0.012，呈现显著的正向影响；模型 5 在 1% 显著水平之下，专利请求项数系数估计值为 0.013，呈现显著的正向影响；模型 6 在 5% 显著水平之下，专利请求项数系数估计值为 0.011，呈现显著的正向影响；模型 7 在 5% 显著水平之下，专利请求项数系数估计值为 0.011，呈现显著的正向影响。专利请求项数量与专利涉讼的可能性呈正向影响。这意味着更多的专利请求项数量，专利更可能成为涉讼专利。因此，本书显著支持假说 5。

　　此外，本书还探讨了独立项和附属项，两者数量与专利涉讼的可能性。如表 8 - 6 所示，模型 4 在 5% 显著水平之下，独立项数系数估计值为 0.051，呈现显著的正向影响；模型 8 在 5% 显著水平之下，独立项数系数估计值为 0.041，呈现显著的正向影响。而模型 4 在 5% 显著水平之下，附属项数系数估计值为 0.009，呈现显著的正向影响；模型 8 在 5% 显著水平之下，附属项数系数估计值为 0.010，呈现显著的正向影响。独立项和附属项与专利涉讼的可能性，都有显著的正向关系。因此，本书显著支持假说 5 - 1 和假说 5 - 2。

　　再者，如表 8 - 6 所示，独立项数量的系数估计值相对大于附属项数量的系数估计值，在模型 4 中独立项数系数估计值为 0.051；而附属项数系数估计值为 0.009，在模型 8 中独立项数系数估计值为 0.041；而附属项数系数估计值为 0.010。因此，实证结果显示，对于专利涉讼的可能性影响，独立项数量的影响程度强于附属项数量。

表 8 - 7　　　　　　　　　　　假说实证结果

假说	影响	显著性	是否成立
假说 1（H1）：被引用数的数量越多之专利越有可能成为涉讼专利。	正向影响	显著	成立
假说 2（H2）：引用数的数量越多之专利越有可能成为涉讼专利。	正向影响	显著	成立
假说 2 - 1（H2 - 1）：引用专利文献的数量越多之专利越有可能成为涉讼专利。	正向影响	显著	成立
假说 2 - 2（H2 - 2）：引用非专利文献的数量越少之专利较有可能成为涉讼专利。	负向影响	不显著	不成立

续表

假说	影响	显著性	是否成立
假说 2 - 3（H2 - 3）：引用美国专利文献的数量越多之专利越有可能成为涉讼专利。	正向影响	显著	成立
假说 2 - 4（H2 - 4）：引用非美国专利文献的数量越多之专利越有可能成为涉讼专利。	正向影响	不显著	不成立
假说 3（H3）：专利家族规模越大之专利较有可能成为涉讼专利。	正向影响	显著	成立
假说 4 - 1（H4 - 1）：IPC 分类数量越多之专利越有可能成为涉讼专利。	正向影响	显著	成立
假说 4 - 2（H4 - 2）：UPC 分类数量越多之专利越有可能成为涉讼专利。	负向影响	显著	不成立
假说 5（H5）：请求项的数量越多之专利越有可能成为涉讼专利。	正向影响	显著	成立
假设 5 - 1（H5 - 1）：独立请求项的数量越多之专利越有可能成为涉讼专利。	正向影响	显著	成立
假设 5 - 2（H5 - 2）：附属请求项的数量越多之专利越有可能成为涉讼专利。	正向影响	显著	成立

第五节　研究结论与建议

一　结论与管理意涵

本部分要探讨的问题是非专利实施实体持有的专利当中较偏好哪些专利作为涉讼的筹码，以及涉讼专利与非涉讼专利在特征上有哪些差异。在样本选取上主要是根据 RPX 网站所列 2007 年诉讼累计次数前 20 名的非专利实施实体所持有的专利作为研究的主要样本，同时为能更聚焦于典型的非专利实施实体而删除掉与狭义的非专利实施实体定义不符的非专利实施实体，及调整遗漏值后，最终分析样本包括 13 家公司和 1084 项专利（其中涉讼专利 228 笔）来进行涉讼专利的探讨。研究结论如下：

1. 专利被引用数量的多寡仍然是衡量有价值的涉讼专利的重要特征之一

在过去已有相当多的实证研究认为专利被引用数量能够作为价值专利的重要衡量特征指标，无论是当作专利经济价值或是技术创新的判断特征指标（Griliches，1990；Trajtenberg，1990）①②、具有技术影响力的专利衡量特征指标（Albert，Avery，Narin and McAllister，1991；Karki，1997）③④、衡量企业的股票绩效（Hall，Jaffe and Trajtenberg，2000；Hall，Jaffe and Trajtenberg，2005；Wolff，1998）⑤⑥⑦、专利品质衡量特征指标（Lanjouw and Schankerman，2004）⑧ 等，均呈现显著正相关。尤其是 Allison、Lemley、Moore 和 Trunkey（2004）⑨ 更实证发现专利被引用数量是衡量有价值的涉讼专利的重要特征之一。本书显示，专利被引用数量与专利涉讼的可能性也有显著的正相关。也就是说，本书针对专利被引用数量作为价值专利的特征指标的实证研究结果仍然支持过去相关文献所发现的显著正相关的见解。

再者，从企业专利管理的角度而言，评估所拥有的专利是否具有创造价值的潜力或者未来可能作为专利诉讼的标的等活动，专利被引用数量是值得作为参考衡量的特征指标。

---

① Griliches Z. , "Patent Statistics as Economic Indicators: A Survey", *Journal of Economic Literature*, 1990, 28 (4): 1661 – 1707.

② Trajtenberg M. , "A Penny for Your Quotes: Patent Citations and the Value of Innovations", *Journal of Economics*, 1990, 21 (1): 172 – 187.

③ Albert M. B. , Avery D. , Narin F. , McAllister P. , "Direct Validation of Citation Counts as Indicators of Industrially Important Patents", *Research Policy*, 1991, 20 (3): 251 – 259.

④ Karki M. M. S. , "Patent Citation Analysis: A Policy Analysis Tool", *World Patent Information*, 1997, 19 (4): 269 – 272.

⑤ Hall B. H. , Jaffe A. , Trajtenberg M. , "Market Value and Patent Citations: A First Look", *NBER Working Paper*, No. 8498, 2000.

⑥ Hall B. H. , Jaffe A. , Trajtenberg M. , "Market Value and Patent Citations", *Rand Journal of Economics*, 2005, 36 (1): 16 – 38.

⑦ Wolff M. F. , "Tech Indicators May Predict Stock Performance", *Research Technology Management*, 1998, 41 (5): 9.

⑧ Lanjouw J. O. , Schankerman M. , "Patent Quality and Research Productivity: Measuring Innovation with Multiple Indicators", *The Economic Journal*, 2004, 114 (495): 441 – 465.

⑨ Allison J. R. , Lemley M. A. , Moore K. A. , Trunkey R. D. , "Valuable Patents", *Georgetown Law Journal*, 2004, 92 (3): 435 – 480.

2. 技术尖端前沿的发明并不一定能够成为在现阶段市场产品当中创造价值的涉讼专利

如同 Allison、Lemley、Moore 和 Trunkey（2004）[1] 针对专利引用数量多寡与专利涉讼的可能性的实证结果一样，本书也显示，两者具有显著的正向关系。因此，本书也认同 Allison、Lemley、Moore 和 Trunkey（2004）[2] 对于专利引用数量能够成为衡量有价值的涉讼专利的另一项重要特征之一的见解。

此外，本书将前述专利引用数再区分为引用专利文献和引用非专利文献数。同时，还将引用专利文献进一步区分为引用美国专利文献和非美国专利文献。结果发现，引用专利文献数量和引用美国专利文献数与专利涉讼的可能性有显著的正相关。然而，引用非美国专利文献数与专利涉讼的可能性不具有显著的正相关；甚至，引用非专利文献数与专利涉讼的可能性更出现了不具有显著的负相关。

关于以引用非专利文献作为专利与科学技术连接的关联，在过去已有许多相关研究（Harhoff, Schererc and Vopeld, 2003；Karki, 1997；Narin, Hamilton and Olivastro, 1997；Tijssen, 2001）。[3][4][5][6] Callaert、Van Looy、Verbeek、Debackere 和 Thijs（2006）[7] 认为专利引用非专利文献越多，则说明其越接近科学前沿。然而，从实务的观点来看，可以发现属于尖端前沿的技术并不一定为商业市场的产品需求所接受。本书也证实了这样的观点，发现专利引用非专利文献与有价值的涉讼专利为

---

[1] Allison J. R., Lemley M. A., Moore K. A., Trunkey R. D., "Valuable Patents", *Georgetown Law Journal*, 2004, 92 (3): 435 – 480.

[2] Ibid. .

[3] Harhoff D., Schererc F. M., Vopeld K., "Citations, Family Size, Opposition and the Value of Patent Rights", *Research Policy*, 2003, 32 (8): 1343 – 1363.

[4] Karki M. M. S., "Patent Citation Analysis: A Policy Analysis Tool", *World Patent Information*, 1997, 19 (4): 269 – 272.

[5] Narin F., Hamilton K. S., Olivastro D., "The Increasing Linkage between U. S. Technology and Public Science", *Research Policy*, 1997, 26 (3): 317 – 330.

[6] Tijssen R. J. W., "Global and Domestic Utilization of Industrial Relevant Science: Patent Citation Analysis of Science – technology Interactions and Knowledge Flows", *Research Policy*, 2001, 30 (1): 35 – 54.

[7] Callaert J., Van Looy B., Verbeek A., Debackere K., Thijs B., "Traces of Prior Art: An Analysis of Non – patent References Found in Patent Documents", *Scientometrics*, 2006, 69 (1): 3 – 20.

负相关（但不显著）。这也间接解释了我国科学研究机构（如大学、非营利的研发机构等）所追求的尖端先进研究往往面临技术移转的绩效低落与产业实际所需的技术产生脱节的现象。

3. 专利家族规模的大小是影响专利能够成为有价值的涉讼专利的重要特征之一

过去关于专利家族与价值专利关联的研究，呈现见解分歧的情况，有认为申请国家越多则越有价值（Deng，2007；Eaton，Kortum and Lerner，2004；Harhoff，Schererc and Vopeld，2003；Lanjouw，Pakes and Putnam，1998；Reitzig，2004）。①②③④⑤ 也有认为有价值专利申请重点国家就够了，所以专利家族与专利价值并无显著关系，但与有无申请国外专利正相关（Guellec and van Pottelsberghe de la Potterie，2000）。⑥ 还有认为在专利公开标售市场上，专利家族规模越大则成交概率与成交价格均越低（Sneed and Johnson，2009）。⑦

Allison、Lemley、Moore 和 Trunkey（2004）⑧ 发现涉讼专利的平均专利家族规模为1.85，明显高于非涉讼专利的平均专利家族规模1.22。本书在表8-5也得到类似的结果：涉讼专利与非涉讼专利的专利家族平均规模分别为30.43与15.21，且具显著差异。同时，表8-6显示，专利家族规模与专利涉讼可能性为显著正相关，这也与Allison、

①　Deng Y. , "Private Value of European Patents", *European Economic Review*, 2007, 51 (7): 1785 – 1812.

②　Eaton J. , Kortum S. , Lerner J. , "International Patenting and the European Patent Office: A Quantitative Assessment", Proceedings of the Patent, Innovation, and Economic Performance, Paris, OECD, 2004.

③　Harhoff D. , Schererc F. M. , Vopeld K. , "Citations, Family Size, Opposition and the Value of Patent Rights", *Research Policy*, 2003, 32 (8): 1343 – 1363.

④　Lanjouw J. O. , Pakes A. , Putnam J. , "How to Count Patents and Value Intellectual Property: The Uses of Patent Renewal and Application Data", *The Journal of Industrial Economics*, 1998, 46 (4): 405 – 432.

⑤　Reitzig M. , "Improving Patent Valuations for Management Purposes—Validating New Indicators by Analyzing Application Rationales", *Research Policy*, 2004, 33 (6 – 7): 939 – 957.

⑥　Guellec D. , van Pottelsberghe de la Potterie B. , "Applications, Grants and the Value of Patents", *Economics Letters*, 2000, 69 (1): 109 – 114.

⑦　Sneed K. A. , Johnson D. K. N. , "Selling Ideas: the Determinants of Patent Value in an Auction Environment", *R&D Management*, 2009, 39 (1): 87 – 94.

⑧　Allison J. R. , Lemley M. A. , Moore K. A. , Trunkey R. D. , "Valuable Patents", *Georgetown Law Journal*, 2004, 92 (3): 435 – 480.

Lemley、Moore 和 Trunkey（2004）[1] 的观点一致，认为专利家族规模的大小是影响专利能够成为有价值的涉讼专利的重要特征。

基本上，企业专利经营管理的能力对于创造专利价值是一项不可或缺的能力之一，而对于专利家族操作熟稔的程度正恰恰反映出这项管理能力的高低。因此，本书进一步认为若要评估一家企业在专利的管理能力强弱，专利家族是一项重要的观察特征指标。

4. 技术领域范围越广泛的专利越有可能成为有价值的涉讼专利

本章主要分别以 IPC 与 UPC 分类系统作为衡量技术领域范围的代理变数。在表 8 - 4 相关系数矩阵显示，UPC 分类对于涉讼专利无显著相关性，而 IPC 分类对于涉讼专利则有显著相关性。在表 8 - 5 运用 T 检验分析在涉讼与非涉讼专利之间平均值结果，UPC 分类的平均值无显著差异，而 IPC 分类的平均值则有显著差异。在表 8 - 6 罗吉斯回归分析结果，UPC 分类对于成为涉讼专利是呈现负向显著影响（$p < 0.05$），而 IPC 分类对于成为涉讼专利是呈现正向显著影响（$p < 0.01$）。

由此，本书认为以 UPC 分类作为衡量专利的技术领域范围的适合性可能还需要作进一步研究。至于 IPC 分类，从本书的实证结果可以得到技术领域范围越广泛的专利越有可能成为有价值的涉讼专利的结论。

5. 撰写专利请求项应首先考量独立项数量是否能够尽可能增加，其次再考虑附属项的数量

本书指出，专利请求项数量对专利涉讼的可能性为正相关。这样的结果与过去实证研究显示专利请求项数越多则发动诉讼的可能性与次数越高（Allison、Lemley、Moore and Trunkey，2004；Lanjouw and Schankerman，1997；Marco，2005）[2][3][4] 的实证结果是一致的。Allison、Lemley、Moore 和 Trunkey（2004）[5] 认为主要并不是因请求项数量越多而使

---

[1] Allison J. R., Lemley M. A., Moore K. A., Trunkey R. D., "Valuable Patents", *Georgetown Law Journal*, 2004, 92（3）：435 - 480.

[2] Ibid..

[3] Lanjouw J. O., Schankerman M., "Stylized Facts of Patent Litigation：Value, Scope and Ownership", *NBER Working Paper*, No. 6297, 1997.

[4] Marco A. C., "The Option Value of Patent Litigation：Theory and Evidence", *Review of Financial Economics*, 2005, 14（3 - 4）：323 - 351.

[5] Allison J. R., Lemley M. A., Moore K. A., Trunkey R. D., "Valuable Patents", *Georgetown Law Journal*, 2004, 92（3）：435 - 480.

该专利能够保护的领域越宽广，而是借由较多的专利请求项撰写使得该专利更具有效性，而降低将来在诉讼过程当中被质疑有效性的问题。另一个合理的解释是撰写专利请求项数量越多则将支付的专利申请费用也就越高，因此对于专利申请人而言，之所以愿意负担较高的专利成本是预期未来能够通过诉讼等方式来获得回报，所以会撰写较多的专利请求项以强化该专利在诉讼过程当中的主张权利的能力。

此外，为能更进一步了解独立项和附属项对于专利涉讼可能性的影响，本书特别将专利请求项区分出独立项和附属项进行实证后，得到有趣的实证结果。虽两者均对专利涉讼的可能性具有显著正相关，不过发现独立项数量的系数估计值都大于附属项数量的系数估计值。也就是说，独立项数量对于专利涉讼的可能性，其正相关影响大于附属项数量。因此，本书认为，撰写专利请求项应首先考量独立项数量是否能够尽可能增加，其次再考虑附属项的数量。因为对于专利涉讼的可能性，独立项的影响程度是大于附属项的。

二　后续研究建议

本书主要探讨美国非专利实施实体的涉讼专利具有哪些特征，而未对产业作区分，所以本书成果无法确定是否能推论到其他不同的产业。因此建议后续研究可以扩大研究范围，使得本书的结论更加一般化。

本书衡量专利家族采用的是欧洲专利局的最为广义的定义，也就是包括了国外优先权制度下的一般优先权、部分优先权及复数优先权等与美国连续案制度下的连续案、部分连续案及分案申请等两种制度所构成的集合。但未再作进一步的区分，由于这些不同的制度对于企业的专利管理意涵会有所差异，所以建议后续研究者可以再作更进一步验证。

另外，本书仅针对专利被引用数、专利引用数、专利家族、技术领域范围及专利请求项五组特征对涉讼专利的影响，建议后续研究者可再加入其他可能的影响因素，使得整体模式更加完整。

本书针对美国非专利实施实体做研究，未来的研究可以针对其他国家，以探讨相关的主题结果与本书进行比较。最后，这些研究成果，希望能为实务界和学术界提供参考。

第九章　影响非专利实施实体诉讼结果因素之研究

第一节　绪论

近年来非专利实施实体受到重视主要是因为发生几个著名的专利诉讼案件，例如黑莓机的制造商 Research in Motion，Ltd.（RIM）因受到 NTP Incorporated 控告侵权，使得 Research in Motion，Ltd.（RIM）支付了高达 6.1 亿美元之权利金；再者，美国最大拍卖网 eBay 亦因为非专利实施实体的侵权控诉，支付了 2900 多万美元。尽管被告公司最后支付权利金，然而在诉讼期间与侵权判定所支付高额费用，加上被判定禁止销售或生产的决议，对一家企业而言，无疑是一项很严重的打击。

非专利实施实体对企业造成如此大的威胁，因此对非专利实施实体产生很大的兴趣，过去也有许多文章针对非专利实施实体作深入研究，发现非专利实施实体事件层出不穷，且对目标公司的攻击通常造成很大的伤害，因此本书想要通过非专利实施实体所持有之专利作进一步的研究，了解在这些专利中被当成诉讼所攻击的武器，特色究竟在哪里，为什么这些专利能够在诉讼中取得胜诉之优势。

在许多的报纸、杂志上，可以看到与非专利实施实体相关的新闻，不难发现这些人拥有了专利并运用了这些优势去威胁、谈判甚至是诉讼来达到获利的效果，然而相较之下，许多企业本身拥有优秀的研发能力，取得专利之保护，在专利诉讼上却仍无法给予竞争对手有效的攻击。显然，非专利实施实体极有可能是专精于某些领域中，慧眼识英雄地取得了关键的专利；抑或可能是大数法则，运气好就刚好押对宝，达到了效果。因此，让我们十分好奇，在众多的非专利实施实体当中，各家特色皆有不同，其手上所握有之专利与使用方法也不尽相同，有些公司手上拥有了许多专利，而有些公司却仅掌握了几笔专利。然而在这些公司当中，为何有些公司能够有效地通过诉讼给予目标公司沉重的打击，不仅是诉讼所耗费的时间与成本，更因为非专利实施实体的胜诉，让被告公司在赔偿权利金上雪上加霜；但是却又有非专利实施实体通过了诉讼的手段，最后的结果却又败诉，耗费了诉讼的成本，却又没达到获利之效果。

因此本书的目的是探讨在非专利实施实体专利诉讼中，胜诉专利与其他诉讼专利之间专利指标之差异。

第二节　研究架构与研究假说

由文献探讨中可以得知，专利是否具有价值主要是借由专利诉讼来判断是否具有价值，也因此 Allison、Lemley、Moore 和 Trunkey (2004)[①] 提出了判断价值专利之指标；而在文献之中亦发现，非专利实施实体主要的营运模式，除了通过以专利诉讼为威胁手段之外，便是实际通过控告目标对象对于专利上具有侵权行为，借此取得授权金及侵权赔偿，因此非专利实施实体手中所持有的专利即有可能为价值专利。而在第六章中提到，非专利实施实体在挑选专利时的依据，主要以专利被引证数、专利家族与专利年龄 3 种因素，因此本书根据了过去文献所提出价值专利的指标与专利流氓选择购买专利的指标，提出对于非专利实施实体在专利诉讼上能够取得胜诉的关键性因素假设。

由图 9-1 可以发现，非专利实施实体在取得专利时，主要是以专利被引证数、专利家族与专利年龄为选择购买该专利的依据，然而当非专利实施实体在进行专利诉讼时，是否亦是影响诉讼结果的关键，因此本书根据过去文献所提出之假说如下：

由于非专利实施实体主要依照专利被引证数为依据挑选其攻击的武器，因此本书认为非专利实施实体为达到获利的目的，主要是运用威胁

① Allison J. R., Lemley M. A., Moore K. A., Trunkey R. D., "Valuable Patents", *Georgetown Law Journal*, 2004, 92 (3): 435–480.

目标公司及通过诉讼获利，因此本书提出假设，非专利实施实体在挑选攻击武器时，根据其专利被引证数越多，越有可能是非专利实施实体所欲下手之目标。相对的专利被引证数越高，在进行专利诉讼上便越容易胜诉。

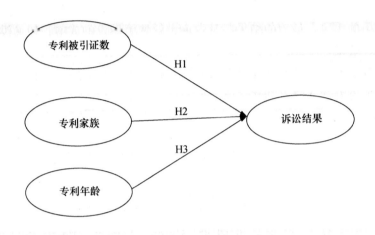

图 9 - 1　研究架构

假说一：专利被引证数越多，专利诉讼取得胜诉机会越大。

专利家族显示着专利布局，因此非专利实施实体在挑选攻击武器时，会选择其具有布局的专利，因此本书提出假设，当专利家族越大，对于专利诉讼取得胜诉的概率越大。

假说二：专利家族越大，专利诉讼取得胜诉机会越大。

根据文献发现，非专利实施实体在取得专利的因素中，会根据该专利的年龄为依据，其中当专利年龄越大时，越有可能为非专利实施实体取得的目标，因此提出假设，当专利年龄越大时，该专利进行诉讼，取得胜诉的机会越大。

假说三：专利年龄越长，专利诉讼取得胜诉机会越大。

第三节　研究方法

在先前文献探讨中，皆指出一个专利的价值，可以从这个专利是否有诉讼来判定其价值是否存在，然而非专利实施实体的商业模式即使运用于专利诉讼，也不一定为非专利实施实体带来价值，反而因冗长的诉讼程序而却未有胜诉之结果，是否运用于诉讼的专利中，究竟赢得诉讼为非专利实施实体带来高价值的专利拥有什么样的特色，便是本书主要的探讨目的。

而本书运用先前对于非专利实施实体文献，借此寻找非专利实施实体的相关资讯，并结合 Allison、Lemley、Moore 和 Trunkey（2004）[①] 所提出对于专利价值的指标，探讨非专利实施实体手中所握有的诉讼专利，赢得诉讼获取高额赔偿金的专利拥有何种特色。

一　研究流程

本书主要在于探讨非专利实施实体的诉讼专利中，因胜诉而取得较高报酬的专利，在其专利的特性上拥有何种特色，以价值专利的各项指标作为探讨目标，分析非专利实施实体手中的胜诉专利的特色，其研究流程如下：

（1）收集非专利实施实体相关资料。

（2）由文献当中找出其关键影响因素，并提出假设。

（3）运用 Westlaw 资料库，寻找非专利实施实体中所拥有的诉讼专利，并判断其胜败诉。

（4）通过美国专利商标局（USPTO）专利资料库与欧洲专利局（EPO）的资料库进行价值专利各项指标收集。

（5）运用 SPSS 统计软件，进行叙述性统计与回归分析。

（6）统计结果分析。

二　研究资料搜集

1. 非专利实施实体相关资讯

由于非专利实施实体相关议题近几年才出现，因此搜寻非专利实施实体的相关资讯较为不易，因此本书在寻找非专利实施实体相关资讯时，主要通过网络或报纸、杂志之报道，期刊、论文及 Blog 进行搜寻，而其搜寻的关键字主要是过去文献对非专利实施实体的称呼，如 Patent Trolls、Non – Practicing Entities 等。而本书亦采用张克群、夏伟伟、袁

---

① Allison J. R., Lemley M. A., Moore K. A., Trunkey R. D., "Valuable Patents", *Georgetown Law Journal*, 2004, 92 (3): 435 – 480.

建中、陈静怡和耿筠（2015）[1] 关于非专利实施实体之资讯，运用其论文所指出的非专利实施实体并新增由报道等相关议题所提出的非专利实施实体，成为本书的主要探讨对象。

2. Westlaw 专利诉讼案件筛选

本书针对非专利实施实体之诉讼专利，主要是运用 Westlaw 资料库对于各非专利实施实体进行检索，以公司名称为搜寻关键字，找出其由地方法院到最高法院的判决书，并从中找出所有非专利实施实体对于目标公司进行侵权诉讼的专利。而 Westlaw 资料库为美国出版之法律专业资料库，提供各式法律、商业与新闻资料，收录包含各国法院判例、法令资料、政府公告、法令规则章程、立法与议会资料、法律期刊、法院报告、法律快讯、国际条约与规章、专利与商标、连续性刊物、法律研究资料、参考工具书、法律书籍等。

3. 专利资料搜集

本书在个别对非专利实施实体进行诉讼专利的检索后，便针对检索出来的专利进行资料的搜集，而本书进行专利搜集的资料库，为美国专利商标局（USPTO）的专利资料库，而所搜集的资料项目为文献中对于专利价值所提出之指标，分别为专利被引证数、专利家族和专利年龄。

三 资料分析方法

1. 叙述性统计

以统计性描述所有变量之数据，包含各变量的样本数、最大值、最小值及平均数等，借此观察欲统计的目标，在传统的统计上其数量上的差别。

2. 回归分析

由于本章主要探讨造成诉讼胜败的原因，其因变量为胜诉与败诉，在统计上，胜败诉结果为名义的二分变量，而在自变量上则为连续变量，因此主要采用二元 Logistic 回归，运用单一自变量对单一因变量的简单回归，观察各自变量对于因变量的影响，最后将所有自变量与单一因变量作回归分析，观察何项因素为影响诉讼成败的最大因素。

---

[1] 张克群、夏伟伟、袁建中、陈静怡、耿筠：《非专利实施实体的定义、形态与特征研究》，《科技管理研究》2015 年第 15 期。

第四节 研究结果分析

一 叙述性统计

由表 9 - 1 发现，在专利被引证数中，胜诉专利平均被引证 49.4 次，而败诉专利仅被引证 38.9 次；专利年龄中胜诉的专利年龄为 4926.4 日，而败诉的专利年龄则为 5119.4 日；而在专利家族当中，亦将家族区分为仅在美国地区的专利家族、美国以外的专利家族与全部的专利家族，在美国地区的专利家族中胜诉专利约 4 个，而败诉的专利则为 2.4 个；而美国以外地区中，胜诉专利的专利家族为 3.3 个；而全部的专利家族当中，胜诉专利的专利家族为 5.4 个，而败诉的专利家族为 2.9 个。

表 9 - 1   叙述性统计

变量	诉讼结果	最大值	最小值	均值
专利被引证数	胜诉	336	0	49.37
	败诉	116	0	38.87
专利家族数	胜诉	12.73	1	5.41
	败诉	3.74	1	2.92
专利年龄	胜诉	8227	1518	4926.40
	败诉	7682	2857	5119.40

二 回归分析

本书运用 Logistic 回归分析验证所提出的假设，其分析如下：

1. 假说一：专利被引证数越多，专利诉讼取得胜诉机会越大

本书以被引用次数为自变量，专利诉讼结果为因变量，采用二元 Logistic 回归分析法，其结果如下：

由表 9 - 2 分析结果发现，专利被引证数对于诉讼结果并未有很明显的关系。尽管非专利实施实体通过被用次数多寡为依据，选择所需要的攻击武器，然而在诉讼结果的检视上，并未有明显的显著性。

由表 9 - 3 可以发现，以专利被引证数对于胜败诉结果的影响，在模型上的预测为 77.6% , 显示运用 Logistic 回归分析, 探讨被引用次数对于胜败诉结果, 能够准确预测的概率为 77.6% 。

表 9 - 2   专利被引证数对专利诉讼结果

	β 估计值	标准误	Wald	显著性
专利被引证数	0.003	0.006	0.337	0.561
常数	1.102	0.370	8.484	0.003

表 9 - 3   专利被引证数对诉讼结果预测正确率

		预测结果		
		败诉	胜诉	整体预测正确率
实际结果	败诉	0	15	0%
	胜诉	0	52	100%
	整体预测正确率	77.6%		

2. 假说二: 专利家族越大, 专利诉讼取得胜诉机会越大

本书以专利家族数为自变量, 以专利诉讼结果为因变量, 采用二元 Logistic 回归分析法; 而其中专利家族数量会因为同家族之专利, 而使在同家族不同专利上, 其专利家族数量有膨胀的效果, 因此在此结果分析上, 将专利家族个数予开根号, 以达到缩小同家族时, 专利家族膨胀的效果。其结果如下:

由表 9 - 4 分析结果发现, 专利家族数对于专利流氓在进行专利诉讼时候, 有很显著的关系, 且由 β 估计值发现, 专利家族数对于专利诉讼结果有明显的正相关, 显示着当非专利实施实体在进行专利诉讼时, 拥有越多的专利家族, 其专利诉讼取得胜诉的可能性越高。

由表 9 - 5 可以发现, 以专利家族数对于胜败诉结果的影响, 在模型上的预测为 74.6% , 显示运用 Logistic 回归分析, 探讨被专利家族数对于胜败诉结果, 能够准确预测的概率为 74.6% 。

表 9 - 4　　　　　　　　　　专利家族对专利诉讼结果

	β 估计值	标准误	Wald	显著性
专利家族数	0.489	0.218	5.020	0.025 *
常数	- 0.614	0.758	0.659	0.417

注：* 表示 P < 0.05。

表 9 - 5　　　　　　　专利家族数对诉讼结果预测正确率

		预测结果		
		败诉	胜诉	整体预测正确率
实际结果	败诉	1	14	6.7%
	胜诉	3	49	94.2%
	整体预测正确率	74.6%		

3. 假说三：专利年龄越长，专利诉讼取得胜诉机会越大

本书以专利年龄为自变量，专利诉讼结果为因变量，采用二元 Logistic 回归分析法，其结果如下：

由表 9 - 6 分析结果发现，其专利年龄对于专利诉讼结果并未有明显的关系，虽然非专利实施实体在挑选专利武器时，会以专利年龄越长的专利为标的物，然而当其专利运用于专利诉讼之上，并未有显著的效果。

表 9 - 6　　　　　　　　　　专利年龄对专利诉讼结果

	β 估计值	标准误	Wald	显著性
专利年龄	0.489	0.218	5.020	0.025 *
常数	- 0.614	0.758	0.659	0.417

注：* 表示 P < 0.05。

由表 9 - 7 可以发现，以专利年龄对于胜败诉结果的影响，在模型上的预测为 77.6%，显示运用 Logistic 回归分析，探讨被专利年龄对于胜败诉结果，能够准确预测的概率为 77.6%。

4. 专利家族分析

由先前针对假设所进行的回归分析，发现在假设的结果上，专利家

族对于非专利实施实体在专利诉讼上拥有显著的关系，且呈现正相关的结果，亦即当专利家族数越大时，在专利诉讼上便有可能取得胜诉的结果。然而在专利家族定义上区分为两种，其一为某专利于其他国家所申请取得的专利的狭义专利家族；其二则为在同一国家内通过分割案、连续案与部分连续案等方式对于同一技术所申请的专利的广义专利家族。因此本书进一步探讨，究竟在专利家族当中，在国内所申请的专利的专利家族与在其他各国所申请的专利的专利家族的影响关系。

表 9 - 7　　　　　　　　　　专利年龄对诉讼结果预测正确率

		预测结果		
		败诉	胜诉	整体预测正确率
实际 结果	败诉	0	15	0%
	胜诉	0	52	100%
	整体预测正确率	77.6%		

本书在计算专利家族的个数时，主要是以欧洲专利局专利资料库中的专利家族数，而在其专利家族中又区分为不同国家的专利，因此本书将其区分为美国专利的专利家族与其他国家的专利家族，并进一步以二元 Logistic 回归分析予以分析，其结果如下。

（1）广义专利家族。本书以仅有美国的专利家族数量，并针对其数字加以开根号，避免膨胀的效果以其为自变量，而以专利诉讼结果为因变量，所进行统计分析结果如下：

由表 9 - 8 分析结果发现，在专利家族中广义的专利家族对于诉讼结果有显著的关系，且从 β 估计值发现，其结果为正向关系。因此，从中发现在广义专利家族的专利家族数越多，对于诉讼取得胜诉的概率也越大。

表 9 - 8　　　　　　　　　　广义专利家族对专利诉讼结果

	β 估计值	标准误	Wald	显著性
广义专利家族数	0.528	0.230	5.245	0.022 *
常数	- 0.350	0.665	0.278	0.598

注：＊表示 P＜0.05。

　　由表9－9可以发现，以广义专利家族对于胜败诉结果的影响，在模型上的预测为77.6%，显示运用 Logistic 回归分析，探讨广义专利家族对于胜败诉结果，能够准确预测的概率为77.6%。

表9－9　　　　　　　　广义专利家族对诉讼结果预测正确率

		预测结果		
		败诉	胜诉	整体预测正确率
实际结果	败诉	0	15	0%
	胜诉	0	52	100%
	整体预测正确率	77.6%		

　　（2）狭义专利家族。本书以美国以外的所申请专利家族数的狭义专利家族数为自变量并针对其数量予以开根号，避免专利家族数膨胀的影响，并以专利诉讼结果为自变量，并采用二元 Logistic 回归分析，其结果如下：

　　由表9－10分析结果发现，狭义专利家族对于专利流氓进行专利诉讼结果有显著关系，且由 β 估计值发现，其结果为正向相关，显示当专利流氓在专利诉讼时，其专利在其他国家申请专利的专利家族数量越多时，取得胜诉的可能性则越大。

表9－10　　　　　　　　狭义专利家族对专利诉讼结果

	β 估计值	标准误	Wald	显著性
狭义专利家族数	0.593	0.243	5.960	0.022*
常数	－0.012	0.509	0.001	0.981

注：*表示 P<0.05。

　　由表9－11可以发现，以狭义专利家族对于胜败诉结果的影响，在模型上的预测为77.6%，显示运用 Logistic 回归分析，探讨狭义专利家族对于胜败诉结果，能够准确预测的概率为77.6%。

表 9 – 11 狭义专利家族对诉讼结果预测正确率

		预测结果		
		败诉	胜诉	整体预测正确率
实际结果	败诉	4	11	26.7%
	胜诉	4	48	92.3%
	整体预测正确率	77.6%		

第五节　研究结论与建议

本章主要为探讨非专利实施实体在进行专利诉讼时，影响诉讼结果的关键因素究竟为何。其中，根据文献探讨中所提到非专利实施实体主要是通过取得专利权并进行专利诉讼，以达到获利之目的；且在进行取得专利的标准，主要是根据目标专利的专利被引证数、专利家族及专利年龄等。因此本书根据先前的研究，进而讨论当非专利实施实体在取得专利后，进行专利诉讼时，究竟这些因素中哪些会是影响其专利诉讼结果，也因此提出了假设如下：

由研究中发现，非专利实施实体进行专利诉讼时，取得胜诉的机会较高，也显示着非专利实施实体在挑选专利时，其精准的眼光。但是根据过去非专利实施实体挑选专利的文献做进一步探讨，当这些挑选武器的条件实际上战场之后，归纳出哪些依据才是真正胜诉的因素。本书发现有两项因素影响非专利实施实体挑选武器，即专利被引证数与专利年龄。在过去的文献当中，专利被引证数越高与专利年龄较长，该专利拥有较高的价值且亦为非专利实施实体所挑选的标准，然而在本书中发现其在影响取得胜诉的机会时，没有显著的关系；而在专利家族拥有极高的显著且呈现正向相关，表示当专利家族越大时，非专利实施实体在进行专利诉讼时，取得胜诉的概率也越大。因此，专利布局对于专利流氓在进行专利诉讼时，是一个相当大的关键因素。

专利布局对于非专利实施实体在进行专利诉讼时，拥有较高的优势取得胜诉，而根据文献探讨中专利家族布局的概念区分为狭义的专利家族及广义的专利家族，因此本书更进一步针对专利家族的定义不同再做

研究，其结果如下：研究结果发现在广义专利家族与专利诉讼取得胜诉
之间的关系，呈现显著且正向相关，结果显示广义的专利家族越大，则
胜诉的概率越大，而且广义专利家族的专利布局的概念，是以专利分割
案、连续案与部分连续案的方式申请专利，以保护专利技术。因此，当
专利拥有多个连续案、部分连续案及分割案时，在进行诉讼时取得胜诉
的机会也越高，亦表示该技术在专利保护的应用上较为完善，因此在诉
讼时能够取得较高的优势；而狭义的专利家族对于诉讼结果的关系亦呈
现显著正相关，说明在其他国家申请的专利越多，对于诉讼取得胜诉越
有利，显示该技术在各国之间的布局较为完善。

表 9 - 12　　　　　　　　　　　**研究结果**

假说	结果	关系
专利被引证数越多，专利诉讼取得胜诉机会越大	不成立	N/A
专利家族越大，专利诉讼取得胜诉机会越大	成立	+
专利年龄越长，专利诉讼取得胜诉机会越大	不成立	N/A

　　企业也应多吸取及参考目前国外企业在面对此议题时防范与避免的
做法；同时，政府应该针对此问题制定出相关的防范机制，保护企业的
心血，避免由于非专利实施实体的横行导致血本无归。

　　由本书所讨论出结果，找出非专利实施实体在进行专利诉讼时，会
赢得诉讼的关键因素，期望能够让企业得以参考。由本书的资料中发
现，非专利实施实体在专利诉讼上胜率约67％，亦即表示在面对非专
利实施实体提出诉讼时，还有三成的机会能够取得胜诉，因此根据本书
的结论，期望目标公司能够根据其提出的专利进行审视，并作出是否与
非专利实施实体进行诉讼或与其谈判取得授权的决策，避免企业在与非
专利实施实体进行专利诉讼时，耗费时间与人力成本，结果又不如预
期，给公司的营运上带来重大的负担。

参考文献

[1] Ludlow T.：《应对专利屠夫与专利钓饵公司》，《经理人内参》2010 年第 2 期。

[2] 陈君竹：《非专利实施主体（NPE）现象及其法理分析》，硕士学位论文，中国政法大学，2013 年。

[3] 陈香羽：《专利聚集之运作模式分析》，台湾政治大学智慧财产研究所，2013 年。

[4] 陈郁婷：《跨国专利侵权诉讼之管理》，台湾政治大学智慧财产研究所，2006 年。

[5] 郭怡萱：《论诉讼费用移转变革对非专利实施实体之影响》，台湾政治大学科技管理与智慧财产研究所，2014 年。

[6] 何瑾瑜：《非专利实施公司权利滥用问题之比较研究》，硕士学位论文，台湾东吴大学，2012 年。

[7] 黄心怡：《论专利滥用与非专利实施体》，硕士学位论文，台湾东吴大学，2013 年。

[8] 黄紫旻：《专利地痞与企业因应策略》，台湾政治大学智慧财产研究所，2008 年。

[9] 李明峻：《从 Patent Trolls 议题看美台专利改革与解决之道》，台湾政治大学法律科际整合研究所，2010 年。

[10] 李晓秋：《危机抑或机遇：专利经营实体是非置辩》，《中国科技论坛》2012 年第 11 期。

[11] 林柏裕：《非专利实施实体之商业模式——以 Acacia 和 Intellectual Ventures 为例》，台湾大学商学研究所，2013 年。

[12] 林建铭：《Patent Troll 对企业之影响及防范建议》，台湾高雄第一科技大学，2013 年。

[13] 林立峰：《专利制度对专利蟑螂之管制》，台湾中正大学法律学系

研究所，2014 年。

[14] 刘芳宇：《专利主张实体问题之研究——以美国经验为借镜》，台湾"中央"大学产业经济研究所，2014 年。

[15] 莫环：《专利钓饵的成因、影响及我国的应对》，硕士学位论文，复旦大学，2010 年。

[16] 王会良、和金生：《专利钓饵：企业专利战略新趋势》，《电子知识产权》2007 年第 3 期。

[17] 谢佑鑫：《论处理"专利蟑螂"争议问题之手段——美国禁制令与我国强制授权之比较》，台湾世新大学法学院，2007 年。

[18] 许万龙、林建扬、谢明峰、刘展光、王文萱：《探讨美国 IP Holding Company 之营运模式》，经济部技术处跨领域科技管理研习班 95 年海外培训成果发表会，2006 年。

[19] 杨孟凡：《美国法上先使用权抗辩——以专利流氓为主》，台湾中正大学财经法律学研究所，2014 年。

[20] 杨哲桢：《专利怪兽法律问题之研究》，高雄第一科技大学科技法律研究所，2012 年。

[21] 姚维保：《国际专利制度理论研究与发展跟踪》，《现代情报》2007 年第 12 期。

[22] 余俊璋：《从美国联邦法院 Microsoft v. I4I 案论跨国企业专利保护与创新之衡平》，硕士学位论文，台湾东吴大学，2013 年。

[23] 余翔、张玉蓉：《金融专利新战略："专利钓饵"及其防范》，《研究与发展管理》2008 年第 3 期。

[24] 詹爱岚：《企业专利战略理论及应用研究综述》，《情报杂志》2012 年第 5 期。

[25] 张克群、夏伟伟、袁建中、陈静怡、耿筠：《非专利实施实体的定义、形态与特征研究》，《科技管理研究》2015 年第 15 期。

[26] 张伟君、单晓光：《滥用专利权与滥用专利制度之辨析——从日本"专利滥用"的理论与实践谈起》，《知识产权》2006 年第 6 期。

[27] Akers N. J. , "The Referencing of Prior Art Documents in European Patents and Applications", *World Patent Information*, 2000, 22 (4): 309 – 315.

[28] Albert M. B. , Avery D. , Narin F. , McAllister P. , "Direct Validation of Citation Counts as Indicators of Industrially Important Patents", *Research Policy*, 1991, 20 (3): 251 –259.

[29] Allison J. R. , Lemley M. A. , Walker J. , "Patent Quality and Settlement Among Repeat Patent Litigants", *Georgetown Law Journal*, 2011, 99 (3): 677 –712

[30] Allison J. R. , Lemley M. A. , Moore K. A. , Trunkey R. D. , "Valuable Patents", *Georgetown Law Journal*, 2004, 92(3): 435 –480.

[31] Barker D. G. , "Troll or No Troll? Policing Patent Usage with an Open Post – Grant Review", *Duke Law & Technology Review*, 2005, 4 (1): 1 –17.

[32] Beckerman – Rodau A. , "The Supreme Court Engages in Judicial Activism in Interpreting the Patent Law in eBay , Inc. v. MercExchange, L. L. C. ", *Tulane Journal of Technology & Intellectual Property*, 2007, 10 (1): 165 –210.

[33] Berkson J. , "Application of the Logistic Function to Bio – Assay", *Journal of the American Statistical Association*, 1944, 39 (227): 357 –365.

[34] Bessen J. E. , Ford J. L. , Meurer M. J. , "The Private and Social Costs of Patent Trolls", *Regulation*, 2012, 34 (4): 26 –35.

[35] Bessen J. E. , Meurer M. J. , "The Direct Costs from NPE Disputes", *Cornell Law Review*, 2014, 99 (2): 387 –424.

[36] Bessen J. , "The Value of U. S. Patents by Owner and Patent Characteristics", *Research Policy*, 2008, 37 (5): 932 –945.

[37] Breitzman A. F. , Mogee M. E. , "The Many Applications of Patent Analysis", *Journal of Information Science*, 2002, 28(3): 187 –205.

[38] Burk D. L. , Lemley M. A. , "Policy Levers in Patent Law", *Virginia Law Review*, 2003, 89 (7): 1575 –1696.

[39] Callaert J. , Van Looy B. , Verbeek A. , Debackere K. , Thijs B. , "Traces of Prior Art: An Analysis of Non – patent References Found in Patent Documents", *Scientometrics*, 2006, 69 (1): 3 –20.

[40] Chang K – C. , Chen D – Z. , Huang M – H. , "The Relationships between the Patent Performance and Corporation Performance", *Jour-

nal of Informetrics, 2012, 6 (1): 131 – 139.

[41] Chang K – C., Zhou W., Zhang S., Yuan C – C., "Threshold Effects of the Patent H – index in the Relationship between Patent Citations and Market Value", *Journal of the Association for Information Science and Technology*, 2015, 66 (12): 2697 – 2703.

[42] Chen M – J., "Competitor Analysis and Interfirm Rivalry: Toward a Theoretical Integration", *The Academy of Management Review*, 1996, 21 (1): 100 – 134.

[43] Chen Y – S., Chang K – C., "Analyzing the Nonlinear Effects of Firm size, Profitability, and Employee Productivity on Patent Citations of the US Pharmaceutical Companies by Using Artificial Neural Network", *Scientometrics*, 2010a, 82 (1): 75 – 82.

[44] Chen Y – S., Chang K – C., "Exploring the Nonlinear Effects of Patent Citations, Patent Share, and Relative Patent Position on Market Value in the US Pharmaceutical Industry by Using Artificial Neural Network", *Technology Analysis & Strategic Management*, 2010b, 22 (2): 153 – 169.

[45] Chen Y – S., Chang K – C., "The Nonlinear Nature of the Relationships between the Patent Traits and Corporate Performance", *Scientometrics*, 2010c, 82 (1): 201 – 210.

[46] Chen Y – S., Chang K – C., "The Relationship between a Firm's Patent Quality and its Market Value – the Case of US Pharmaceutical Industry", *Technological Forecasting and Social Change*, 2010d, 77 (1): 20 – 33.

[47] Chen Y – S., Chang K – C., "Using Neural Network to Analyze the Influence of the Patent Performance upon the Market Value of the US Pharmaceutical Companies", *Scientometrics*, 2009, 80(3): 637 – 655.

[48] Chien C., "From Arms Race to Marketplace: The New Complex Patent Ecosystem and Its Implications for the Patent System", *Hastings Law Journal*, 2010, 62 (2): 297 – 355.

[49] Chien C. V., Lemley M. A., "Patent Holdup, the ITC, and the Public Interest", *Cornell Law Review*, 2012, 98 (1): 1 – 45.

[50] Cockburn I. M. , Kortum S. , Stern S. , "Are All Patent Examiners E-qual: Examiners, Patent: Characteristics, and Litigation Outcomes", in Cohen W, Merrill S. , *Patents in the Knowledge – Based Economy*, Washington, D. C. : National Academy Press, 2003: 19 – 53.

[51] Cremers K. , "Settlement during Patent Litigation Trials. An Empirical Analysis for Germany", *The Journal of Technology Transfer*, 2009, 34 (2): 182 – 195.

[52] Deng Y. , "Private Value of European Patents", *European Economic Review*, 2007, 51 (7): 1785 – 1812.

[53] Deng Z. , Lev B. , Narin F. , "Science and Technology as Predictors of Stock Performance", *Financial Analysts Journal*, 1999, 55 (3): 20 – 32.

[54] Eaton J. , Kortum S. , Lerner J. , "International Patenting and the Euro-pean Patent Office: A Quantitative Assessment", Proceedings of the Pa-tent, Innovation, and Economic Performance, Paris, OECD, 2004.

[55] Emma P. G. , "Patent Claims Revisited: Examiners and Trolls", *IEEE Micro*, 2006, 26 (3): 94 – 95.

[56] Ernst H. , "Patent Information for Strategic Technology Management", *World Patent Information*, 2003, 25 (3): 233 – 242.

[57] Ewing T. , "Practical Considerations in the Indirect Deployment of In-tellectual Property Rights by Corporations and Investors", *Hastings Sci-ence and Technology Law Journal*, 2011, 4 (1): 109 – 159.

[58] Ewing T. , Feldman R. , "The Giants Among Us", *Stanford Tech-nology Law Review*, 2012, 16 (1): 1 – 61.

[59] Ferril E. , "Patent Investment Trusts: Let's Build a Pit to Catch the Patent Trolls", *North Carolina Journal of Law and Technology*, 2004, 6 (2): 367 – 394.

[60] Fischer T. , Henkel J. , "Patent Trolls on Markets for Technology – An empirical Analysis of NPEs' Patent Acquisitions", *Research Policy*, 2012, 41 (9): 1519 – 1533.

[61] Fleming L. , Sorenson O. , "Technology as a Complex Adaptive Sys-tem: Evidence from Patent Data", *Research Policy*, 2001, 30 (7):

1019 - 1039.

[62] Geradin D. , Layne - Farrar A. , Padilla A. J. , "Elves or Trolls? The Role of Nonpracticing Patent Owners in the Innovation Economy", *Industrial and Corporate Change*, 2012, 21 (1): 73 - 94.

[63] Griliches Z. , "Patent Statistics as Economic Indicators: A Survey", *Journal of Economic Literature*, 1990, 28 (4): 1661 - 1707.

[64] Griliches Z. , Pakes A. , Hall B. H. , *The Value of Patents as Indicators of Inventive Activity*, New York: Cambridge University Press, 1987.

[65] Griliches Z. , "Market Value, R&D, and Patents", *Economics Letters*, 1981, 7 (2): 183 - 187.

[66] Griliches Z. , "Patent Statistics as Economic Indicators: A Survey", *Journal of Economic Literature*, 1990, 28 (4): 1661 - 1707.

[67] Grupp H. , *Foundations of the Economics of Innovation: Theory, Measurement and Practice*, Cheltenham U. K. : Edward Elgar Publishing, 1998.

[68] Guellec D. , van Pottelsberghe de la Potterie B. , "Applications, Grants and the Value of Patents", *Economics Letters*, 2000, 69 (1): 109 - 114.

[69] Hall B. H. , Jaffe A. , Trajtenberg M. , "Market Value and Patent Citations: A First Look ", *NBER Working Paper*, No. 8498, 2000.

[70] Hall B. H. , Jaffe A. , Trajtenberg M. , "Market Value and Patent Citations", *Rand Journal of Economics*, 2005, 36 (1): 16 - 38.

[71] Hall B. H. , Thoma G. , Torrisi S. , "The Market Value of Patents and R&D: Evidence from European Firms", *NBER Working Paper*, No. W13426, 2007.

[72] Harhoff D. , Narin F. , Scherer F. M. , Vopel K. , "Citation Frequency and the Value of Patented Inventions", *The Review of Economics and Statistics*, 1999, 81 (3): 511 - 515.

[73] Harhoff D. , Reitzig M. , "Determinants of Opposition Against EPO Patent Grants - the Case of Biotechnology and Pharmaceuticals", *International Journal of Industrial Organization*, 2004, 22(4): 443 - 480.

[74] Harhoff D. , Schererc F. M. , Vopeld K. , "Citations, Family Size,

Opposition and the Value of Patent Rights", *Research Policy*, 2003, 32 (8): 1343 – 1363.

[75] Hegde D. , Sampat B. , "Examiner Citations, Applicant Citations, and the Private Value of Patents", *Economics Letters*, 2009, 105 (3): 287 – 289.

[76] Henkel J. , Reitzig M. , "Patent Sharks and the Sustainability of Value Destruction Strategies ", *Academy of Management Proceedings*, 2008, 2008 (1): 1 – 6.

[77] Jaffe A. , Trajtenberg M. , Henderson R. , "Geographic Localization of Knowledge Spillovers as Evidenced by Patent Citations", *Quarterly Journal of Economics*, 1993, 108 (3): 577 – 598.

[78] Jaffe A. B. , "Technological Opportunity and Spillovers of R&D: Evidence from Firms' Patents, Profits, and Market Values", *American Economic Review*, 1986, 76 (6): 984 – 1001.

[79] Jaffe A. B. , "The U. S. Patent System in Transition: Policy Innovation and the Innovation Process", *Research Policy*, 2000, 29 (4 – 5): 531 – 557.

[80] Jo H. , Han I. , Lee H. , "Bankruptcy Prediction Using Case – Based Reasoning, Neural Networks, and Discriminant Analysis ", *Expert Systems with Applications*, 1997, 13 (2): 97 – 108.

[81] Karki M. M. S. , "Patent Citation Analysis: A Policy Analysis Tool", *World Patent Information*, 1997, 19 (4): 269 – 272.

[82] Klemens B. , "The Rise of the Information Processing Patent", *Boston University Journal of Science and Technology Law*, 2008, 14 (1): 1 – 37.

[83] Landers A. L. , "Liquid Patents", *Denver University Law Review*, 2006, 84 (1): 199 – 266.

[84] Lanjouw J. O. , Lerner J. , "The Enforcement of Intellectual Property Rights: A Survey of the Empirical Literature", *The Economics and Econometrics of Innovation*, Boston, MA: Springer U. S. 2000: 201 – 224.

[85] Lanjouw J. O. , Pakes A. , Putnam J. , "How to Count Patents and Value Intellectual Property: The Uses of Patent Renewal and Application Data", *The Journal of Industrial Economics*, 1998, 46 (4):

405 – 432.

[86] Lanjouw J. O. , Schankerman M. , "Characteristics of Patent Litiga-
tion: A Window on Competition", *The RAND Journal of Economics*,
2001, 32 (1): 129 – 151.

[87] Lanjouw J. O. , Schankerman M. , "Patent Quality and Research Pro-
ductivity: Measuring Innovation with Multiple Indicators", *The Eco-
nomic Journal*, 2004, 114 (495): 441 – 465.

[88] Lanjouw J. O. , Schankerman M. , "Stylized Facts of Patent Litiga-
tion: Value, Scope and Ownership", *NBER Working Paper*,
No. 6297, 1997.

[89] Lemley M. A. , "Are Universities Patent Trolls?" in Kieff F. S. ,
Paredes T. A. , *Perspectives on Commercializing Innovation*, Cam-
bridge: Oxford University Press, 2012.

[90] Lemley M. A. , "Should Patent Infringement Require Proof of Copy-
ing?", *Michigan Law Review*, 2007, 105 (7): 1525 – 1535.

[91] Lemley M. A. , "Rational Ignorance at the Patent Office", *Northwest-
ern University Law Review*, 2001, 95 (4): 1495 – 1532.

[92] Lerner J. , "The Importance of Patent Scope: An Empirical Analy-
sis", *The RAND Journal of Economics*, 1994, 25 (2): 319 – 333.

[93] Lerner J. , "The New Financial Thing: The Origins of Financial Innova-
tions", *Journal of Financial Economics*, 2006, 79 (2): 223 – 255.

[94] Marco A. C. , "The Option Value of Patent Litigation: Theory and Evi-
dence", *Review of Financial Economics*, 2005, 14(3 – 4): 323 – 351.

[95] McDonough III J. F. , "The Myth of the Patent Troll: An Alternative
View of the Function of Patent Dealers in an Idea Economy", *Emory
Law Journal*, 2006, 56 (1): 189 – 228.

[96] Mello J. P. , "Technology Licensing and Patent Trolls", *Boston Univer-
sity Journal of Science & Technology Law*, 2006, 12 (2): 388 – 396.

[97] Meyer M. , "Does Science Push Technology? Patents Citing Scientific
Literature", *Research Policy*, 2000a, 29 (3): 409 – 434.

[98] Meyer M. , "What is Special about Patent Citations? Differences be-
tween Scientific and Patent Citations", *Scientometrics*, 2000b, 49

(1): 93 - 123.

[99] Michel J. , Bettels B. , "Patent Citation Analysis. A Closer Look at the Basic Input Data from Patent Search Reports", *Scientometrics*, 2001, 51 (1): 185 - 201.

[100] Miller S. P. , " What's the Connection between Repeat Litigation and Patent Quality: A (Partial) Defense of the Most Litigated Patents", *Stanford Technology Law Review*, 2014, 16 (2): 313 - 348.

[101] Narin F. , Hamilton K. S. , Olivastro D. , "The Increasing Linkage Between U. S. Technology and Public Science", Research Policy, 1997, 26 (3): 317 - 330.

[102] Narin F. , Olivastro D. , "Technology Indicators Based on Patents and Patent Citations", in van Raan A. F. J. , *Handbook of Quantitative Studies of Science and Technology*, Holland: Elsevier Science Publishers B. V. , 1988.

[103] Nerkar A. , Paruchuri S. , Khaire M. , "Business Method Patents as Real Options: Value and Disclosure as Drivers of Litigation", *in Real Options Theory*, Emerald Group Publishing Limited, 2007: 247 - 274.

[104] Ohkuma Y. , Sahashi M. , Hsueh H - W. , Joe Brennan, "Patent Trolls in the US, Japan, Taiwan and Europe", *CASRIP Newsletter*, 2006, 13 (2): 73 - 88.

[105] Olsson H. , McQueen D. H. , "Factors Influencing Patenting in Small Computer Software Producing Companies", *Technovation*, 2000, 20 (10): 563 - 576.

[106] Pakes A. , Schankerman M. , "The Rate of Obsolescence of Knowledge, Research Gestation Lags, and the Private Rate of Return to Research Resources", in Griliches Z. , *R&D Patents & Productivity*, Chicago: University of Chicago Press, 1984.

[107] Pakes A. ,"Patents as Options:Some Estimates of the Value of Holding European Patent Stocks", *Econometrica*, 1986, 54 (4): 755 - 784.

[108] Pegels C. C. , Thirumurthy M. V. , "The Impact of Technology Strat-

egy on Firm Performance", *IEEE Transactions on Engineering Management*, 1996, 43 (3): 246 - 249.

[109] Podolny J. M. , Stuart T. E. , "A Role - Based Ecology of Technological Change", *American Journal of Sociology*, 1995, 100 (5): 1224 - 1260.

[110] Pohlmann T. , Opitz M. , "Typology of the Patent Troll Business", *R&D Management*, 2013, 43 (2): 103 - 120.

[111] Pénin J. , "Strategic Uses of Patents in Markets for Technology: A Story of Fabless Firms, Brokers and Trolls", *Journal of Economic Behavior & Organization*, 2012, 84 (2): 633 - 641.

[112] Quillen C. D. , Webster O. H. , Eichmann R. , "Continuing Patent Applications and Performance of the U. S. Patent and Trademark Office - Extended", *Federal Circuit Bar Journal*, 2002, 12 (1): 35 - 55.

[113] Quillen C. D. , Webster O. H. , "Continuing Patent Applications and Performance of the U. S. Patent and Trademark Office", *Federal Circuit Bar Journal*, 2001, 11 (1): 1 - 21.

[114] Rantanen J. A. , "Slaying the Troll: Litigation as an Effective Strategy against Patent Threats", *Santa Clara Computer and High Technology Law Journal*, 2006, 23 (1): 159 - 210.

[115] Reichert A. K. , Cho C - C. , Wagner G. M. , "An Examination of the Conceptual Issues Involved in Developing Credit - Scoring Models", *Journal of Business & Economic Statistics*, 1983, 1 (2): 101 - 114.

[116] Reitzig M. , Henkel J. , Schneider F. , " Collateral Damage for R&D Manufacturers : How Patent Sharks Operate in Markets for Technology", *Industrial and Corporate Change*, 2010, 19 (3): 947 - 967.

[117] Reitzig M. , Henkel J. , Heath C. , "On Sharks, Trolls, and Their Patent Prey - Unrealistic Damage awards and Firms' Strategies of Being Infringed", *Research Policy*, 2007, 36 (1): 134 - 154.

[118] Rei tzig M. , " Improving Patent Valuations for Management Purposes - Validating New Indicators by Analyzing Application Rationales", *Research Policy*, 2004, 33 (6 - 7): 939 - 957.

[119] Rosenkopf L. , Nerkar A. , " Beyond Local Search: Boundary -

spanning, Exploration, and Impact in the Optical Disk Industry", *Strategic Management Journal*, 2001, 22 (4): 287 – 306.

[120] Schankerman M. , Pakes A. , "Estimates of the Value of Patent Rights in European Countries During the Post – 1950 Period", *The E-conomic Journal*, 1986, 96 (384): 1052 – 1076.

[121] Schankerman M. , "How Valuable is Patent Protection? Estimates By Technology Field Using Patent Renewal Data", *Rand Journal of Economics*, 1998, 29 (1): 77 – 107.

[122] Scherer F. M. , Harhoff D. , "Technology Policy for a World of Skew – distributed Outcomes", *Research Policy*, 2000, 29 (4 – 5): 559 – 566.

[123] Schmookler J. , *Invention and Economics Growth*, Cambridge, Mass: Harvard University Press, 1966.

[124] Schwartz D. L. , "The Rise of Contingent Fee Representation in Patent Litigation", *Alabama Law Review*, 2012, 64(2): 335 – 388.

[125] Sherry E. F. , Teece D. J. , "Royalties, Evolving Patent Rights, and the Value of Innovation", *Research Policy*, 2004, 33 (2): 179 – 191.

[126] Shrestha S. K. , "Trolls or Market – Makers? An Empirical Analysis of Nonpracticing Entities", *Columbia Law Review*, 2010, 110 (1): 114 – 160.

[127] Sneed K. A. , Johnson D. K. N. , "Selling Ideas: the Determinants of Patent Value in an Auction Environment", *R&D Management*, 2009, 39 (1): 87 – 94.

[128] Somaya D. , "Strategic Determinants of Decisions Not to Settle Patent Litigation", *Strategic Management Journal*, 2003, 24 (1): 17 – 38.

[129] Su H – N. , Chen C. , Lee P – C. , "Patent Litigation Precaution Method: Analyzing Characteristics of US Litigated and Non – litigated Patents from 1976 to 2010", *Scientometrics*, 2012, 6 (2): 202 – 216.

[130] Subramanian S. , "Different Rules for Different Owners: Does a Non – competing Patentee have a Right to Exclude: A Study of Post – eBay Cases", *IIC International Review of Intellectual Property and*

Competition Law, 2008, 39 (4): 419 – 450.

[131] Sullivan P. H. , "Extracting Value from Intellectual Assets", Sullivan P. H. , *Profiting from Intellectual Capital*: *Extracting Value from Innovation*, New York: John Wiley & Sons Inc. , 2001.

[132] Teece D. J. , "Profiting from Technological Innovation: Implications for Integration, Collaboration, Licensing and Public Policy", *Research Policy*, 1986, 15 (6): 285 – 305.

[133] Tijssen R. J. W. , "Global and Domestic Utilization of Industrial Relevant Science: Patent Citation Analysis of Science – technology Interactions and Knowledge Flows", *Research Policy*, 2001, 30 (1): 35 – 54.

[134] Tong X. , Frame J. D. , "Measuring National Technological Performance with Patent Claims Data", *Research Policy*, 1994, 23 (2): 133 – 141.

[135] Trajtenberg M. , Henderson R. , Jaffe A. , "University Versus Corporate Patents: A Window on The Basicness of Invention", *Economics of Innovation and New Technology*, 1997, 5 (1): 19 – 50.

[136] Trajtenberg M. , "A Penny for Your Quotes: Patent Citations and the Value of Innovations", *Journal of Economics*, 1990, 21 (1): 172 – 187.

[137] von Wartburg I. , Teichert T. , Rost K. , "Inventive Progress Measured by Multi stage Patent Citation Analysis", *Research Policy*, 2005, 34 (10): 1591 – 1607.

[138] Wolff M. F. , "Tech Indicators May Predict Stock Performance", *Research Technology Management*, 1998, 41 (5): 9.

[139] Wu M – F. , Chang K – W. , Zhou W. , Hao J. , Yuan C – C. , Chang K – C. , "Patent Deployment Strategies and Patent Value in LED Industry", *PLoS ONE*, 2015, 10 (6): e0129911.

[140] Zhang S. , Yu C – C. , Chang K – C. , Ken Y. , "Exploring the Nonlinear Effects of Patent H index, Patent Citations, and Essential Technological Strength on Corporate Performance by Using Artificial Neural Network", *Journal of Informetrics*, 2012, 6 (4): 485 – 495.